천 가지 가르침

A Thousand Teachings : The Upadeśasāhasrī of Śaṅkara

지은이 샹까라(Śaṅkara, 700~750년경)는 베단따 학파 중 불이일원론파(不二一元論派)의 창시자이다. 자기 자신 안에 있는 자기의 본체, 즉 아뜨만(Ātman, 我)이 바로 브라흐만(Brahman, 梵)과 동일한 것이라는 범아일여(梵我一如)의 사상을 주창하였다. 주요 저작으로 베단따 철학의 근본 성전인『브라흐마쑤뜨라』에 대한 주석서『브라흐마쑤뜨라 바시야』,『바가와드기따』에 대한 주석서『바가와드기따 바시야』, 그밖에『브르하드 아라니야까』등 우빠니샤드 문헌에 대한 주석서 등이 있고, 샹까라 자신의 독립 저술로는『우빠데샤 사하스리』가 있다.

옮긴이 이종철(1959년 출생)은 서울대 철학과 졸업하고, 동경대 대학원에서 인도 철학, 불교학을 전공으로 석·박사학위를 받았으며, 현재 한국학중앙연구원에서 교수(불교 철학)로 재직중이다. 인도 마이솔 대학 연구원, 중국 북경대학 교환교수, 일본 동경대 외국인 연구원을 역임하였으며, 현재 주된 관심사는 인도 불교와 동아시아 불교 사상의 비교 연구이다. 저서로는『*The Tibetan Text of the Vyākhyāyukti of Vasubandhu*』(Tokyo : The Sankibo Press, 2001),『世親思想の研究―釋軌論を中心として』(Tokyo : The Sankibo Press, 2001),『*Abhidharmakośabhāṣya of Vasubandhu, Chapter 9 : Ātmavādapratiṣedha*』(Tokyo : The Sankibo Press, 2005)가 있으며, 역서로는『어느 철학자가 보낸 편지』(三木清 저, 사회평론, 1998),『의미의 깊이』(井筒俊彦 저, 민음사, 2004)가 있다.

천 가지 가르침

1판 1쇄 인쇄 2006년 1월 05일
1판 1쇄 발행 2006년 1월 15일

지은이 / 샹까라
옮긴이 / 이종철
펴낸이 / 박성모
펴낸곳 / 소명출판
출판고문 / 김호영
등록 / 제13-522호
주소 / 137-878 서울시 서초구 서초동 1621-18 (란빌딩 1층)
대표전화 / (02) 585-7840
팩시밀리 / (02) 585-7848
somyong@korea.com / www.somyong.com

값 20,000원

ISBN 89-5626-200-4 93150

천 가지 가르침

A Thousand Teachings : The Upadeśasāhasrī of Śaṅkara

샹까라 지음 / 이종철 옮김

소명출판

일러두기

1. 이 책은 샹까라(Śaṅkara, 700~750년경)의 『우빠데샤 사하스리(*Upadeśasāhasrī*)』를 우리말로 옮긴 것이다.
2. 읽는 이의 편의를 위해 본문에서 인용하고 있는 문헌의 출전은 될 수 있는 한 본문 가운데 괄호로 묶어 처리하였다. 해설할 필요가 있는 인용문헌이나 베단따 철학에 관련된 중요한 전문술어는 각주로 처리하였다.
3. 일단 독자들의 반응을 보아 가면서 부족한 점은 앞으로 보충해나가기로 하겠다. 번역문 가운데 [ ]는 역자에 의한 보충이고, ( )는 역자에 의한 설명이다.
4. 운문편의 원문은 "(V18.001ab) yena …… | (V18.001cd) nitya ……‖"와 같은 형식으로 제시했다. 이 경우 V는 운문(Verse)을, 18은 제18장을, 001은 첫 번째 게송을, ab는 첫 번째 구와 두 번째 구를 뜻한다. 게송은 네 개의 구(句, pāda)로 이루어져 있기 때문에 전반부 두 구(ab)와 후반부 두 구(cd)를 나누어 제시하였다. 따라서 '(V18.001ab)'는 운문편 제18장 첫 번째 게송의 전반부 두 구를 뜻한다. 전반부 두 구의 끝에는 기호 '|'를, 후반부 두 구의 끝은 동시에 한 게송의 끝을 뜻하기 때문에 기호 '‖'를 넣어 구분하였다.
5. 산문편의 원문은 "‖ P24 ‖"와 같은 형식으로 제시했다. 이 경우 P는 산문(Prose)을, 24는 24번째 단락을 뜻한다. 따라서 ‖ P24 ‖는 산문편 24번째 단락을 뜻하며 따로 장 표시는 하지 않았다. 산문편 원문 사이에 있는 기호 '|'는 쉼표 또는 마침표를 대신한다.
6. 산문편의 원문에서 인용문은 큰따옴표(" ")를 써서 표시하였다.

　이 번역에서는 역자 나름의 인도 철학사에 대한 지식, 불교사상에 대
한 지식을 살려서, 기존의 역본과 다른 우리말 역어를 궁리해내곤 하였
다. 'buddhi'를 지성으로, 'manas'를 정신으로, 'pratyaya'를 지식으로, 'sat'
를 순수 존재로 옮긴 것이 그 대표적인 예이다. 우리말 역어의 타당성에
관해서는 이론(異論)의 여지가 있을 수 있고 또 있어야 마땅하지만, 우리
말 역어의 결착을 보기까지는 산스크리트어의 체계, 철학학파별 전문술
어(다르샤니까 샤브다)에 대한 폭넓은 이해가 전제되어야 한다. 따라서 우
리말 역어의 선정에 있어서 진선진미는 있을 수 없으며 전문가 집단의
합의를 전제로 한 걸음씩 점진적 접근이 필요할 것이다. 이 번역을 계기
로 베단따 철학의 전문술어에 대한 번역어 논의가 좀더 활기차게 일어
났으면 하는 바람이다.

　역자가 원래 구상했던 편집 체제에서는, 권말에 『우빠데샤 사하스리』
에 인용되는 우빠니샤드 류의 성전이나 다누법전과 같은 전승서의 관련
구절을 전부 채록하여 따로 부록으로 엮어 그것의 전문을 함께 번역해
서 신고, 『우빠데샤 사하스리』의 전문술어와 그것의 우리말 번역어에

대한 색인을 싣고자 하였다. 여러 가지 사정상 이 과제를 완수할 수 없었던 것이 역자로서는 한없이 아쉬울 뿐이지만 이 역시 금후의 과제로 남겨놓는다. 운문편의 각 장의 제목에 관해서는 마에다 판본을 그대로 채택할 경우 각 장의 핵심 내용이 전달되지 않기 때문에 자가다난다의 판본 및 영역을 참조하여 역자 나름의 장 제목을 강구하였다. 독자 여러분들의 혼란이 없기를 바란다.

돌이켜보면 『우빠데샤 사하스리』라는 텍스트와 처음 접한 것이 1986년 동경대 대학원 연구생 시절 마에다 센가쿠 교수의 '인도 철학 연습' 시간이었다. 텍스트 비판을 해가며 산문편을 다 읽고 나니 꼬박 일년이 지나버렸다. 그 후에 내 전공 영역인 인도 불교 연구에 전념하느라 『우빠데샤 사하스리』는 내 손에서 멀리 떠나 있었다. 『우빠데샤 사하스리』를 다시 접하게 된 것은 1992년 인도 마이솔 대학 산스크리트 학과에 2년 간 연구원으로 갔을 때였다. 지금은 돌아가셨지만 당시 동양연구소 (Oriental Research Institute)의 퇴임 연구원이었던 빤디뜨(Paṇḍit) 웽까타나타아짜리아(Venkathanathacarya)의 개인 지도를 받으며 인도 육파 철학의 텍스트를 폭넓게 읽어내려 갔었다. 베단따 철학의 텍스트를 읽으며 『우빠데샤 사하스리』의 운문편에 등장하는 우빠니샤드 시구의 정확한 의미를 몇 번이고 되물어보던 기억이 아직도 새롭다. 이 번역이 세상에 나오게 된 것은 모두 이 분들의 도움이 있었기에 가능한 일이지만 내가 과연 얼마나 이 분들의 기대에 부응했는지 한 편으로 두려운 마음뿐이다.

본 역서를 위해서 몸이 불편하신 가운데 편자 서문을 써주신 일본의 마에다 교수와 평안한 열반에 드신 인도의 웽까타나타아짜리야 선생님께 이 역서를 바친다.

2005년 12월
운중사(雲中社)에서
이 종 철

상까라(Śaṅkara, 700~750년)는 인도 철학의 주류를 형성하는 베단따 학파 중 불이일원론파(不二一元論派)의 창시자로, 때로는 '인도 최대의 철학자'로 불린다. 상까라의 철학은 불교나 그 이외의 다른 학파의 인도 철학체계가 그러하듯이 윤회로부터의 해탈을 지향한다. 우주의 근본원리인 브라흐만(Brahman, 梵)에 관한 지식을 얻을 때 비로소 해탈을 이룰 수 있다는 것이 상까라의 되풀이되는 주장이다. 다시 말해서 자기 자신 안에 있는 자기의 본체 즉 아뜨만(Ātman, 我)이 바로 브라흐만과 동일한 것이라는 진리를 깨닫는 것이 해탈에 이르는 길이라는 것이다.

상까라는 가르침을 받으러 오는 제자에게 먼저 "당신은 누구십니까"라는 질문을 던진다. 제자의 대답 가운데 나오는 상식적인 자기 이해를 실마리로 삼아 대화의 물꼬를 트면서, 상까라는 제자의 '자기' 이해가 결국 무명(avidyā, 無明)에 뿌리를 둔 철저하게 잘못된 것임을 날카롭게 지적하고, 진실한 '자기' 즉 브라흐만과 동일한 '자기'의 탐구에 들어가도록 제자를 인도한다. 진실한 아뜨만과 아뜨만이 아닌 것(곧 통각 기능, 육체 등등)에 관해서, 일반 사람들은 무명 때문에 명확하게 식별할 수 없고,

이 때문에 일반 사람들은 브라흐만과 아뜨만이 완전하게 동일한 것이라는 사실을 알지 못하고 윤회한다. 샹까라의 가르침에 따르면, 결국 윤회란 무명을 말하며 무명을 멸하는 것이 해탈이다.

오늘날 많은 작품이 샹까라의 저술로 알려져 있고 출판돼 있지만 주저인 『브라흐마 쑤뜨라 주해(註解)』를 비롯해서 대부분의 작품은 주석문헌이다. 주석문헌이 아닌 작품 가운데 많은 작품이 샹까라의 작품으로 전승돼 오고 있기는 하지만 이 가운데 샹까라의 진작(眞作)으로 확실하게 인정할 수 있는 작품은 여기 이종철 박사가 처음으로 한국어로 옮기는 『우빠데샤 사하스리』뿐이다.

내가 예전에 교편을 잡고 있던 동경대학 대학원 인도 철학연구실에서 내가 아는 많은 한국 유학생들은 한국 불교를 전공하고 있었다. 그렇지만 이종철 박사는 고(故) 에지마 야스노리(江島惠敎) 교수의 지도하에 산스크리트어와 티벳어를 필수로 하는 인도 불교 연구에 매진하였다. 나는 전공 영역을 달리 하고 있었지만 한국의 인도 불교학 발전을 위해 이 박사에게 큰 기대를 걸어 왔었다.

이 박사의 오랜 노력은 『세친 사상의 연구―석궤론을 중심으로』(동경 : 산키보, 2001)라는 저서로 결실을 보았다. 이 책으로 이 박사는 올 해 오사카(大阪)에 있는 사천왕사국제불교대학에서 개최된 일본 인도학불교학회 제56회 학술대회 총회에서, 한국의 연구자로서는 처음으로 영예로운 스즈키학술재단특별상을 수상하였다. 진심으로 축하할 따름이다.

경사가 있은 지 얼마 후 갑자기 한국의 이 박사에게 국제전화가 오더니, 내가 편집한 『*Śaṅkara's Upadeśasāhasrī, critically edited with introduction and indices*』(Tokyo : The Hokuseido Press, 1973)의 한국어 번역을 완성했으니 그 책을 위한 서문을 써주었으면 좋겠다는 의뢰를 받았다. 이 박사는 1986년에 내가 개설한 '인도 철학 연습'세미나 시간에 참석해서 샹까라의 『우빠데샤 사하스리』를 읽은 적이 있다. 그렇지만 전공 영역을 달리 하는 이 박사가 그 후 이 책을 번역하고 있으리라고는 전혀 생각도 하지 못했다.

이 때문에 이 박사의 의뢰를 받고 크게 놀랐지만 대단히 기쁘게 생각해서 즉시 승낙했다.

한국어를 읽을 수 없는 게 유감이지만 나는 이 박사가 연습 시간에 발휘한 산스크리트어 독해력과 인도 철학에 관한 깊은 학식으로 미루어볼 때, 이 박사의 번역이 원전에 충실한 신뢰할 만한 훌륭한 한국어 번역이라고 확신하며, 한국의 독자 여러분께 일독하기를 자신 있게 권한다.

『우빠데샤 사하스리』의 사상에 관해서는『베단따 철학』[사라 총서 24] (第4刷, 平樂寺書店, 2001) 가운데 논한 바 있다. 이 책은 동국대의 김선근 교수의 지도하에 강종원 씨가 한국어토 번역해서 동국대 출판부에서 출판할 것이다. 이종철 박사의 이번 한국어 번역과 더불어 읽어 주시면 좋겠다.

2005년 10월 25일
마에다 센가쿠(前田專學) 識

천 가지 가르침

차례

역자 서문 __ 3
편자 서문 __ 5

1부

운문편

제1장 해탈에 이르는 길, 지식 · 13
제2장 부정을 통한 아뜨만 이해 · 22
제3장 브라흐만이 곧 아뜨만 · 24
제4장 자아의식과 지식의 모순 · 26
제5장 자아의식과 순수정신의 구별 · 29
제6장 속성이 없는 아뜨만 · 32
제7장 아뜨만과 지성의 관계 · 35
제8장 순수정신인 아뜨만 · 38
제9장 미세하고 만물에 편재하는 아뜨만 · 41
제10장 보는 것인 아뜨만 · 44
제11장 지켜보는 자인 아뜨만 · 50
제12장 빛인 아뜨만 · 55
제13장 인식 주체가 아닌 아뜨만 · 61
제14장 꿈과 기억, 그리고 아뜨만 · 68
제15장 몸이 없는 자인 아뜨만 · 82
제16장 아뜨만의 본성에 관한 논변 · 97
제17장 아뜨만에 관한 올바른 지식 · 119
제18장 네가 바로 그것이다 · 146
제19장 아뜨만과 지성의 대화 · 207

2부 | **산문편**
제1장 제자를 깨우치는 방법 · 221
제2장 아뜨만에 관한 올바른 지식 · 258
제3장 빠리상키야나(parisakhyna) 수행법 · 290

해제—우빠데샤 사하스리(천 가지 가르침) · 297

1부

운문편

제1장 해탈에 이르는 길, 지식
제2장 부정을 통한 아뜨만 이해
제3장 브라흐만이 곧 아뜨만
제4장 자아의식과 지식의 모순
제5장 자아의식과 순수정신의 구별
제6장 속성이 없는 아뜨만
제7장 아뜨만과 지성의 관계
제8장 순수정신인 아뜨만
제9장 디세하고 만물에 편재하는 아뜨만
제10장 보는 것인 아뜨만
제11장 지켜보는 자인 아뜨만
제12장 빛인 아뜨만
제13장 인식 주체가 아닌 아뜨만
제14장 꿈과 기억, 그리고 아뜨만
제15장 몸이 없는 자인 아뜨만
제16장 아뜨만의 본성에 관한 논변
제17장 아뜨만에 관한 올바른 지식
제18장 네가 바로 그것이다
제19장 아뜨만과 지성의 대화

제 **1** 장

해탈에 이르는 길, 지식

1 순수정신(caitanya)[1]이여! 만물에 두루 계시는 이여! [만물의 근원으로서] 만물 [그 자체이신] 이여! 일체 만유의 저 깊숙한 곳에 깃들어 계신 이여! 뭇 [사유의] 대상을 뛰어넘는 이시여! 바로 그러한 전지자(全知者)께 귀의합니다.

> (V01.001ab) caitanyaṃ sarvagaṃ sarvaṃ sarvabhūtaguhāśayam |
> (V01.001cd) yat sarvaviṣayātītaṃ tasmai sarvavide namaḥ ||

2 결혼[식]이나 성화(聖火)를 모시는 [의식][2]을 비롯해 모든 [의무적이

---

1) 불이일원론 학파의 학설에 따르면, 세 가지 유형의 순수정신이 있다. 향유자(=jīva)로서의 순수정신(jīvacaitanya), 목격자(=īśvara)로서의 순수정신(sākṣicaitanya), 아뜨만의 4번째 모습인 브라흐만(brahman)으로서의 순수정신(turīyacaitanya)이 그것이다. 여기서 말하는 순수정신은 세 번째 유형의 순수정신, 곧 '브라흐만' 또는 '아뜨만'을 가리킨다.
2) 여기서 성화(聖火)는 결혼식 때 설치되어 살아생전 끄뜨리지 않고 잘 보존하다가 죽을 때 그 불로 화장을 치르는 불을 말한다.

거나 금지된] 행위(=제사의식)에 대하여 [브라흐마나 문헌을 통해서] 철저하게 익히고 난 뒤, [그때에야 비로소 브라흐만에 관한 올바른 지식을 구할 수 있는 자제력 등을 갖춘 것이기 때문에, 그러한 자질을 갖춘 사람에게] 이제 베다 성전은 [우빠니샤드를 통해서] 브라흐만에 관한 올바른 지식을 말해주기 시작한다.3)

> (V01.002ab) samāpayya kriyāḥ sarvā dārāgnyādhānapūrvikāḥ |
> (V01.002cd) brahmavidyām athedānīṃ vaktuṃ vedaḥ pracakrame ‖

3 [선하거나 악한] 업은 [그 과보로서 그에 상응하는] 육체와 결합하게 된다. 육체와 결합하게 되면 어김없이 좋거나 나쁜 것이 따라붙게 되어 있다. 그 [좋거나 나쁜 것]으로부터 [좋은 것에 대해서는] 탐욕이 [나쁜 것에 대해서는] 노여움이 생기고, 그 [탐욕이나 노여움]으로부터 [몸, 말, 뜻으로 짓는] 뭇 행위가 생겨난다.

4 그 [뭇 행위]로부터 정법(正法=선업)과 비법(非法=악업)이 생겨난다. 이런 식으로 [브라흐만에 관해서] 무지한 자는 또다시 육체와 결합한다. 이와 같이, 윤회는 마치 수레바퀴와 같이 광폭하게 끝없이 이어진다.

> (V01.003ab) karmāṇi dehayogārthaṃ dehayoge priyāpriye |
> (V01.003cd) dhruve syātāṃ tato rāgo dveṣaś caiva tataḥ kriyāḥ ‖
> (V01.004ab) dharmādharmau tato 'jñāsya dehayogas tathā punaḥ |
> (V01.004cd) evaṃ nityapravṛtto 'yaṃ saṃsāraś cakravad bhṛśam ‖

5 [브라흐만에 관한] 무지가 그 [윤회]의 뿌리이기 때문에, 그 [무지]를 없애는 게 바람직하다. 이런 까닭에 브라흐만에 관한 올바른 지식이 [우빠니샤드를 통해서] [설해지기] 시작했으니, 이 [브라흐만에 관한

---

3) '—하기 시작한다'의 원어는 'pracakrame(<pra-√kram)'로 완료(perfect)시제이지만 여기서는 완료 시제의 본래의 용법, 곧 '과거 동작의 결과로 줄곧 남아 있는 현재의 상태'의 뉘앙스를 살려 현재로 번역한다.

올바른 지식]에 의거해서 '완전한 행복(niḥśreyasa : 무지로부터 벗어남, 곧 해탈)'이 이루어질 것이다.

> (V01.005ab) ajñānaṃ tasya mūlaṃ syād iti taddhānam iṣyate |
> (V01.005cd) brahmavidyāta ārabdhā tato niḥśreyasaṃ bhavet ‖

6 [브라흐만에 관한] 올바른 지식만이 무지를 없앨 수 있다. [선하거나 악한] 업은 [무지와] 대립하는 것이 아니기 때문에 [무지를 없앨 수] 없다. 무지를 없애지 못하면, 탐욕과 노여움이 소멸되는 일은 없을 것이다. **7** 탐욕과 노여움이 소멸되지 않은 상태에서는 [선하거나 악한] 업은 어김없이 [탐욕, 노여움과 같은] 허물에서 생겨나기 마련이다. 그러므로 여기 [곧 우빠니샤드]에서는 [브라흐만에 관한] 올바른 지식만이 완전한 행복을 성취하기 위한 길로서 제시되어 있는 것이다.

> (V01.006ab) vidyaivājñānahānāya na karmāpratikūlataḥ |
> (V01.006cd) nājñānasyāprahāṇe hi rāgadveṣakṣayo bhavet ‖
> (V01.007ab) rāgadveṣakṣayābhāve karma doṣadbhavaṃ dhruvam |
> (V01.007cd) tasmān niḥśreyasārthāya vidyaivātra vidhīyate ‖

8 [반문 : 게송8−게송11전반] "살아 있는 동안에는 [브라흐만에 관한] 올바른 지식을 배우는 것도 필요할 뿐만 아니라] 마찬가지로 [선]업도 짓지 않으면 안 된다[는 성전의 말씀(『이샤 우빠니샤드』 2)이 있지] 않은가? 그 [선업]은 [브라흐만에 관한] 올바른 지식을 도와 해탈로 인도할 것이기 때문이다.
9 [성전에 그렇게] 규정되어 있다는 점에서 별다른 차이가 없기 때문에, [브라흐만에 관한] 올바른 지식을 [익혀야] 하듯이 마찬가지로 [선]업도 [닦아야 한다]. 또한 [규정에 어긋난 행위를 하였을 때 생기는] 죄악에 관해 말하고 있는 전승서(『마누법전』 11-44)에 따르더라도 해탈을 원

하는 사람들은 [선]업을 닦아야 한다.

10 [브라흐만에 관한] 올바른 지식[만으로도] 확실한 결과(=해탈)를 가져오므로 [해탈을 이루기 위해서는 브라흐만에 관한 올바른 지식 이외에] 다른 어떤 것도 필요 없는 것은 아닌가? [하고 묻는다면], 그렇지 않다. 예를 들어 아그니슈또마 제식[4]이 [하늘나라에 태어나는 등] 확실한 결과를 불러온다 하더라도 [그 결과를 이루기 위해서는 베다 성전을 찬송하는 것과 같은] 또 다른 [원인]을 필요로 하는 것과 같이,

11 그와 마찬가지로 [브라흐만에 관한] 올바른 지식이 [해탈이라는] 확실한 결과를 불러온다 [하더라도] [그 결과를 이루기 위해서는 브라흐만에 관한 올바른 지식 이외에도] 언제나 [선]업을 필요로 한다."

어떤 사람들은 이상과 같은 생각을 갖고 있다. [그렇지만] [브라흐만에 관한 올바른 지식은] 업과 대립하는 것이기 때문에 [해탈이라는 결과를 얻기 위해서 별도로] 업을 [필요로 하지] 않는다.

(V01.008ab) nanu karma tathā nityaṃ kartavyaṃ jīvane sati |
(V01.008cd) vidyāyāḥ sahakāritvaṃ mokṣam prati hi tad vrajet ||
(V01.009ab) yathā vidyā tathā karma coditatvāviśeṣataḥ |
(V01.009cd) pratyavāyasmṛteś caiva kāryaṃ karma mumukṣubhiḥ ||
(V01.010ab) nanu dhruvaphalā vidyā nānyat kiṃcid apekṣate |
(V01.010cd) nāgniṣṭomo yathaivānyad dhruvakāryo 'py apekṣate ||
(V01.011ab) tathā dhruvaphalā vidyā karma nityamapekṣate |
(V01.011cd) ity evaṃ kecid icchanti na karma pratikūlataḥ ||

12 업은 ["나는 바라문이다"와 같은] [아]만(我慢)을 동반하는 것이기 때문에 [브라흐만에 관한] 올바른 지식과 대립한다. 게다가 여기 [곧 우빠니샤드]에서, 아뜨만은 불변(不變)이라는 자각이 곧 [브라흐만에 관

---

4) 매년 봄에 거행하는, 베다의 제식 가운데 하나. 성주(聖酒) 소마(soma)를 제물로 바친다. 이 제식을 통해서 하늘나라 등 이 세상보다 더 좋은 곳에 태어나는 결과를 얻는다고 한다.

한] 올바른 지식이라는 것은 이미 널리 알려진 사실이다.

(V01.012ab) vidyāyāḥ pratikūlaṃ hi karma syāt sābhimānataḥ |
(V01.012cd) nirvikārātmabuddhiś ca vidyetīha prakīrtitā ||

13 "나는 행위 주체이다. 이것이 내 것이라면 좋겠다." [이러한 생각]
에서 업이 나온다. [브라흐만에 관한] 올바른 지식이 실재(vastu=아뜨만)
에 기반을 두고 있는 데 비해서, [성전에서 말하는 업에 관한] 규정은
행위 주체에 기반을 두고 있다.

(V01.013ab) ahaṃ kartā mamedaṃ syād iti karma pravartate |
(V01.013cd) vastvadhīnā bhaved vidyā kartadhīno bhaved vidhiḥ ||

14 [브라흐만에 관한] 올바른 지식은 [행위의 주체, 행위의 대상, 행위
의 수단, 행위의 시점, 행위가 이루어지는 장소 등] 행위와 관련된 뭇
요소(kāraka)들을 박살낸다. [올바른 지식이] 사막에서 물을 보는 [신기루
현상]을 없애듯이. 그러한 진실에 대해서 [올바른] 견해를 지닌 사람이
[어떻게] 업을 지으려 하겠는가!

(V01.014ab) kārakāṇy upamṛdnāti vidyā 'bbuddhim ivoṣare |
(V01.014cd) tatsatyamatim ādāya karma kartuṃ vyavasyati ||

15 그러므로 지혜로운 자는 [업을 짓는 것이] [브라흐만에 관한] 올바
른 지식과 모순되기 때문에 업을 지을 수 없는 것이다. 따라서 해탈을
원하는 자는 업을 버려야 마땅하다.

(V01.015ab) viruddhatvād ataḥ śakyaṃ karma kartuṃ na vidyayā |
(V01.015cd) sahaivaṃ viduṣā tasmāt karma heyaṃ mumukṣuṇā ||

16 사람들은 나면서부터 육체에 덮인 [아뜨만]이 육체와 다르지 않다고 생각한다. 그러한 [생각]은 [브라흐만에 관한] 무지에서 생기는 것으로, [그러한 생각이 남아 있는 한] 그 동안 [성전에서 말한] 업에 관한 규정은 지켜야 할 것이다.

(V01.016ab) dehādyair aviśeṣeṇa dehino grahaṇaṃ nijam |
(V01.016cd) prāṇināṃ tad avidyotthaṃ tāvat karmavidhir bhavet ||

17 [사람들로 하여금] 차별 없는 아뜨만에 관해서 바르게 알 수 있도록, [성전은] "[아뜨만은] 이것도 아니고 저것도 아니다"(『브르하드아라니야까 우빠니샤드』 2-3-6)[는 구절을 통해서] 육체 등을 배제하고 난 뒤 아뜨만[만]을 남겨놓았다. 이러한 [올바른 지식]에 따라 무지가 제거된다.

(V01.017ab) neti netīti dehādīn apohyātmāvaśeṣitaḥ |
(V01.017cd) aviśeṣātmabodhārthaṃ tenāvidyā nivartitā ||

18 [무지는 또 다시 생겨나지 않는가?] 그 [무지]가 [성전과 같은] 올바른 인식 수단에 따라 제거되면, 그러한 [무지]가 어떻게 또 다시 생겨날 수 있겠는가? 내아(內我=아뜨만, pratyagātman)는 차별 없는 유일자로, [거기에 무지는] 존재하지 않기 때문이다.

(V01.018ab) nivṛttā sā kathaṃ bhūyaḥ prasūyeta pramāṇataḥ |
(V01.018cd) asaty evāviśeṣe hi pratyagātmani kevale ||

19 "나는 순수 존재(sat=브라흐만)이다"라는 인식이 자리 잡을 때 [무지가] 또 다시 생겨나는 일이 없다면, "[나는] 행위 주체이다", "[나는] [행위의 과보를] 누리는 자이다"와 같은 관념이 어떻게 생길 수 있겠는가? 그러므로 [브라흐만에 관한] 올바른 지식은 [해탈을 이루기 위해서] [선

업과 같은] 조력자를 필요로 하지 않는다.

(V01.019ab) na ced bhūyaḥ prasūyeta kartā bhokteti dhīḥ katham |
(V01.019cd) sad asmīti ca vijñāne tasmād vidyāsahāyikā ‖

20 바로 이 때문에 성전(『나라야나 우빠니샤드』 21-2; 78)은, [업을] 버리는 것이 [진실한 말, 고행, 감관 제어 등 몸이나 말로 짓는 업에서] 뜻으로 짓는 업에 이르기까지 뭇 업을 [짓는 것]보다 훨씬 낫다고 말하고 있다. 와자싸네야(Vājasaneya) 학파[5])의 성전에 따르면, 불사(不死)[를 이루는 원인]은 "이것(=브라흐만에 관한 올바른 지식)뿐"(『브르하드아라니야까 우빠니샤드』 4-5-15)이라고 한다. 그러므로 해탈을 원하는 이는 업을 버려야 마땅하다. [해탈을 이루기 위해서는 브라흐만에 관한 올바른 지식 이외에도 선업을 닦는 것이 필요하다고 주장하는 사람들이 앞의 10번째와 11번째 게송에서] '아그니슈또마 제식과 같이'라고 예를 들었지만, 그러한 [주장]에 대해서는 다음과 같이 [22번째와 23번째 게송에서] 대답하겠다.

(V01.020ab) atyarecayad ity ukto nyāsaḥ śrutyāta eva hi |
(V01.020cd) karmabhyo mānasāntebhya etāvad iti vājinām ‖
(V01.021ab) amṛtatvaṃ śrutaṃ tasmāt tyājyaṃ karma mumukṣubhiḥ |
(V01.021cd) agniṣṭomavad ity uktaṃ tatredam abhidhīyate ‖

22 [제식을 행하는 것과 같은] 업은 [제식에 쓰는 베다의 주문 등] 행위와 관련된 뭇 요소를 통해서 이루어지고 [업의] 과보도 각기 다르기 때문에(『찬도기야 우빠니샤드』 1-1-10 참조), [해탈을 이루기 위해 다른 어떠한 요소도 필요로 하지 않으며 또 해탈이란 과보도 누구에게나 똑같은] 올바른 지식은 그 [업]과 상반된다. 이 때문에 ['아그니슈또마 제식과

같이’라는 실례는] 부적합한 예이다.

23 아그니슈또마 제식은 농사 등과 같이 [제식을 행하는 자마다 각기 다른] 과보를 얻기 위한 것이기 때문에 [제식을 행하는 것과는] 별개의 다른 보조적인 업을 필요로 한다. 그렇지만 올바른 지식이 [해탈이란 과보를 이루기 위해] 도대체 [자신 이외에] 그 무엇을 필요로 하겠는가?

> (V01.022ab) naikakārakasādhyatvāt phalānyatvāc ca karmaṇaḥ |
> (V01.022cd) vidyā tadviparītāto dṛṣṭānto viṣamo bhavet ||
> (V01.023ab) kṛṣyādivat phalārthatvād anyakarmopabṛṃhaṇam |
> (V01.023cd) agniṣṭomas tv apekṣeta vidyānyat kim apekṣate ||

24 아집(我執)을 지닌 자에게만 [규정에 어긋난 행위를 했을 때 생기는] 죄악이 성립한다. 그렇지만 아뜨만에 관한 올바른 지식을 갖고 있는 자에게는 아집도 [업의] 과보에 대한 열망도 존재하지 않는다.

> (V01.024ab) pratyavāyas tu tasyaiva yasyāhaṃkāra iṣyate |
> (V01.024cd) ahaṃkāraphalārthitve vidyete nātmavedinaḥ ||

25 그러므로 무지를 제거하여 윤회 [생존]이 없어지도록 하기 위해서, [곧] 브라흐만에 관한 올바른 지식을 확립하기 위해서 이 우빠니샤드 [문헌]이 시작된 것이다.

> (V01.025ab) tasmād ajñānahānāya saṃsāravinivṛttaye |
> (V01.025cd) brahmavidyāvidhānāya prārabdhopaniṣat tv iyam ||

26 ‘upaniṣad(우빠니샤드)’는, 접두사 ‘upa(가까이) -ni(확실하게)’를 동반한 어근(語根) √sad(앉다, 약화시키다, 없애다)에 [어근명사(語根名詞)를 만드는] 끄위쁘(kvip)접미사가 붙어 형성된 말이다. [수]태(受胎) [노쇠, 질병, 죽음] 등 [뭇 윤회 생존의 괴로움]을 미약하게 만드는 것이기 때문에, [윤회

생존의 원인인 무지를] 파괴하는 것이기 때문에, [브라흐만 근처에 확실
하게 가게 하는 것이기 때문에] [브라흐만에 관한 올바른 지식은] [우
빠니샤드와] 마찬가지로 ['우빠니샤드'라고 불린다].6)

(V01.026ab) sader upanipūrvasya kvipi copaniṣad bhavet |
(V01.026cd) mandīkaraṇabhāvāc ca garbhādeḥ śātanāt tathā ‖

---

6) 이 게송을 통해서 'upaniṣad(우빠니샤드)'에 관한 샹까라의 어의 해석을 자세하게 알
수 있다. 샹까라는 '우빠니샤드'의 의미로 두 가지를 들고 있다. 첫 번째는 26번째 게송
에서 쓰인 바와 같이 '브라흐만에 관한 올바른 지식'이고, 두 번째는 25번째 게송에서
쓰인 바와 같이 '우빠니샤드 문헌'이다. 이 가운데 첫 번째 의미를 샹까라는 '우빠니샤
드'의 기본적인 의미로 채택하고 있다.

<h1 style="text-align:center">제2장
부정을 통한 아뜨만 이해</h1>

1 [아뜨만의 존재성은] 부정할 수 없기 때문에 [성전에서는] "[아뜨만은] 이것도 아니고 저것도 아니다"(『브르하드아라니야까 우빠니샤드』 2-3-6)라고 [아뜨만 이외의 육체 등은 배제하더라도 아뜨만만은] 남겨놓은 것이다. [아뜨만은] "나는 이것이 아니다. 나는 저것도 아니다"[라는 식의 부정을 통해서] 참으로 명확하게 이해된다.

(V02.001ab) pratiṣeddhum aśakyatvān neti netīti śeṣitam |
(V02.001cd) idaṃ nāham idaṃ nāham ity addhā pratipadyate ‖

2 [아뜨만을 육체와 동일시하는 것과 같은] "[나는] 이것이다"는 생각은 [육체 등의] '이것'이 곧 아뜨만이라고 [동일시]하는 데서 생기며, 그 대상 영역은 [실재하는 아뜨만이 아니라 '명칭·형태(nāmarūpa)'와 같이] 말에 토대를 두고 있는 것이다. 그러한 [생각]은 그 본질과 기원이

이미 ["아뜨만은 이것도 아니고 저것도 아니다"라는 성전의 말씀에 따라] 부정되었기 때문에 [아뜨만의 본질을 여실하게 안 뒤에는] 더 이상 올바른 인식 수단으로 간주할 수 없다.

(V02.002ab) idaṃdhīr idamātmotthā vācārambhaṇagocarā |
(V02.002cd) niṣiddhātmodbhavatvāt sā na punar mānatāṃ vrajet ‖

3 [새끼줄을 뱀으로 보는 착각의 경우, 뱀이라는 생각을 지운 연후에야 새끼줄이라는 생각이 자리잡을 수 있듯이] [그릇된] 앞생각을 부정하지 않고는 [올바른] 뒷생각이 생겨나지 않는다. 보는 자 [곧 아뜨만]은 유일자이고 자기 원인적 존재이다. 그 [아뜨만]은 [올바른 인식 수단을 통해 도달한] 결과이기 때문에 결코 부정되는 일이 없다.

(V02.003ab) pūrvabuddhim abādhitvā nottarā jāyate matiḥ |
(V02.003cd) dṛśir ekaḥ svayaṃsiddhaḥ phalatvāt sa na bādhyate ‖

4 [사람들은] 슬픔과 어리석음 등이 엄습하는 [육체 등의] '이것'이라는 숲을 지나야 [곧 '이것'의 부정을 통해서] 비로소 자기 자신의 아뜨만에 도달할 수 있다. 간다라 사람이 [눈이 가린 채 외딴 숲 속에 버려졌으나 한 친절한 사람의 도움으로] 숲에서 벗어나 [자기 나라로 무사히 돌아올 수 있었다는] [『찬도기야 우빠니샤드』 6-14-1~2에 나오는 이야기]와 같이.

(V02.004ab) idaṃvanam atikramya śokamohādidūṣitam |
(V02.004cd) vanād gāndhārako yadvat svam ātmānaṃ prapadyate ‖

제 **3** 장

브라흐만이 곧 아뜨만

1 만약 자재신(自在神, īśvara=브라흐만)은 아뜨만이 아니라고 한다면, [아뜨만을 알고 싶어 하는 자는] "나는 그 [브라흐만]이다"라는 생각을 견지하지 못할 것이다. 만약 [자재신이 곧] 아뜨만이라고 한다면, [아뜨만을 알고 싶어 하는 자에게는] "나는 브라흐만이다"라고 생각하는 올바른 지식이 [성취되고], 그 [올바른 지식]은 [아뜨만과 브라흐만의 동일성을 부정하는] 여타의 [그릇된 지식 곧 무지]를 없앨 것이다.

> (V03.001ab) īśvaraś ced anātmā syān nāsāv asmīti dhārayet |
> (V03.001cd) ātmā ced īśvaro 'smīti vidyā sānyanivartikā ‖

2 [브라흐만은] 아뜨만과 별개의 것으로 [『브르하드아라니야까 우빠니샤드』 3-8-8에서 말하듯이] '크지 않음' 등의 속성들을 지니고 있는 것이라고 한다면, 그러한 [브라흐만]은 인식할 수 없는 것인데 그와 같은

[속성]들을 [성전에서 말해 보았자] 무슨 소용이 있겠는가? 그렇지만 [브라흐만이 곧] 아뜨만[이라고 하는] 경우에는, [성전에서 말한 바와 같은 브라흐만의 뭇 속성들은] [아뜨만에 대해서 '크다'거나 '작다'고 하는 것과 같은] 다른 [그릇된] 생각을 제거한다.

> (V03.002ab) ātmano 'nyasya ced dharmā asthūlatvādayo matāḥ |
> (V03.002cd) ajñeyatve 'sya kiṃ taiḥ syād ātmatve tv anyadhīhnutiḥ ‖

3 그러므로 [성전에서 말하는] '크지 않다' 등의 [속성들]은 [아뜨만에 대해서 '크다'거나 '작다'라고 하는] 잘못된 가탁(假託)을 부정하기 위한 것이라고 이해해야 마땅하다. [아뜨만 이외의] 다른 것에 대한 [가탁을] 부정하기 위한 것이라고 한다면 그 [뭇 속성들에 관한 성전의 말]은 빈 말이 될 것이기 때문이다.

> (V03.003ab) mithyādhyāsaniṣedhārthaṃ tato 'sthūlādi gṛhyatām |
> (V03.003cd) paratra cen niṣedhārthaṃ śūnyatāvarṇanaṃ hi tat ‖

4 만약 ['크지 않다' 등 성전에서 말한 뭇 속성들은] [아뜨만을] 알고 싶어 하는 자의 내아(內我=아뜨만)와는 별개의 다른 것에 대한 [가탁을 부정하기 위한] 것이라고 주장한다면 "[브라흐만은] 숨을 쉬지 않으며, 정신이 없으며, 청정하며, ……"(『문다까 우빠니샤드』 2-1-2)라는 [성전의] 말씀도 무의미한 말이 되어 버릴 것이다.

> (V03.004ab) bubhutsor yadi cānyatra pratyagātmana iṣyate |
> (V03.004cd) aprāṇo hy amanāḥ śubhra iti cānarthakaṃ vacaḥ ‖

제 4 장

자아의식과 지식의 모순

1 [아뜨만을 육체와 같다고 생각하는] '자아의식'이란 씨앗에서 자라나고 자아의식의 담지자 [곧 지성] 속에 축적되어 있는 것이 [업]인데, [그 업을] "나는 [행위 주체도 아니며 행위의 과보를 누리는 자도] 아니다"라는 인식 [곧 아뜨만에 관한 올바른 지식]의 불로 태워버리면, [이미 불에 타서 없어져버린] 업이 어떻게 과보를 낳을 수 있겠는가?

(V04.001ab) ahaṃpratyayabījaṃ yad ahaṃpratyayavatsthitam |
(V04.001cd) nāhaṃpratyayavahnyuṣṭaṃ kathaṃ karma prarohati ‖

2 [이미 올바른 지식의 불에 타서 없어진 업이라도] 예전의 경험이 그러하듯이 [곧 과거의 것이라 현재는 사라지고 없으나 현재 영향을 끼칠 수 있듯이] 과보를 낳을 수 있을 것이라고 [반문]한다면, 그것은 그렇지 않다. [그 경우에] 그러한 [과보를 낳는 것]은 [올바른 지식의 불에

타서 없어져버린 업이 아니라 전생의 업과 같은] 별개의 업으로 인한 [것이기 때문]이다. [그렇다면] 그 [자아의식에서 자라난 업]이 소멸했을 때 어떻게 [그것과는 별개의 다른] 업이 [과보를 낳는 일이] 있을 수 있겠는가? 우리의 질문에 대답해주시오.

(V04.002ab) dṛṣṭavac cet prarohaḥ syān nānyakarmā sa iṣyate |
(V04.002cd) tannirodhe katham tat syāt pṛcchāmo vas tad ucyatām ‖

3 [전생의 업과 같은 업은] 육체 등을 만들어낼 수 있는 힘이 있기 때문에, 당신 안에 있는 순수 존재(=브라흐만)에 관한 지식을 누르고 과보를 낳을 것이다. [그렇지만] 업[의 과보]가 다하면 [브라흐만에 관한] 지식이 드러날 것이다.

(V04.003ab) dehādyārambhasāmarthyāj jñānam sadviṣayam tvayi |
(V04.003cd) abhibhūya phalam kuryāt karmānte jñānam udbhavet ‖

4 [전생의 업으로 인해 금생에서 고락(苦樂)의 과보를] 누리는 것과 [브라흐만에 관한] 지식은 둘 다 [금생의 육처를 생기게 하고 이제 막 과보를 낳기] 시작한 업의 과보이다. [따라서] 양자가 서로 모순되지 않는다는 것은 옳은 일이다. 그렇지만 [그러한 업 이외에] 다른 [업]은 [브라흐만에 관한 지식과] 서로 모순된다.

(V04.004ab) ārabdhasya phale hy ete bhogo jñānam ca karmaṇaḥ |
(V04.004cd) avirodhas tayor yukto vaidharmyam cetarasya tu ‖

5 [일반 사람들이] 육체가 곧 아뜨만이라는 [그릇된] 지식[에 집착]하듯이 [그렇게 굳게] 다름 아닌 아뜨만에 관해서 [올바른] 지식을 익혀, 육체가 곧 아뜨만이라는 [그릇된] 지식을 파괴하는 사람은, 원치 않아

도 해탈하게 된다.1)

(V04.005ab) dehātmajñānavaj jñānaṃ dehātmajñānabādhakam |
(V04.005cd) ātmany eva bhaved yasya sa necchann api mucyate ‖

---

1) 마에다 판본에는 5번째 게송 다음에 다음과 같은 절반의 게송이 추가되어 있다. "tataḥ
sarvam idam siddham prayogo 'smābhir īritaḥ(따라서 [아뜨만에 관한 올바른 지식과 자아
의식은 서로 모순된다는] 이 모든 것이 성립하며, 그 이유에 관해서는 우리가 앞에서
설명한 바와 같다)." 마에다가 추정하듯이(마에다 일역, 264면, 주 1) 후대의 삽입으로
보인다.

제 5 장

자아의식과 순수정신의 구별

1 우당까가 성자(聖者)임에도 오줌이 아닐까 하는 의심에서 감로수를 받지 않았던 것과 마찬가지로,[1] 사람들은 [법전에서 그들의 카스트에 맞춰 규정한] 업이 소멸되어 버리는 것은 아닐까 무서워하여 아뜨만에 관한 [올바른] 지식을 받아들이지 않는다.

> (V05.001ab) mūtrāśaṅko yathodaṅko nāgrahīd amṛtaṃ muniḥ |
> (V05.001cd) karmanāśabhayāj jantor ātmajñānāgrahas tathā ॥

2 [아뜨만이] 지성에 안주해 있을 때 아뜨만은 [지성이 움직일 때는]

---

1) 대서사시 『마하바라따』(아슈바메다장, 54)에 나오는 이야기. 우당까는 위슈누신을 기쁘게 해주기 위해서 금욕생활을 하였는데, 마침내 위슈누신은 그의 정성에 감동한 나머지 인드라신을 시켜 감로수 한 항아리를 우당까에게 전해주라고 하였다. 인드라는 장난기가 동해서 험상궂은 모습의 사냥꾼 찬달라로 변장하여 그 항아리를 허리 앞쪽에 매달아 마치 오줌통인 것처럼 보이게 했다. 인드라신이 그런 모습으로 우당까 앞에 나타나서 감로수 항아리를 주자 우당까는 그 항아리가 으줌통이라고 생각해서 받지 않았다.

움직이는 것처럼 보이고 [지성이 고요해질 때는] 조용히 있는 것처럼 보인다. 배에 타고 있는 사람의 [눈에는] [강변에 우뚝 서 있는] 나무가 [움직이는] 것처럼 보이듯이 그와 마찬가지로 [윤회하고 있는 사람에게는 윤회하는 일이 없는 아뜨만이] 윤회하고 있다는 잘못된 생각이 생긴다.

> (V05.002ab) buddhisthaś calatīvātmā dhyāyatīva ca dṛśyate |
> (V05.002cd) naugatasya yathā vṛkṣās tadvat saṃsāravibhramaḥ ||

3 배에 타고 있는 사람의 [눈에는] [강 건너편의] 나무들이 거꾸로 움직이는 것[처럼 보이]듯이 그와 마찬가지로 [윤회의 와중에 있는 사람에게는] 아뜨만이 윤회하고 있는 것[처럼 보인다]. [그 이유는] "[아뜨만은] 명상에 잠겨 있는 것처럼 [보인다]"(『브르하드아라니야까 우빠니샤드』 4-3-7)라고 성전에서 말하고 있기 때문이다.

> (V05.003ab) nausthasya prātilomyena nagānāṃ gamanaṃ yathā |
> (V05.003cd) ātmanaḥ saṃsṛtis tadvad dhyāyatīveti hi śrutiḥ ||

4 지성이 순수정신의 영상(映像)으로 뒤덮일 때, 지성에서 지각이 생기고 소리 등 [지각 대상]이 현현한다. 이 때문에 [곧 순수정신과 그것의 영상을 구분하지 못하고, 육체와 같은 지각 대상들을 아뜨만과 동일시함으로써] 세상은 미혹된다.

> (V05.004ab) caitanyapratibimbena vyāpto bodho hi jāyate |
> (V05.004cd) buddheḥ śabdādinirbhāsas tena momuhyate jagat ||

5 자아의식은 순수정신인 것처럼 현현하며, 또한 그 [순수정신]을 위해서 존재한다. [자아의식에서] '이것'이라는 부분 [곧 에고(ego) 등 자아의

식의 대상, 또는 아뜨만이 아닌 것]을 제거하고 나면, 그러한 [순수정신
인 것처럼 현현하며 순수정신을 위해서 존재하는 자아의식]은 [더 이상
존재하지] 않는다. 그러한 [순수] 경험(=순수정신)이 곧 지고(至高)의 [아
뜨만]이다.

(V05.005ab) caitanyābhāsatāhamas tādarthyaṃ ca tad asya yat |
(V05.005cd) idamaṃśaprahāṇe na paraḥ so 'nubhavo bhavet ॥

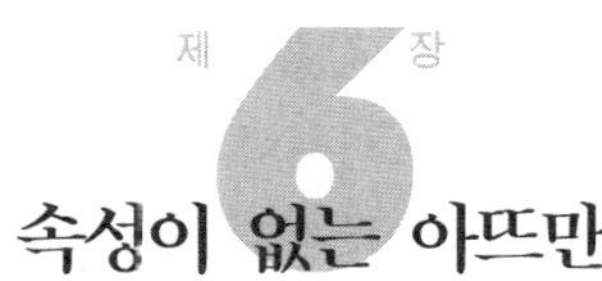

속성이 없는 아뜨만

1 잘라서 내버린 손으로는 아뜨만 자체에 관해서 [어떤 색으로는] 그려내지 못한다. 그와 마찬가지로 나머지 그 어떠한 지체(肢體)로도 [아뜨만 자체에 관해서 그것이 어떻다고] 수식하지 못한다.

(V06.001ab) chittvā tyaktena hastena svayaṃ nātmā viśeṣyate |
(V06.001cd) tathā śiṣṭena sarveṇa yena yena viśeṣyate ‖

2 이 때문에 [아뜨만에 관한] 수식은 그 모두가 아뜨만 [자체]가 아니기 때문에 [잘라서] 내버린 손과 똑같다. 그러므로 아는 자(jña=아뜨만)는 모든 수식에서 벗어나 있다. [곧 그 어떠한 수식어(修飾語)도 적용되지 않는다].

(V06.002ab) tasmāt tyaktena hastena tulyaṃ sarvaṃ viśeṣaṇam |
(V06.002cd) anātmatvena tasmāj jño muktaḥ sarvaviśeṣaṇaiḥ ‖

3 이 모든 [아뜨만에 관한] 수식은 마치 아름다운 장신구와 같아서, [아뜨만에 관한] 무지로 인해 [아뜨만에 속하는 것처럼] 가탁된 것[에 지나지 않는]다. 따라서 아뜨만에 대해서 제대로 알 때, [그] 모든 [아뜨만에 관한 수식]은 존재하지 않게 될 것이다.

> (V06.003ab) viśeṣaṇam idaṃ sarvaṃ sādhvalaṃkaraṇam yathā |
> (V06.003cd) avidyāstam ataḥ sarvaṃ jñāta ātmany asad bhavet ∥

4 아뜨만을 [수식어가 적용될 수 있는] 인식 대상[으로 간주하는 태도]를 버리고, 아뜨만은 곧 아는 자라고 이해해야 마땅하다. 즉 [아뜨만은] [모든 수식어가 적용되지 않는] 독존자(獨存者, kevala)임을 이해해야 한다. [세상에서] '나'라고 하는 것도 [실제로는 아뜨만이 아니고] 내버린 지체(肢體)와 같[이 아뜨만에 대한 수식어가 될 수 없는] 것이라고 이해해야 마땅하다.

> (V06.004ab) jñātaivātmā sadā grāhyo jñeyam utsṛjya kevalaḥ |
> (V06.004cd) aham ity api yad grāhyam vyapetāṅgasamam hi tat ∥

5 '이것'이라는 [아뜨만과 관계없는] 부분적인 것이 수식어로 기능하는 한, 그것은 [아뜨만] 자체와는 별개의 것이다. [아뜨만에 관한] 수식이 소멸하는 곳에서 아는 자(=아뜨만)가 성립한다. 예를 들어 얼룩소의 임자가 [소가 없어도 성립하는 것]과 같다.

> (V06.005ab) yāvān syād idamaṃśo yaḥ sa svato 'nyo viśeṣaṇam |
> (V06.005cd) viśeṣaprakṣayo yatra siddho jñaś citragur yathā ∥

6 현명한 자라면 '나'라고 하는 것 중에서 '이것'이라는 [아뜨만과 관계없는] 부분적인 것을 버려야 마땅하다. [그것은] 아뜨만이 아니기 때문

이다. "나는 브라흐만이다"(『브르하드아라니야까 우빠니샤드』 1-4-10)[라는 성
전 말씀 가운데 나오는 '나']는 예전에 [아뜨만이 아닌 것과 뒤섞여 있
는] 상태에서 [아뜨만과 관계없는 부분을 제거하고 난 뒤의] 나머지 부
분이다.

(V06.006ab) idamaṃśo 'ham ity atra tyājyo nātmeti paṇḍitaiḥ |
(V06.006cd) ahaṃ brahmeti śiṣṭo 'ṃśo bhūtapūrvagater bhavet ‖

아뜨만과 지성의 관계

1 나(=아뜨만)는 언제나 [꿈속에서든 깨어 있을 때든, 이 세상에서든 저 세상에서든] 그 어떤 경우이든 지성에 의해 포착된[1] 그 모든 [대상]을 본다. 그러므로 나(=아뜨만)는 지고(至高)의 브라흐만이자 일체지자(一切知者)이며, 일체만물 속에 그득 차 있는 자이다.

> (V07.001ab) buddhyārūḍhaṃ sadā sarvaṃ dṛśyate yatra tatra vā |
> (V07.001cd) mayā tasmāt paraṃ brahma sarvajñaś cāsmi sarvagaḥ ||

2 [아뜨만은] 자기 자신의 지성의 뭇 움직임을 지켜보는 자이다. 그와 마찬가지로 다른 사람들[의 지성의 움직임을 지켜보는 자이기]도 하다. [아뜨만은] 쫓아내거나 불러올 수 없는 것이다. 그러므로 나(=아뜨만)는

---

1) '지성에 의해 포착된 대상(buddhyārūḍha)'에 관해서는 운문편 제18장 156번째 게송, 산문편 제2장 70번째 단락 참조.

곧 지고(至高)[의 브라흐만]이다.

(V07.002ab) yathātmabuddhicārāṇāṃ sākṣī tadvat pareṣv api |
(V07.002cd) naivāpoḍhuṃ na vādātuṃ śakyas tasmāt paro hy aham ||

3 아뜨만에는 변화하는 일이 없고 부정(不淨)한 것이 없으며 [그 어떠한] 물질적인 것도 없다. [아뜨만은] [자신이나 남의] 지성을 남김없이 지켜보는 자이기 때문에 지성처럼 그 지식이 한정되어 있는 것이 아니다.

(V07.003ab) vikāritvam aśuddhatvaṃ bhautikatvaṃ na cātmanaḥ |
(V07.003cd) aśeṣabuddhisākṣitvād buddhivac cālpavedanā ||

4 [보석에] 햇빛을 비추면 빨강 등 [대상의] 형상이 보석 안에서 빛나듯이, [지켜보는 자인] 아뜨만이 있을 때 [곧 아뜨만의 시선이 지성을 비추면] 일체만물은 [지성 안에서] 또렷이 보인다. 햇빛이 [있음으로써 보석 안에 있는 빨강 등의 형상이 드러나]듯이 아뜨만으로 인해서 그 [일체만물]은 [보이게 되는 것이다].

(V07.004ab) maṇau prakāśyate yadvad raktādyākāratātape |
(V07.004cd) mayi saṃdṛśyate sarvam ātapeneva tan mayā ||

5 지성 안에 있는 경험 대상은 지성이 있을 때는 존재하지만 그 반대의 경우 [예를 들어 혼수 상태에 빠졌을 때처럼 지성이 없을 때]에는 존재하지 않는다. [그렇지만] 보는 자(=아뜨만)는 어떤 경우이건 [변함없이] 보는 자이기 때문에 [아뜨만에는] ['있다'거나 '없다'거나 하는 것과 같은] 이원적인 [속성]은 존재하지 않는다.

(V07.005ab) buddhau dṛśyaṃ bhaved buddhau satyāṃ nāsti viparyaye |
(V07.005cd) draṣṭā yasmāt sadā draṣṭā tasmād dvaitaṃ na vidyate ||

6 [아뜨만과 아뜨만이 아닌 것을] 가려낼 수 없을 때, 지성은 지고[의 브라흐만](=아뜨만)이 실재하지 않는 것처럼 생각했다. 그러나 [아뜨만과 아뜨만이 아닌 것을] 가려낼 수 있을 때, [지성은] 지고[의 브라흐만] 이외의 다른 어떤 것도 [심지어는] [지성] 자신도 존재하지 않는다[는 것을 안다].

    (V07.006ab) avivekāt parābhāvaṃ yathā buddhir avet tathā |
    (V07.006cd) vivekāt tu parād anyaḥ svayaṃ cāpi na vidyate ||

순수정신인 아뜨만

1 나 자신 곧 본성상 순수정신인 [나의] 정신이여! [아뜨만을] 맛 등과 결합시키는 것은 네 어리석음의 소치이다. [아뜨만은] 일체의 특수성에서 벗어나 있는데, 네 노력으로 [무엇을 하건] 그 결과가 나와 무슨 관계가 있겠는가?

(V08.001ab) citisvarūpaṃ svata eva me mate rasādiyogas tava mohakāritaḥ |
(V08.001cd) ato na kiṃcit tava ceṣṭitena me phalaṃ bhavet sarvaviśeṣahānataḥ ||

2 나는 지고의 브라흐만이며, 해탈한 자가 그렇듯이 언제나 불생자(不生者)이고 유일자(唯一者)이며, 이원성(二元性)이 없는 자이기 때문에, [너 정신은] 마야에서 생겨나는 활동을 버리고 여기 [순수정신인 내 안에서] 헛된 노력을 멈추고 편히 쉬어라.

(V08.002ab) vimucya māyāmayakāryatām iha praśāntim āyāhy asadīhitāt sadā |
(V08.002cd) ahaṃ paraṃ brahma sadā vimuktavat tathājam ekaṃ dvayavarjitaṃ
yataḥ ‖

3 나는 일체만물 속에서 언제나 평등한 독존자이며, 허공과 같이 일체
만물에 편재하며, 소멸하는 일이 없고 길상(吉祥)하며, 끊어지는 일이 없
고 나눠지는 일이 없으며, 행위가 없는 자로, 곧 지고[의 브라흐만]이다.
그러므로 네 [곧 정신의] 노력으로 [그 어떤] 결과를 [얻든지] 나와는
관계가 없다.

(V08.003ab) sadā ca bhūteṣu samo 'smi kevalo yathā ca khaṃ sarvagam akṣaraṃ
śivam |
(V08.003cd) nirantaraṃ niṣkalam akriyaṃ paraṃ tato na me 'stīha phalaṃ
tavehitaiḥ ‖

4 나는 유일자로, 그 [지고의 브라흐만] 이외에 그 어떤 것도 내 것이
라고 할 수 없다. 마찬가지로 나는 아무런 집착도 없기 때문에 그 누구
의 소유물도 될 수 없다. 나는 본성상 집착이 없다. 그러므로 네가 행한
[행위의] 결과는 나와는 아무런 관계도 없으며, 너 [또한] [너와 나는]
둘이 아니기 때문에 [네가 행한 행위의 결과와 아무런 관계도 없다].

(V08.004ab) ahaṃ mamaiko na tadanyad iṣyate tathā na kasyāpy aham asmy
asaṅgataḥ |
(V08.004cd) asaṅgarūpo 'ham ato na me tvayā kṛtena kāryaṃ tava cādvayatvataḥ ‖

5 사람들은 원인과 결과에 집착한다. 그러므로 사람들이 그 [집착에서]
벗어나도록 하기 위해서, 자신의 본성 곧 참된 실재를 깨닫는 원인이 되
는 이 [정신과 아뜨만의] 대화를 만들었다.

(V08.005ab) phale ca hetau ca jano viṣaktavān iti pracintyāham ato vimokṣaṇe |
(V08.005cd) janasya saṃvādam imaṃ prakḷptavān svarūpatattvārthavibodhak
āraṇam ‖

6 이 [정신과 아뜨만의] 대화를 숙고한다면, 사람들은 [윤회 생존이라는] 커다란 공포의 원인인 무지로부터 벗어나게 된다. 마찬가지로 [그러한] 사람들은 애욕에서 해방되어, 아뜨만을 알고 있는 자로서, 언제나 슬픔이 없는 자로서, [일체만물 속에서] 평등한 자로서, 행복한 자로서 생활하게 된다.

(V08.006ab) saṃvādam etaṃ yadi cintayen naro vimucyate 'jñānamahābhayā
gamāt |
(V08.006cd) vimuktakāmaś ca tathā janaḥ sadā caraty aśokaḥ sama ātmavit
sukhī ‖

제 9 장

미세하고 만물에 편재하는 아뜨만

1 땅[, 물, 불, 바람, 허공]에서 내아(內我)에 이르기까지 [개인 존재를 구성하는 요소] 가운데, 선행하는 [구성 요소]를 차례대로 버려나갈 때, 뒤에 오는 [구성 요소]가 보다 미세하고, 보다 편만해 있다는 것을 알 수 있다.

(V09.001ab) sūkṣmatāvyāpite jñeye gandhāder uttarottaram |
(V09.001cd) pratyagātmāvasāneṣu pūrvapūrvaprahāṇataḥ ||

2 올바른 지식에 근거하면 외계의 [땅]은 몸[을 구성하고 있는] 땅과 같으며 [외계의] 물 등 여러 원소 또한 모두 [몸을 구성하고 있는 원소와] 같다는 것을 알 수 있다.

(V09.002ab) śārīrā pṛthivī tāvad yāvad bāhyā pramāṇataḥ |
(V09.002cd) abādīni ca tattvāni tāvaj jñeyāni kṛtsnaśaḥ ||

3 허공이 바람이나 다른 [원소]가 일어나기 전에는 일체만물에 편만해 있는 것처럼 나는 항상 유일자이고 일체만물이며, 오직 순수정신이고, 일체만물에 편만해 있으며, 불이(不二)이다.

(V09.003ab) vāyvādīnāṃ yathotpatteḥ pūrvaṃ khaṃ sarvagaṃ tathā |
(V09.003cd) aham ekaḥ sadā sarvaś cinmātraḥ sarvago 'dvayaḥ ||

4 브라흐마신(=범천)을 비롯해서 식물에 이르기까지 모든 생물은 '내 몸'이라고 [사람들은] 말한다. [이 몸] 이외에 무엇으로부터 욕망, 노여움 등의 여러 결점이 나에게 생기는 것일까?

(V09.004ab) brahmādyāḥ sthāvarāntā ye prāṇino mama pūḥ smṛtāḥ |
(V09.004cd) kāmakrodhādayo doṣā jāyeran me kuto 'nyataḥ ||

5 나는 언제나 만물의 결점에 영향을 받는 일이 없으며, 만물 속에 편재해 있는 주재신이지만, 어린 아이가 [사실과 다르게] 하늘을 푸르다고 보는 것처럼, 어리석은 사람들은 내가 [만물의 결점으로 인해] 더럽다고 보고 있다.

(V09.005ab) bhūtadoṣaiḥ sadāspṛṣṭaṃ sarvabhūtastham īśvaram |
(V09.005cd) nīlaṃ vyoma yathā bālo duṣṭaṃ māṃ vīkṣate janaḥ ||

6 뭇 생물의 지성은 항상 나의 순수정신이 비출 대상이기 때문에, 만물은 [언제나] 일체지자이며 악에 물들지 않은 나의 몸이다.

(V09.006ab) maccaitanyāvabhāsyatvāt sarvaprāṇidhiyāṃ sadā |
(V09.006cd) pūr mama prāṇinaḥ sarve sarvajñasya vipāpmanaḥ ||

7 [각성 상태에서의] 인식의 대상은, 수면 상태에서의 인식의 [대상]

이 그렇듯, [실재하지 않는다고] 인정된다. 순수 지식은 상주하며 대상이 없다. 그 때문에 [순수 지식에] 이원성(二元性)은 존재하지 않는다.

(V09.007ab) janimaj jñānavijñeyaṃ svaprajñānavad iṣyate |
(V09.007cd) nityaṃ nirviṣayaṃ jñānaṃ tasmād dvaitaṃ na vidyate ‖

8 왜냐하면, 숙면 상태에서는 [인식] 이외에 아무 것도 존재하지 않으므로 인식 주체의 인식은 영원하다고 말해지고 있기 때문이다. 그러나 각성 상태에서 인식은 무지에 의거한 것이다. 그렇기 때문에 인식 대상은 실재하지 않는다고 인정해야 할 것이다.

(V09.008ab) jñātur jñātir hi nityoktā suṣupte tv anyaśūnyataḥ |
(V09.008cd) jāgrajjñātis tv avidyātas tad grāhyaṃ cāsad iṣyatām ‖

9 [무한자는] 색깔·형태 등의 속성이 없어서 시각 등의 대상이 될 수 없는 것처럼, 무한자(=아뜨만)는 인식의 대상이 될 수 없음을 알 수 있다.

(V09.009ab) rūpavattvādyasattvān na dṛṣṭyādeḥ karmatā yathā |
(V09.009cd) evaṃ vijñānakarmatvaṃ bhūmno nāstīti gamyate ‖

제10장 보는 것인 아뜨만

1 본성상 '보는 것(=순수정신)'이고, 허공과 같으며, 항상 빛나고, 죽지 않으며, 유일자이고, 불멸하며, 무구하고, [만물에] 편만하며, 불이(不二)인 최고자(=브라흐만), 그야말로 나이다. [그러므로] 나는 언제나 해탈해 있다. 옴!

> (V10.001ab) dṛśisvarūpaṃ gaganopamaṃ paraṃ sakṛdvibhātaṃ tv ajam ekam akṣaram |
>
> (V10.001cd) alepakaṃ sarvagataṃ yad advayaṃ tad eva cāhaṃ satataṃ vimukta om ‖

2 나는 청정한 '보는 것(=순수정신)'이며, 본성상 불변하다. 나에게는 본래 어떠한 대상도 존재하지 않는다. 나는 앞에도 옆에도 위에도 아래에도, 모든 방위에 충만한 무한자이고, 불생이며 내 안에 안주하고 있다.

(V10.002ab) dṛṣis tu śuddho 'ham avikriyā mako na me 'sti kaścid viśayaḥ svabh
   āvataḥ |

(V10.002cd) puras tiraś cordhvam adhaś ca sarvataḥ supūrṇabhūmā tv aja ātmani
   sthitaḥ ||

3 나는 불생, 불사이고, 또 불로, 불사이고, 스스로 빛나고 두루 편재하
며, 불이(不二)이다. 원인도 결과도 없고 완전무구하며, 항상 자족한다.
그러므로 나는 [언제나] 해탈해 있다. 옴!

(V10.003ab) ajo 'maraś caiva tathājaro 'mṛtaḥ svayaṃprabhaḥ sarvagato 'ham
   advayaḥ |

(V10.003cd) na kāraṇaṃ kāryam atīva nirmalaḥ sadaiva tṛptaś ca tato vimukta
   om ||

4 이 세상에서는 숙면 상태거나, 각성 상태거나, 수면 상태거나, '나 자
신'과 같은, 사람을 현혹시키는 지각은 나에게는 존재하지 않는다. 이 [세
가지 상태]들은, 독립적으로 존재하는 것도 아니며 다른 것에 의존하여
존재하는 것도 아니기 때문에, 나는 늘 [그 세 가지 상태를 초월한] 제4
위[의 아뜨만]이고, 항상 불이(不二)의 '보는 것'이다.

(V10.004ab) suṣuptajāratsvapataś ca darśanaṃ na me 'sti kiṃcit svam iveha
   mohanam |

(V10.004cd) svataś ca teṣāṃ parato 'py asattvatas turīya evāsmi sadā dṛg
   advayaḥ ||

5 몸이나 감각기관에서 일어난 일련의 고통은 내 것도 아니며 나도 아
니다. 나는 불변하기 때문이다. [게다가] 이 일련[의 고통]은 실재하지
않기 때문에 [내 것도 아니며 나도 아니다]. 그것은 실로 꿈속의 사물처
럼 실재하지 않는 것이다.

(V10.005ab) śarīrabuddhīndriyaduḥkhasaṃtatir na me na cāhaṃ mama nirvikā
     rataḥ |
(V10.005cd) asattvahetoś ca tathaiva saṃtater asattvam asyāḥ svapato hi dṛś
     yavat ||

6 나에게는 변화도 없으며 변화의 원인도 없다는 것이 진실이다. 나는
불이(不二)이기 때문이다. 나에게는 선업도 악업도, 해탈도 속박도, [바라
문계급에서 노예계급에 이르는] 계급도, [학생기에서 유행기에 이르는]
생활기도 없다. 몸이 없기 때문이다.

(V10.006ab) idaṃ tu satyaṃ mama nāsti vikriyā vikārahetur na hi me
     'dvayatvataḥ |
(V10.006cd) na puṇyapāpe na ca mokṣabandhane na cāsti varṇaśramatāśaīrataḥ ||

7 나에게는 시작도 없고, 속성도 없기(『바가와드기따』 13-31 참조) 때문에,
나에게는 행위도, [그 행위의] 과보도 없다. 그러므로 나는 지고의 [아
뜨만]이고 불이이다. 허공이 [만물에] 두루 편재해 있지만 더러움에 물
드는 일이 없는 것처럼, 나도 몸 속에 있으면서도 더러움에 물드는 일이
없다. [나는] 미세하기 때문이다.

(V10.007ab) anādito nirguṇato na karma me phalaṃ ca tasmāt paramo 'ham
     advayaḥ |
(V10.007cd) yathā nabhaḥ sarvagataṃ na lipyate tathā hy ahaṃ dehagato 'pi
     sūkṣmataḥ ||

8 또 나는 항상 [모든] 만물에 대해서 평등하고(『바가와드기따』 9-29 참조),
[만물의] 주재신이다. 나는 소멸하는 것도 멸하지 않는 것도 [모두] 초
월해 있기 때문이다(『바가와드기따』 15-16~18 참조). [나는] 지고의 아뜨만
을 본질로 하고 있으며 불이(不二)이지만, 무지로 인해 정반대인 것으로

[잘못] 파악된다.

(V10.008ab) sadā ca bhūteṣu samo 'ham īsvaraḥ kṣarākṣarābhyāṃ paramo hy
athottamaḥ |
(V10.008cd) parātmatattvaś ca tathādvayo 'pi san viparyayeṇābhivṛtas tv
avidyayā ॥

9 무지나 잠재 인상과도 다르고 업과도 다르며, 방해받는 일도 없이, 아뜨만은 완전무구하다. 나는 보는 것 등의 능력으로 그득 차 있고 이원성이 없으며, 자기 자신의 본성에 안주하고 있고 허공과 같이 부동하다.

(V10.009ab) avidyayā bhāvanayā ca kaᵣmabhir vivikta ātmāvyavadhiḥ
sunirmalaḥ |
(V10.009cd) dṛgādiśaktipracito 'ham advayaḥ sthitaḥ svarūpe gaganaṃ yathā
calam ॥

10 "나는 지고의 브라흐만이다"라는 확정적 인식으로 아뜨만을 보는 자는 "다시 태어나는 일이 없다"(『까타 우빠니샤드』 1-38)는 성전 말씀이 있다. 씨앗이 없으면 열매는 생기지 않는다. [윤회 생존의 씨앗인] 혼미(=무지)가 없기 때문에, [다시] 생겨나는 일이 없는 것이다.

(V10.010ab) ahaṃ paraṃ brahma viniścayātᵣnadṛṅ na jāyate bhūya iti śruter
vacaḥ |
(V10.010cd) na caiva bīje tv asati prajāyate phalaṃ na janmāsti tato hy amohatā |

11 [모든 만물에 대해] 항상 평등하고 이원성이 없으며, 길상(吉祥)한 브라흐만에 관해서, 사람들은 "이것은 내 것으로 이러이러한 것이다", "저것은 그대의 것으로, 이러이러한 유형의 것이다", "마찬가지로 나도 그러해서, [그것] 이상도 아니고, [그것과] 다르지도 않다"고 분별하지

만, 그와 같은 분별은 그 사람들의 어리석음[의 소치] 이외에 그 어떤
것도 아니다.

> (V10.011ab) mamedam ittham ca tavāda īdṛśam tathāham evam na paro 'pi
> cānyathā |
> (V10.011cd) vimūḍhataivāsya janasya kalpanā sadā same brahmaṇi cādvaye śive ‖

12 완전하게 이원성이 없고 무구한 지식이 있을 때, 위대한 정신의 주
인에게는 근심도 혼미함도 없다. 근심도 혼미함도 없을 때에는 행하는
일도 생겨나는 일도 없다. 이것이 베다 성전에 정통한 자의 확정적인 인
식이다.

> (V10.012ab) yad advayam jñānam atīva nirmalam mahātmanām tatra na ś
> okamohatā |
> (V10.012cd) tayor abhāve na hi karma janma vā bhaved ayam vedavidām viniś
> cayaḥ ‖

13 이원성이 없기 때문에, 각성 상태에 있어서도 숙면 상태에 있을 때
처럼 [실제로는] 행하면서도 행하지 않는 자, 그러한 사람이 아뜨만을
알고 있는 자이고, 그 이외에 아무도 그렇지 않다. 이것이 이 [우빠니샤
드의] 결론이다.

> (V10.013ab) suṣuptavaj jāgrati yo na paśyati dvayam tu paśyann api cādvayataḥ |
> (V10.013cd) tathā ca kurvann api niṣkriyaś ca yaḥ sa ātmavin nānya itīha niś
> cayaḥ ‖

14 이상, 내가 궁극적 진리의 입장에서 개진한 이 견해는, 우빠니샤드
에서 확정된 지고의 [견해]이다. 만약 이 견해를 확정적으로 인식한다
면, 해탈하여 허공과 같이 행위에 물드는 일이 없다(『바가와드기따』 4-14).

(V10.014ab) itīdam uktaṃ paramārthadarśanaṃ mayā hi vedāntaviniścitaṃ param |
(V10.014cd) vimucyate 'smin yadi niścito bhaven na lipyate vyomavad eva karmabhiḥ ||

제 11 장

지켜보는 자인 아뜨만

1 뭇 생명이 지켜보는 자(=아뜨만)라는 것은 그것만으로 확정적인 것이어서, 지켜보는 자와 다른 것[으로 보는 것]은 무지에서 유래하는 것이다. 그 때문에 그 [지켜보는 자와] 별개의 것[이라는 생각]은 "그대는 순수 존재이다"라는 [성전 말씀을 통해서] 제거된다.

> (V11.001ab) īkṣitṛtvaṃ svataḥsiddhaṃ jantūnāṃ ca tato 'nyatā |
> (V11.001cd) ajñānād ity ato 'nyatvaṃ sad asīti nivartyate ||

2 "[실로] 불사(不死)[의 원인]은 이 [순수 지식]뿐이다"(『브르하드아라니야까 우빠니샤드』 4-5-15)라는 [성전 말씀을 통해서], 성전은, [해탈을 이루는데] 순수 지식의 조력자 역할을 할 수 있는 것은 아무 것도 없다고 [베다 성전의 규정에 따른 행위의 의의를 부정하는] 말을 하고 있기 때문에, 성전은 미세한 몸과 더불어 행위마저도 부정하고 있다.

(V11.002ab) etāvad dhy amṛtatvaṃ na kiṃcid anyat sahāyakam |
(V11.002cd) jñānasyeti bruvac chāstraṃ saliṅgaṃ karma bādhate ‖

3 뭇 생명의 정신활동을 차별 없이 지켜보고 있는 [나에게], 이 변하는 일이 없는 나에게 어떻게 차별이 있을 수 있겠는가?

4 수면 상태에서처럼 각성 상태에서도 [나는] [뭇 생명의] 정신 그 자체와 그것의 활동을 지켜보고 있지만, 숙면 상태에서는 [정신도 정신의 활동도] 모두 존재하지 않기 때문에, [나는] 오직 순수정신일 뿐이고, [만물에] 두루 편재하며 이원성이 없다.

(V11.003ab) sarveṣāṃ manaso vṛttam aviśeṣeṇa paśyataḥ |
(V11.003cd) tasya me nirvikārasya viśeṣaḥ syāt kathaṃcana ‖
(V11.004ab) manovṛttaṃ manaś caiva svapnavaj jāgratīkṣituḥ |
(V11.004cd) saṃprasāde dvayāsattvāc cinmātraḥ sarvago 'dvayaḥ ‖

5 잠에서 깨어나기 전까지는 꿈도 진실인 것처럼 보이듯이, 아뜨만에 관한 올바른 지식[을 얻기 전]까지는, 몸과 아뜨만과의 [동일성]은 [진실인 것처럼 보이고], 각성 상태에서의 감각 등이 올바른 인식 근거라는 것도 [진실인 것처럼 보인다].

(V11.005ab) svapnaḥ satyo yathā bodhād dehātmatvaṃ tathaiva ca |
(V11.005cd) pratyakṣādeḥ pramāṇatvaṃ jāgrat syād ātmavedanāt ‖

6 뭇 생명 속에 머무르면서도 나는, 마치 허공처럼, [뭇 생명의] 결점에서 자유롭다. 나는 지켜보는 자이고 관찰자이며, 속성이 없고, [그 자체로] 청정한 브라흐만이다. 그 때문에 나는 독존자(獨存者)이다.

(V11.006ab) vyomavat sarvabhūtastho bhūtadoṣair vivarjitaḥ |
(V11.006cd) sākṣī cetā 'guṇaḥ śuddho brahmaivāsmīti kevalaḥ ‖

7 [나는] 명칭이나 형태나 행위와는 다른 것이어서(『브르하드아라니야까 우빠니샤드』 1-6-1 참조) 본성상 늘 해탈해 있다. 나는 아뜨만이고, 지고의 브라흐만이다. 나는 오직 순수정신이고, 언제나 이원성이 없다.

(V11.007ab) nāmarūpakriyābhyo 'nyo nityamuktasvarūpavān |
(V11.007cd) aham ātmā param brahma cinmātro 'ham sadādvayaḥ ‖

8 "나는 브라흐만이다"(『브르하드아라니야까 우빠니샤드』 1-4-10)라고 알면서 [동시에] 또한 "나는 행위의 주체이고 경험의 주체이다"라고 아는 자는, 지식에서도 행위에서도 인정받지 못한다. 그들은 의심의 여지없이 [베다 성전의 말씀을 믿지 않는] 비정통파이다.

(V11.008ab) aham brahmāsmi kartā ca bhoktā cāsmīti ye viduḥ |
(V11.008cd) te naṣṭā jñānakarmabhyāṃ nāstikāḥ syur na saṃśayaḥ ‖

9 선악의 결과와 아뜨만이 연결되어 있다는 것은 눈에는 보이지 않지만 인정되고 있는 것처럼, 성전에 의거해서, 아뜨만은 브라흐만이고 해탈은 [아뜨만에 관한] 올바른 지식에서 유래한다는 것을 인정해야 할 것이다.

(V11.009ab) dharmādharmaphalair yoga iṣṭo 'dṛṣṭo yathātmanaḥ |
(V11.009cd) śāstrād brahmatvam apy asya mokṣo jñānāt tatheṣyatām ‖

10 '심황(深黃)색(울금색과 비슷한 노랑 계통) 옷' 등으로 [『브르하드아라니야까 우빠니샤드』 2-3-6에서 언급되고 있는] 잠재 인상은, 꿈을 꾸고 있는 사람들에게는 이 [수면 상태에서]만 지각된다. 보는 것(=아뜨만)은 잠재 인상과는 다른 것으로, 독존자이다.

(V11.010ab) yā māhārājanādyās tā vāsanāḥ svapnadarśibhiḥ |

(V11.010cd) anubhūyanta eveha tato 'nyaḥ kevalo dṛṣiḥ ∥

11 칼을 칼집에서 빼냈을 때 [빛나는 게] 보인다. 이와 마찬가지로 아는 자(=아뜨만)는 원인-결과로부터 자유롭게 되었을 때 수면 상태에서 스스로 빛나는 게 보인다.

(V11.011ab) kośād iva viniṣkṛṣṭaḥ kāryakāraṇavarjitaḥ |
(V11.011cd) yathāsir dṛśyate svapne tadvad boddhā svayaṃprabhaḥ ∥

12 [손으로] 밀어서 깨어난[1] 아는 자(=아뜨만)의 본성은, "[아뜨만은] 이것도 아니고 저것도 아니다"(『브르하드아라니야까 우빠니샤드』 2-3-6)라는 분별을 제거하는 성전 말씀에 개진되어 있다.

(V11.012ab) āpeṣāt pratibuddhasya jñasya svābhāvikam padam |
(V11.012cd) uktam netyādivākyena kalpitasyāpanetṛṇā ∥

13 [꿈속에서 내가 대왕이 되었을 때][2] 대왕 등의 세계는 수면 상태에 있는 나에 있어서 분별된 것(=실재하지 않는 것)이듯이, [유형과 무형] 두 유형의 [브라흐만의] 모습[3]과 잠재 인상[4]도 똑같이 [나에게 분별된 것]임을 [따라서 실재하지 않는 것]임을 알아야 한다.

(V11.013ab) mahārājādayo lokā mayi yadvat prakalpitāḥ |
(V11.013cd) svapne tadvad dvayam vidyād rūpam vāsanayā saha ∥

---

1) 『브르하드아라니야까 우빠니샤드』(2-1-15)에 나오는 이야기를 참조할 것. 아자따샤뜨르왕은 브라흐만에 관해서 올바른 지식을 갖고 있었다. 바라문 출신인 갈기야는 그와 논쟁을 벌였으나 논쟁에 패하자 왕의 제자가 되기를 간청했다. 왕과 갈기야 두 사람은 잠자고 있는 사람에게 다가가서 그 사람의 여러 가지 이름을 하나씩 불러보았으나 그는 깨어나지 않았다. 왕이 손으로 밀어보자 그는 깜짝 놀라 눈을 떴다.
2) 『브르하드아라니야까 우빠니샤드』 2-1-18 참조.
3) 『브르하드아라니야까 우빠니샤드』 2-3-1 참조.
4) 『브르하드아라니야까 우빠니샤드』 2-3-6 참조.

14 [아뜨만은 거칠고 엉성한] 몸이나 미세한 몸과 동일시되며 잠재 인상의 모습을 띄는[데 그] 아뜨만에 의해서 뭇 행위가 이루어진다. [그렇지만] 나의 본성은 "이것도 아니고, 저것도 아니다"(『브르하드아라니야까 우빠니샤드』 2-3-6)이기 때문에 내가 행할 행위는 어디에도 존재하지 않는다.

(V11.014ab) dehaliṅgātmanā kāryā vāsanārūpiṇā kriyā |
(V11.014cd) netinetyātmarūpatvān na me kāryā kriyā kvacit ‖

15 그러므로 무지가 그 원인이 되는 행위로부터 불사(不死)[의 존재]가 될 가망성은 없다. 해탈의 원인은 [아뜨만에 관한] 올바른 지식이기 때문에, 해탈은 올바른 지식 이외에 그 어떠한 것에도 의존하는 일이 없다.

(V11.015ab) na tato 'mṛtatāśāsti karmaṇo 'jñānahetutaḥ |
(V11.015cd) mokṣasya jñānahetutvān na tadanyad apekṣate ‖

16 죽지 않는 자는 두려움이 없고 상처받지 않는다. "[아뜨만은] 이것도 아니고, 저것도 아니다"라는 [성전 말씀에 따라서], [그와 같은] 아뜨만[이야말로] 내가 사랑해야 하는 것이다.5) 따라서 [아뜨만에] 상반되고, 아뜨만과 다른 것은, 행위와 더불어 모두 버려야 한다.

(V11.016ab) amṛtaṃ cābhayaṃ nārtaṃ netīty ātmā priyo mama |
(V11.016cd) viparītam ato 'nyad yat tyajet tat sakriyaṃ tataḥ ‖

---

5) 『브르하드아라니야까 우빠니샤드』 1-4-8; 2-4-5 참조

제**12**장

빛인 아뜨만

1 사람들은, 빛에 비춰지고 있는 몸을 발광체로 잘못 보듯이, [마치]
보는 자(=아뜨만)인 것처럼 현현하는 마음(=지성)을 '나'라거나 '보는 자'
라고 생각한다.

> (V12.001ab) prakāśastham yathā deham sālokam abhimanyate |
> (V12.001cd) draṣṭrābhāsam tathā cittam draṣṭāham iti manyate ‖

2 [사람들은] 이 세상에서 경험하는 것은 그 무엇이든 아뜨만과 동일
시한다. 그래서 [사람들은] 혼미에 빠지고, 그 때문에 [진실한] 아뜨만
을 볼 수 없는 것이다.

> (V12.002ab) yad eva dṛṣyate loke tenābhinnatvam ātmanaḥ |
> (V12.002cd) prapadyate tato mūḍhas tenātmānam na vindati ‖

3 [열 명의 소년이 강을 헤엄쳐 건너는 데] 자기 자신이 열 번째였던 [한 소년]이 [자기 자신은 세지 않고] 자기 자신도 [다른] 아홉 명 가운데 들어 있다고 생각해서, ["한 사람이 모자라네"라고 생각하다가 다른 소년에게서 "네가 열 번째다"라고 들을 때까지 그와 같이 잘못된 판단을 고치지 못하고 있는 것처럼], 이 혼미에 빠진 세상 사람들은, [아뜨만을 지성 등과 같은] 인식 대상 가운데 있다[고 오판해서], 그 [오판]과는 다른 식으로 [아뜨만에 관해서 올바로 이해하지] 못한다.

    (V12.003ab) daśamasya navātmatvapratipattivad ātmanaḥ |
    (V12.003cd) dṛśyeṣu tadvad evāyaṃ mūḍho loko na cānyathā ‖

4 "너는 [이러이러한] 행위를 하라"는 지식과 "너는 바로 그것(=브라흐만)이다"라는 지식, 이 두 가지 서로 모순되는 지식이 동시에 동일한 의지처를 가질 수 있는지 논리적 이치에 따라 설명해보라.

    (V12.004ab) tvaṃ kuru tvaṃ tad eveti pratyayāv ekakālikau |
    (V12.004cd) ekanīḍau kathaṃ syātāṃ viruddhau nyāyato vada ‖

5 몸을 아뜨만과 동일시하는 자는 괴로움에 시달린다. 몸을 지니지 않는 것(=아뜨만)은(『찬도기야 우빠니샤드』 8-12-1), 숙면 상태에 있을 때와 마찬가지로 [각성 상태에서도] 본래 괴로움에 시달리는 일이 없다. 보는 것(=아뜨만)에서 괴로움을 없애주기 위해서 [성전(『찬도기야 우빠니샤드』 6-8-7)에서는] "너는 그것이다"라고 말하고 있는 것이다.

    (V12.005ab) dehābhimānin duḥkhaṃ nādehasya svabhāvataḥ |
    (V12.005cd) svāpavat tatprahāṇāya tat tvam ity ucyate dṛśeḥ ‖

6 보는 것(=아뜨만)의 영상이 거울에 비친 얼굴의 영상처럼 [지성의] 지

식으로 현현할 때, [무지한] 요가행자는 이를 보고 "아뜨만을 보았다"
고 [잘못] 생각한다.

> (V12.006ab) dṛśeś chāyā yadārūḍhā mukhacchāyeva darśane |
> (V12.006cd) paśyaṃs taṃ pratyayaṃ yogī dṛṣṭa ātmeti manyate ‖

7 혼미에 빠져 있는 그러한 지식이나 [아뜨만 이외에] 다른 [지성에
속하는] 지식은 보는 것에 속하지 않는 것임을 안다면, 그 사람이야말
로 의심의 여지없이 요가행자 가운데 가장 뛰어난 자이지만 다른 사람
은 그렇지 않다.

> (V12.007ab) taṃ ca mūḍhaṃ ca yady anyaṃ pratyayaṃ vetti no dṛśeḥ |
> (V12.007cd) sa eva yogināṃ śreṣṭho netaraḥ syān na saṃśayaḥ ‖

8 '인식의 인식자'(『브르하드아라니야까 우빠니샤드』 3-4-2)가 ["너는 그것(=브
라흐만)이다"(『찬도기야 우빠니샤드』 6-8-7 등)라는 성전 말씀에서는 '너'로 불
리고 있다. 그러므로 이것이 이 ['너'란] 말의 [올바른] 이해이다. 이것
과 다른 이해는 잘못된 것이다.

> (V12.008ab) vijñāter yas tu vijñātā sa tvam ity ucyate yataḥ |
> (V12.008cd) sa syād anubhavas tasya tato 'nyo 'nubhavo mṛṣā ‖

9 나는 항상 본성상 '보는 것'으로 상주하는데 보았다 안 보았다 하는
일이 어떻게 있을 수 있겠는가? 그래서 그것과는 다른 [이 '너'라는 말
의] 이해는 인정될 수 없다.

> (V12.009ab) dṛśirūpe sadā nitye darśanādarśane mayi |
> (V12.009cd) kathaṃ syātāṃ tato nānya iṣyate 'nubhavas tataḥ ‖

10 태양의 열이 미치는 곳인 몸이 시각의 대상인 것처럼, 이 경우에는 지성이 [태양의 열에 해당하는 괴로움이 미치는] 장소이다. 따라서 지성은 '보는 것(=아뜨만)'의 대상이다.

(V12.010ab) yatsthas tāpo raver dehe dṛśeḥ sa viṣayo yathā |
(V12.010cd) sattvasthas tadvad eveha dṛśeḥ sa viṣayas tathā ‖

11 '이것'[이라고 지칭할 수 있는] 부분이 부정되는 '아는 자(=아뜨만)'는 허공과 같이 한맛(一味)이고 이원성이 없으며, 항상 해탈해 있고 청정하다. 그것은 나다. 나는 브라흐만이고 독존자이다.

(V12.011ab) pratiṣiddhedamaṃśo jñaḥ kham ivaikaraso 'dvayaḥ |
(V12.011cd) nityamuktas tathā śuddhaḥ so 'haṃ brahmāsmi kevalaḥ ‖

12 이 인식 주체[인 나]보다 뛰어난 다른 인식 주체는 있을 수 없다. 그래서 나는 지고의 인식 주체이다. 늘 모든 만물 속에 [깃들어] 있으며 해탈해 있다.

(V12.012ab) vijñātur naiva vijñātā paro 'nyaḥ saṃbhavaty ataḥ |
(V12.012cd) vijñātāham paro muktaḥ sarvabhūteṣu sarvadā ‖

13 "나는 브라흐만을 알고 있다"는 [잘못된] 지식을 버리고, 아뜨만 곧 '보는 것'은 부단하며 행위 주체가 아니라고 [바르게] 알고 있는 자, 그 사람만이 [진실로] 아뜨만을 알고 있는 자이며 다른 자는 그렇지 않다.

(V12.013ab) yo vedāluptadṛṣṭitvam ātmano 'kartṛtāṃ tathā |
(V12.013cd) brahmavittvaṃ tathā muktvā sa ātmajño na cetaraḥ ‖

14 "나는 인식 주체이고, 인식 대상은 아니다. 항상 청정하고, 해탈해

있다"고 식별하는 지식도 지성에 속해 있다. [그 지식은] 인식 대상이고 소멸하는 것이기 때문에.

> (V12.014ab) jñātaivāham avijñeyaḥ śuddho muktaḥ sadety api |
> (V12.014cd) vivekī pratyayo buddher dṛśyatvān nāśavattvataḥ ‖

15 아뜨만의 [본성인] 보는 것은 부단하며, 행위의 요인으로 인해 생기하는 것이 아니다. 그래서 아뜨만 곧 '보는 것'이 생긴다는 분별은, [아뜨만과는] 별개의 [그릇된] 견해 ─ 그것은 인식 대상이기도 하다 ─ 에 의거하고 있다.

> (V12.015ab) aluptā tv ātmano dṛṣṭir notpādyā kārakair yataḥ |
> (V12.015cd) dṛśyayā cānyayā dṛṣṭyā janyatāsyāḥ prakalpitā ‖

16 아뜨만은 행위의 주체라는 지식은, '몸이 아뜨만이다'라는 지식에 의거해 있기 때문에 틀린 것이다. "나는 행하는 바가 없다"는 지식이 진실한 것이며, [이것만이] 올바른 인식 근거에 토대를 두고 있다.

> (V12.016ab) dehātmabuddhyapekṣatvād ātmanaḥ kartṛtā mṛṣā |
> (V12.016cd) naiva kiṃcit karomīti satyā buddhiḥ pramāṇajā ‖

17 [아뜨만은] 행위의 주체라는 지식은 행위의 요인에 의거하고 있지만, [아뜨만은] 행위의 주체가 아니라는 지식은 그 본성에 의거하고 있다. "[나는] 행위의 주체이다", "[나는] 경험의 주체이다"라는 인식이 잘못되었다는 것은 충분히 확인되었다.

> (V12.017ab) kartṛtvaṃ kārakāpekṣam akartṛtvaṃ svabhāvataḥ |
> (V12.017cd) kartā bhokteti vijñānaṃ mṛṣaiveti suniścitam ‖

18 이와 같이, 성전 [말씀]과 추론에 의거해서 자기의 본성이 이해되었을 때는, "나는 [베다 성전에 의거해서 행하도록] 명령받고 있다"는 이러한 이해가 어떻게 진실일 수 있겠는가?

(V12.018ab) evaṃ śāstrānumānābhyāṃ svarūpe 'vagate sati |
(V12.018cd) niyojyo 'ham iti hy eṣā satyā buddhiḥ kathaṃ bhavet ॥

19 허공이 일체 만물 가운데 있는 것처럼 나는 실로 그 허공 속에도 존재하고 있다. 나는 불변하고 부동하며 청정하다. 불로이고 해탈해 있으며 늘 이원성이 없다.

(V12.019ab) yathā sarvāntaraṃ vyoma vyomno 'py abhyantaro hy aham |
(V12.019cd) nirvikāro 'calaḥ śuddho 'jaro muktaḥ sadādvayaḥ ॥

제 **13** 장

인식 주체가 아닌 아뜨만

1 눈이 없기 때문에 나는 보지 못한다. 마찬가지로 귀가 없는 내가 어떻게 들을 수 있겠는가? 언어기관도 갖고 있지 않기에 나는 말을 하지 못한다. 정신(이라는 사고기관)도 갖고 있지 않은데 어떻게 생각할 수 있겠는가?

> (V13.001ab) acakṣuṣṭvān na dṛṣṭir me tathāśrotasya kā śrutiḥ |
> (V13.001cd) avāktvān na tu vaktiḥ syād amanastvān matiḥ kutaḥ ||

2~3 생기(生氣)가 없기 때문에, [나는] 행하지 않는다. 지성이 없기 때문에 인식 주체도 아니다. 그러므로 올바른 지식도 무지도 없다. 나는 오로지 순수정신만의 빛을 갖고 있으며, 항상 해탈해 있고, 청정하고, 불변하고, 부동이고, 늘 불사이고, 불멸이고, 육신을 갖고 있지 않다.

(V13.002ab) aprāṇasya na karmāsti buddhyabhāve na veditā |

(V13.002cd) vidyāvidye tato na staś cinmātrajyotiṣo mama ||

(V13.003ab) nityamuktasya śuddhasya kūṭasthasyāvicālinaḥ |

(V13.003cd) amṛtasyākṣarasyaivam aśarīrasya sarvadā ||

4 허공과 같이 [일체만물에] 편만한 나에게는 굶주림도 목마름도 없고, 근심도 미망도 없고, 늙음도 죽음도 없다. 육신을 지니고 있지 않기 때문에.

(V13.004ab) jighatsā vā pipāsā vā śokamohau jarāmṛtī |

(V13.004cd) na vidyante 'śarīratvād vyomavad vyāpino mama ||

5 나는 촉각을 갖고 있지 않기에 [감촉을] 느끼지 않는다. 미각을 갖고 있지 않기 때문에 맛보지 않는다. [나는] 본성상 영원한 순수정신이기 때문에, 나에게는 결코 인식한다든지 인식하지 않는다든지 하는 일은 있을 수 없다.

(V13.005ab) asparśatvān na me spṛṣṭirnājihvatvād rasajñatā |

(V13.005cd) nityavijñānarūpasya jñānājñāne na me sadā ||

6~8 눈에 의거해서 [그 대상의] 형색(形色)을 취하는 마음(=지성)의 변용은, 언제나 아뜨만의 [본성인] 영원한 '보는 것(=순수정신)'에 의해서 보인다. 마찬가지로 [눈] 이외의 감각기관과 결합하여 [외계의] 대상에 따라 특징지어지는 [지성의] 변용도, [감각기관과] 결합하지 않고 기억이나 탐욕 등의 형태를 취하는 [지성의] 변용도, [모두] 마음(=지성)에서 일어난다. 마찬가지로 수면 상태에서 마음(=지성)의 변용도, [나] 이외의 것에 속하는 것을 알 수 있다. 그러므로 보는 자의 '보는 것(=순수정신)' 은 영원하고, 청정하고, 무한하고, 독존한다.

(V13.006ab) yā tu syān mānasī vṛttiś cākṣuṣkā rūparañjanā |
(V13.006cd) nityam evātmano dṛṣṭyā nityayā dṛśyate hi sā ||
(V13.007ab) tathānyendriyayuktā yā vṛttayo viṣayāñjanāḥ |
(V13.007cd) smṛtī rāgādirūpā ca kevalāntar manasy api ||
(V13.008ab) mānasyas tadvad anyasya dṛśyante svapnavṛttayaḥ |
(V13.008cd) drasṭur dṛṣṭis tato nityā śuddhārantā ca kevalā ||

9~10 [사람들은] 보는 자의 '보는 것'이 대해서 무상하다거나 부정하다고 [잘못] 이해하는 경우가 있다. 왜냐하면, [그 경우에는] 그 [아뜨만과 지성을 분간할] 식별지가 결여되어 있기 때문이다. 마찬가지로 모든 세상 사람들은, [보는 자의 보는 것]의 대상이고 [그] 한정적 첨성(添性)에 [지나지 않는 지성] 때문에, '내'가 즐거움이나 괴로움을 경험한다고 [잘못 생각하거나], 어리석은 [지성]으로 인해 "[나는] 어리석다"고 생각하거나, 청정한[지성]으로 인해 "[나는] 청정하다"고 생각한다. 그들이 윤회 생존을 벗어나지 못하는 것은 바로 이러한 이유 때문이다.

(V13.009ab) anityā sāviśuddheti gṛhyate 'trāvivekataḥ |
(V13.009cd) sukhī duḥkhī tathā cāham dṛśyayopādhibhūtayā ||
(V13.010ab) mūḍhayā mūḍha ity evam śuddhayā śuddha ity api |
(V13.010cd) manyate sarvaloko 'yam yena saṃsāram ṛcchati ||

11 만약 해탈을 구하는 자라면, 이 세상에서 "눈도 없으며, [귀도 없으며] ……"(『브르하드아라니야까 우빠니샤드』 3-8-8)라고 성전에서 말하고 있으며, 안팎을 포함하고 있고 태어나는 일이 없으며[1] 늘 해탈해 있는 아뜨만에 관해서 끊임없이 상기해야 한다.

(V13.011ab) acakṣuṣṭvādiśāstroktam sabāhyābhyantaram hy ajam |
(V13.011cd) nityamuktam ihātmānam mumukṣuś cet sadā smaret ||

---

1) 『문다까 우빠니샤드』 2-1-2 참조.

12 "눈도 없으며 [귀도 없으며] ······" 등의 성전 말씀이 있기 때문에, 나에게는 언제나 인식기관이 없다. 또 "실로 [뿌루샤는] 생기를 갖고 있지 않으며, 정신도 없으며, 청정하다"라는 『아타르바 베다』 소속의 성전 말씀(『문다까 우빠니샤드』 2-1-2)이 있다.

 (V13.012ab) acakṣuṣṭvādiśāstrāc ca nendriyāṇi sadā mama |
 (V13.012cd) aprāṇo hy amanāḥ śubhra iti cātharvaṇe vacaḥ ‖

13 또, 『까타 우빠니샤드』(1-3-15)에는 나에게는 소리가 없다고 나와 있고, [『문다까 우빠니샤드』(2-1-2)에는, 나는] "생기를 갖고 있지 않으며, [사고 기관인] 정신을 갖고 있지 않다"고 나와 있기 때문에, 나는 실로 늘 불변하다.

 (V13.013ab) śabdādīnām abhāvaś ca śrūyate mama kāṭhake |
 (V13.013cd) aprāṇo hy amanā yasmād avikārī sadā hy aham ‖

14 그러므로 나에게는 마음의 혼란이 없고, 따라서 나에게는 정신 집중(=삼매)도 없다. 마음의 혼란도 정신 집중도 [불변의 아뜨만에 속하는 것이 아니라] 변화하는 정신에 속한 것이[기 때문이]다.

 (V13.014ab) vikṣepo nāsti tasmān me na samādhis tato mama |
 (V13.014cd) vikṣepo vā samādhir vā manasaḥ syād vikāriṇaḥ ‖

15 나는 정신을 갖고 있지 않고 청정한데 어떻게 이 두 가지 [곧 마음의 혼란과 정신 집중]이 나에게 있을 수 있겠는가? 육신이 없으며 [일체만물에 두루] 편만한 나는 정신을 갖고 있지 않으며 불변하다.

 (V13.015ab) amanaskasya śuddhasya kathaṃ tat syād dvayaṃ mama |
 (V13.015cd) amanastvāvikāritve videhavyāpino mama ‖

16 이와 같이 [아뜨만으로서의] 나는 늘 해탈해 있고 청정하며 깨달은 자이지만, 이 무지가 남아 있는 동안에는 [지성으로서의] 내게는 해야 할 일이 있었던 것이다.

(V13.016ab) ity etad yāvad ajñānaṃ tāvat kāryaṃ mamābhavat |
(V13.016cd) nityamuktasya śuddhasya buddhasya ca sadā mama ‖

17 [그렇다면] 도대체 어떻게 정신 집중이나 비정신 집중이나 혹은 다른 해야 할 일이 [아뜨만으로서의] 내게 있을 수 있단 말인가? [그런 일은 있을 수 없다]. 왜냐하면 [사람들은] 나에 관해서 "[내가] 명상에 잠겨 있거나 이미 깨달았다거나 해야 할 일을 이미 다 끝냈다"(『바가와드기따』 15-20 참조)고 생각하기 때문이다.

(V13.017ab) samādhir vāsamādhir vā kāryaṃ vānyat kuto bhavet |
(V13.017cd) māṃ hi dhyātvā ca buddhvā ca manyante kṛtakṛtyatām ‖

18 그러므로 나는 브라흐만이다. 나는 일체만물이다. 나는 항상 청정하고, 깨달은 상태에 있으며, 불생이고, [일체만물에] 두루 편만하고, 불로, 불사, 불멸이다.

(V13.018ab) ahaṃ brahmāsmi sarvo 'smi śuddho buddho 'sitaḥ sadā |
(V13.018cd) ajaḥ sarvaga evāham ajaraś cāmṛto 'kṣayaḥ ‖

19 모든 만물 가운데 나와는 별개의 그 어떠한 인식 주체도 존재하지 않는다. [나는] 업의 감독자이고 목격자이며, 관찰자이고 영원하며, 속성이 없으며 이원성이 없다.

(V13.019ab) madanyaḥ sarvabhūteṣu boddhā kaścin na vidyate |
(V13.019cd) karmādhyakṣaś ca sākṣī ca cetā nityo 'guṇo 'dvayaḥ ‖

20 나는 [땅, 물, 불과 같이] 눈에 보이는 것도 아니며, [바람, 공기와 같이] 눈에 보이지 않는 것도 아니며, 그 둘의 조합 [곧 몸]도 아니다. 나는 독존자이며 길상(吉祥)하다. '보는 것(=순수정신)'인 나는 [영원한 빛과 같아서] 언제나 밤도 낮도 [밤낮의 경계선인] 여명(또는 황혼)도 없다.

> (V13.020ab) na sac cāhaṃ na cāsac ca nobhayaṃ kevalaḥ śivaḥ |
> (V13.020cd) na me saṃdhyā na rātrir vā nāhar vā sarvadā dṛśeḥ ||

21 일체의 형태가 없는 허공이 미세하고 이원성이 없는 것처럼, 나는 이 허공조차도 없는, 이원성이 없는 브라흐만이다.

> (V13.021ab) sarvamūrtiviyuktaṃ yad yathā khaṃ sūkṣmam advayam |
> (V13.021cd) tenāpy asmi vinābhūtaṃ brahmaivāhaṃ tathādvayam ||

22 '나의 아뜨만', '그의 아뜨만', '너의 아뜨만'이라는 구별은, 나에 대해서 잘못 상정된 것이다. 허공은 유일자인데도 [여러 종류의 대상에 있는] 구멍을 구별하기 위해 [그 허공에] 차별이 있다[고 하]면, [그러한 구별은 허공에 대해서] 잘못 상정된 것이듯이.

> (V13.022ab) mamātmāsya ta ātmeti bhedo vyomno yathā bhavet |
> (V13.022cd) ekasya suṣibhedena tathā mama vikalpitaḥ ||

23 '다름과 같음', '일과 다', '인식 대상과 인식 주체', '행위와 행위 주체'라는 [구별은] [모두 아뜨만에 대해서] 잘못 상정된 것인데, 어떻게 유일자인 나에게 [그러한 차별이] 있을 수 있겠는가?

> (V13.023ab) bhedo 'bhedas tathā caiko nānā ceti vikalpitam |
> (V13.023cd) jñeyaṃ jñātā gatir gantā mayy ekasmin kuto bhavet ||

24 버려야 할 것도 취해야 할 것도 나에게는 없다. 왜냐하면 나는 불변하고 항상 해탈해 있으며, 청정하고 늘 깨어 있으며, 속성도 없고 이원성도 없기 때문이다.

(V13.024ab) na me heyaṃ na cādeyam avikārī yato hy aham |
(V13.024cd) sadā muktas tathā śuddhaḥ sadā buddho 'guṇo 'dvayaḥ ||

25 이와 같이 [아뜨만에] 정신을 집중해서 일체만물이 아뜨만이라는 것을 알아야 한다(『브르하드아라니야까 우빠니샤드』 4-4-23 참조). 내(=아뜨만)가 각자 [자기 자신]의 몸 속에 있는 줄 알면, 그 사람은 해탈하여 부동(不動)의 성선(聖仙)이 될 것이다.

(V13.025ab) ity evaṃ sarvadātmānaṃ vidyāt sarvaṃ samāhitaḥ |
(V13.025cd) viditvā māṃ svadehasthaṃ ṛṣir mukto dhruvo bhavet ||

26 만약 요가행자가 이와 같이 [아뜨만의] 진상(眞相)을 알게 되면, 그는 이루어야 할 것을 끝마친 사람이고(『바가와드기따』 15-20 참조), 수행을 완성한 자이며, 브라흐만을 알고 있는 자이다. 이와는 다른 식으로 [잘못] 알고 있는 자는 아뜨만을 죽이는 자이다.

(V13.026ab) kṛtakṛtyaś ca siddhaś ca yogī brāhmaṇa eva ca |
(V13.026cd) yadaivaṃ veda tattvārtham anyathā hy ātmahā bhavet ||

27 실로 내가 확정적으로 인식하고 간결하게 정리한, 이 베다 성전의 의미는, 지성을 조복시킨 자[만]이 마음의 평정을 얻은 출가유행자에게 가르쳐야 한다.

(V13.027ab) vedārtho niścito hy eṣa samāsena mayoditaḥ |
(V13.027cd) saṃnyāsibhyaḥ pravaktavyaḥ śāntebhyaḥ śiṣṭabuddhinā ||

제14장 꿈과 기억, 그리고 아뜨만

1 항아리 등의 형색이 꿈이나 기억 속에 나타나는 것을 볼 수 있기 때문에 그 [항아리 등의] 형상을 지닌 지성도 이전에 [각성 상태에서] 확실히 지각된 적이 있음을 추리할 수 있다.

(V14.001ab) svapnasmṛtyor ghaṭāder hi rūpābhāsaḥ pradṛśyate |
(V14.001cd) purā nūnaṃ tadākārā dhīr dṛṣṭety anumīyate ‖

2 꿈속에서 음식을 구하기 위해 걷고 있는 몸을 볼 수 있지만 [몸이] [아뜨만] 그 자신이 아닌 것처럼, 그(=아뜨만)는 각성 상태에서 보는 몸과는 실로 별개의 것이다. [아뜨만은 객체인 그 몸을] 보는 주체이기 때문이다.

(V14.002ab) bhikṣām aṭan yathā svapne dṛṣṭo deho na sa svayam |
(V14.002cd) jāgraddṛśyāt tathā dehād draṣṭṛtvād anya eva saḥ ‖

3 [용해된] 구리를 주형(鑄型)에 들이부었을 때 [그 구리가 주형의] 형태를 띠고 나타나는 것처럼, 마음(=지성)이 형색 등[의 외계의 대상]에 편만할 때 그것들의 형태를 띠고 나타나는 것이 확실히 경험된다.

> (V14.003ab) mūṣāsiktaṃ yathā tāmraṃ tannibhaṃ jāyate tathā |
> (V14.003cd) rūpādīn vyāpnuvac cittaṃ tannibhaṃ dṛśyate dhruvam ‖

4 혹은 사물을 비추는 빛이 비춰지는 사물의 형상을 띠고 [나타나는] 것처럼, 지성은 모든 대상을 비추는 것이기 때문에 그 대상의 형상을 띠고 [나타나는] 것으로 보인다.

> (V14.004ab) vyañjako vā yathāloko vyaṅgyasyākāratām iyāt |
> (V14.004cd) sarvārthavyañjakatvād dhīr arthākārā pradṛśyate ‖

5 그리고 [어떤 대상을 꿈속에서 보고 있는] 사람은 이전에도 [그] 대상의 형상을 띤 지성을 본적이 있음에 틀림없다. 만약 그렇지 않다면 어떻게 그 사람이 꿈속에서 [그 대상의 형상을] 볼 수 있겠는가? 또는 [그 대상의 형상을] 상기하고 있을 때, 도대체 어디에서 그 사람에게 그 형상이 오겠는가?

> (V14.005ab) dhīr evārthasvarūpā hi puṃsā dṛṣṭā purāpi ca |
> (V14.005cd) na cet svapne kathaṃ paśyet smarato vākṛtiḥ kutaḥ ‖

6 지성이 [대상을] 비춘다는 것은, 형색 등[과 같이 대상의] 모습을 띤 지성이 지각되고 있다는 것을 뜻한다. 마찬가지로 '보는 것(=아뜨만)'이 인식 주체[라는 것은], 지성이 [그 대상의 형태를 띠고] 나타날 때, '보는 것'이 [그 지성에] 편만해 있다는 것을 뜻한다.

> (V14.006ab) vyañjakatvaṃ tad evāsyā rūpādyākāradṛśyatā |

(V14.006cd) draṣṭṛtvaṃ ca dṛśes tadvad vyāptiḥ syād dhiya udbhave ‖

7 순수정신만을 빛으로 하고 있는 나는 모든 [생물]의 몸 속에 있는 모든 [생물]의 지성을 비추기 때문에, 나는 모든 [생물]의 아뜨만이다.

(V14.007ab) cinmātrajyotiṣā sarvāḥ sarvadeheṣu buddhayaḥ |
(V14.007cd) mayā yasmāt prakāśyante sarvasyātmā tato hy aham ‖

8 지성은 수면 상태에서는 수단-대상-행위 주체-행위-결과로 된다. [지성은] 각성 상태에서도 그와 같이 지각되기 때문에 인식 주체는 그것과는 별개의 것이다.

(V14.008ab) karaṇaṃ karma kartā ca kriyā svapne phalaṃ ca dhīḥ |
(V14.008cd) jāgraty evaṃ yato dṛṣṭā draṣṭā tasmāt tato 'nyathā ‖

9 지성 등은 아뜨만이 아니다. 본성상 취하거나 버려야 할 [대상]이기 때문이다. [한편] 아뜨만은 취하거나 버리는 행위의 주체이고, [따라서] 그 [아뜨만]을 버리거나 취하는 것은 불가능하다.

(V14.009ab) buddhyādīnām anātmatvaṃ heyopādeyarūpataḥ |
(V14.009cd) hānopādānakartātmā na tyājyo na ca gṛhyate ‖

10 [아뜨만은] 안팎을 포함하고 있으며, 청정하고, 순수하게 예지 덩어리인데, 버려 버려야 할 안팎이나 기타의 것이 [아뜨만에 존재한다고] 어떻게 분별할 수 있겠는가?

(V14.010ab) sabāhyābhyantare śuddhe prajñānaikarase ghane |
(V14.010cd) bāhyam ābhyantaraṃ cānyat kathaṃ heyaṃ prakalpyate ‖

11 브라흐만을 알고 있는 자가 아뜨만은 "이것도 아니고, 저것도 아니다"라고 하고 다른 [모든 것]을 배제한 후에 남는 것이라고 인정한다면, 도대체 무엇 때문에 그 이후에 [아뜨만을 얻기 위해] 노력할 필요가 있겠는가?

> (V14.011ab) ya ātmā neti netīti parāpohena śeṣitaḥ |
> (V14.011cd) sa ced brahmavidātmeṣṭo yatetātaḥ param katham ‖

12 나는 항상 기아 등을 초월한 브라흐만이다. 도대체 무엇 때문에 나에게 이루어야 할 의무가 있을 수 있겠는가? 이상과 같이 바르게 생각해야 한다.

> (V14.012ab) aśanāyādyatikrāntam brahmaivāsmi nirantaram |
> (V14.012cd) kāryavān syām katham cāham vimṛśed evam añjasā ‖

13 아뜨만을 알고 있는 자가 [또 다시] 다른 [베다 성전에 규정된] 의무사항을 이행하려 한다면, [이는 마치] 강 건너편 둑으로 건너간 사람이 건너편에 내리면서 [또 다시] 건너편으로 되돌아가려고 하는 것과 같은 것이다.

> (V14.013ab) pāragas tu yathā nadyās tatsthaḥ pāram yiyāsati |
> (V14.013cd) ātmajñaś cet tathā kāryam kartum anyad ihecchati ‖

14 만일 아뜨만을 알고 있는 자조차도 취사[의 대상]이라고 한다면, 그는 해탈한 자라고 볼 수는 없다. 그가 브라흐만에게서 내뱉어 버려질 것은 확실하다.

> (V14.014ab) ātmajñasyāpi yasya syād dhānopādānatā yadi |
> (V14.014cd) na mokṣārhaḥ sa vijñeyo vānto 'sau brahmaṇā dhruvam ‖

15 생기(生氣)는 태양을 포함한 우주이기(『브라흐마 쑤뜨라』 4-1-11 참조) 때문에 생기를 알고 있는 자에게는 밤도 낮도 존재하지 않는다. [마찬가지로] 브라흐만을 알고 있는 자에게 어떻게 [밤이나 낮이] 존재할 수 있겠는가? 왜냐하면 그에게는 이원성이 없기 때문이다.

(V14.015ab) sādityaṃ hi jagat prāṇas tasmān nāhar niśaiva vā |
(V14.015cd) prāṇajñasyāpi na syātāṃ kuto brahmavido 'dvaye ‖

16 실로 아뜨만 자신은 상기하였다가 잊었다가 하는 그런 것이 아니다. 그 순수정신(=아뜨만)은 끊어짐이 없는 것이기 때문이다. 정신이 [아뜨만을] 상기한다는 인식도 [실은] 무지라는 원인에서 유래한 것이다.

(V14.016ab) na smaraty ātmano hy ātmā vismared vāpy aluptacit |
(V14.016cd) mano 'pi smaratīty etaj jñānam ajñānahetujam ‖

17 지고의 아뜨만이 인식 주체의 인식 대상이라고 한다면, 이는 무지에 의해서 잘못 상정된 것임에 틀림없다. [이 아뜨만을,] 새끼줄에 [잘못 상정된] 뱀과 같이 [인식 대상에서] 배제할 때, [이 아뜨만은] [본래대로] 이원성이 없는 것이다.

(V14.017ab) jñātur jñeyaḥ paro hy ātmā so 'vidyākalpitaḥ smṛtaḥ |
(V14.017cd) apoḍhe vidyayā tasmin rajjvāṃ sarpa ivādvayaḥ ‖

18 [아뜨만은] 행위 주체도 아니고 대상도 아니고 결과도 아니기 때문에, 또 안팎을 포함하고 있고 불생인데(『문다까 우빠니샤드』 2-1-2 참조), 도대체 누가 어떻게 그 [아뜨만]에 대해서 "[이것은] 내 것이다", "[이것은] 나다"라는 지식을 가질 수 있겠는가?

(V14.018ab) kartṛkarmaphalābhāvāt sabāhyābhyantaraṃ hy ajam |

(V14.018cd) mamāham ceti yo bhāvas tasmin kasya kuto bhavet ‖

19 ‘내 자신은’이라든가 ‘내 자신의’라는 지식은 실로 무지에 의해서 [아뜨만에] 잘못 상정된 것이다. 아뜨만이 유일자라는 [지식]이 생긴 경우에는 그러한 [잘못된] 지식은 [더 이상] 존재하지 않는다. 씨앗이 존재하지 않을 때 어디에서 열매가 생겨나겠는가?

(V14.019ab) ātmā hy ātmīya ity eṣa bhāvo 'vidyāprakalpitaḥ |
(V14.019cd) ātmaikatve hy asau nāsti bījābhāve kutaḥ phalam ‖

20 그 불멸자야말로 보는 자이고, 듣는 자이고, 사유하는 자이고, 또 인식하는 자이다. 그 불멸자는 보는 자 등과 다르지 않기 때문에 보는 자인 나는 불멸자이다.

(V14.020ab) draṣṭṛ śrotṛ tathā mantṛ vijñātṛ eva tad akṣaram |
(V14.020cd) draṣṭrādyanyan na tad yasmāt tasmād draṣṭāham akṣaram ‖

21 일체 [생물]은 동물도 식물도 보는 것 또는 기타 활동을 갖고 있기 때문에 불멸자이다. 그 때문에 나는 불멸자이고, 일체 [생물]의 아뜨만 이다.

(V14.021ab) sthāvaram jaṅgamam caiva draṣṭṛtvādikriyāyutam |
(V14.021cd) sarvam akṣaram evātaḥ sarvasyātmākṣaram tv aham ‖

22 아뜨만에게 아직 남아 있는 의무는 없으며, 행위가 없으며, 행위의 과보도 없으며, ‘내 것’이라든가 ‘나’라는 지식도 적용되지 않는다고 아 는 자, 바로 그 사람[만]이 [진리를] 본다.

(V14.022ab) akāryaśeṣam ātmānam akriyātmakriyāphalam |

(V14.022cd) nirmamaṃ nirahaṃkāraṃ yaḥ paśyati sa paśyati ‖

23 '내 것'이라든가 '나'라는 지식이나 노력이나 욕구가 본성상 아뜨만에게 존재하지 않는다는 사실을 알았으면, [그 이후에는] 자기 자신 안에 안주해 있으시오 노력이 도대체 무슨 소용이 있겠는가?

(V14.023ab) mamāhaṃkārayatnecchāḥ śūnyā eva svabhāvataḥ |
(V14.023cd) ātmanīti yadi jñātam ādhvaṃ svasthāḥ kim īhitaiḥ ‖

24 아뜨만을 '나'라는 지식의 주체이면서 인식 주체로 아는 자는 실로 아뜨만을 [바르게] 알고 있는 자가 아니다. 그와는 다르게 알고 있는 자가 [진실로] 아뜨만을 알고 있는 자이다.

(V14.024ab) yo 'haṃkartāram ātmānaṃ tathā vettāram eva yaḥ |
(V14.024cd) vetty anātmajña evāsau yo 'nyathājñaḥ sa ātmavit ‖

25 [실제로는] 아뜨만은 [몸 등과] 별개의 것이지만 [사람들은] [아뜨만을] 몸 등과 동일시하는 것처럼, 아뜨만은 행위 주체가 아니라는 사실을 알지 못하고 있기 때문에, 아뜨만이 본질적으로 행위 [주체]이며 그 [행위의] 과보[를 누리는 자]라고 [생각한다].

(V14.025ab) yathānyatve 'pi tādātmyaṃ dehādiṣv ātmano matam |
(V14.025cd) tathākartur avijñānāt phalakarmātmatātmanaḥ ‖

26 사람들은 항상 수면 상태에서 보고 듣고 사유하고 인식하는 것을 경험한다. 그러한 [인식 활동]은 아뜨만을 본성으로 하고 있다. 그러므로 아뜨만은 직접적으로 지각되는 것이다.

(V14.026ab) dṛṣṭiḥ śrutir matir jñātiḥ svapne dṛṣṭā janaiḥ sadā |

(V14.026cd) tāsām ātmasvarūpatvād ataḥ pratyakṣatātmanaḥ ‖

27 [진실의] 아뜨만을 알고 있는 자에게는 저 세상에 대한 공포도, 죽음에 대한 공포도 없다. 그는 브라흐마신(=범천)이나 인드라신(=제석천)을 포함한 신들조차도 불쌍히 여길 것이다.

(V14.027ab) paralokabhayaṃ yasya nāsti mṛtyubhayaṃ tathā |
(V14.027cd) tasyātmajñasya śocyāḥ syuḥ sabrahmendrā apīśvarāḥ ‖

28 만일 일체의 불행의 원인인 좋지 않은 욕구가 이미 뿌리 채 뽑혀나갔다면, 그가 신이 된다해도 곧 브라흐마신이나 인드라신이 된다 해도 무슨 소용이 있겠는가?

(V14.028ab) īśvaratvena kiṃ tasya brahmendratvena vā punaḥ |
(V14.028cd) tṛṣṇā cet sarvataś chinnā sarvadainyodbhavāśubhā ‖

29 ‘나’ 즉 ‘자기 자신’이라는 지식도 ‘나의’ 즉 ‘자기 자신의’라는 지식도 무의미하게 될 때, 그 사람은 아뜨만을 알고 있는 자가 된다.

(V14.029ab) aham ity ātmadhīr yā ca mamety ātmīyadhīr api |
(V14.029cd) arthaśūnye yadā yasya sa ātmajño bhavet tadā ‖

30 지성 등 [아뜨만의] 한정적 첨성이 존재하든 존재하지 않든 아뜨만에 차별은 없다고 알고 있다면, 그에게 이루어야 할 그 무엇이 어떻게 [남아 있을 수] 있겠는가?

(V14.030ab) buddhyādau saty upādhau ca tathāsaty aviśeṣatā |
(V14.030cd) yasya ced ātmano jñātā tasya kāryaṃ kathaṃ bhavet ‖

31 허공[처럼] 맑고, 무구하고, 순수한 예지만을 갖고 있으며 이원성이 없는 [브라흐만]을 아뜨만이라고 이해하고 있는 사람에게 도대체 다른 어떤 해야 할 일이 남아 있다고 생각하는지 말해보시오.

(V14.031ab) prasanne vimale vyomni prajñānaikarase 'dvaye |
(V14.031cd) utpannātmadhiyo brūta kim anyat kāryam iṣyate ‖

32 아뜨만이 모든 생물 속에 머무는 것을 보면서 [동시에] 또 아뜨만에게 적이 있다고 보는 자는 틀림없이 불을 식히려고 하고 있는 것이다.

(V14.032ab) ātmānaṃ sarvabhūtastham amitraṃ cātmano 'pi yaḥ |
(V14.032cd) paśyann icchatyasau nūnaṃ śītīkartuṃ vibhāvasum ‖

33 지성이나 생기(生氣)처럼 [그 자신의 한정적 첨성으로서] 현현하는 아뜨만은 [수면에 비치는 태양의] 영상처럼 감각기관 등에 의해서 지각된다. 왜냐하면 아뜨만은 "그는 명상에 잠긴 것 같다"고 [『브르하드아라니야까 우빠니샤드』 4-3-7]에 나와 있듯이, 그 자신은 [언제나] 청정하고 해탈해 있기 때문이다.

(V14.033ab) prajñāprāṇānukāry ātmā chāyevākṣādigocaraḥ |
(V14.033cd) dhyāyatīveti cokto hi śuddho muktaḥ svato hi saḥ ‖

34 나는 생기를 갖지 않고, 정신을 갖지 않고, [어느 것과도] 결합하지 않고, 허공과 같이 편만해 있는 '보는 것(=순수정신)'이다. 어떻게 이 나에게 이루어야 할 것이 남아 있을 수 있겠는가?

(V14.034ab) aprāṇasyāmanaskasya tathāsaṃsargino dṛśeḥ |
(V14.034cd) vyomavad vyāpino hy asya kathaṃ kāryam bhaven mama ‖

35 변화하지 않고, 청정하고, 악을 떠난 브라흐만인 나에게 정신 집중하지 않은 상태나 다른 정화되어야 할 것이 남아 있다는 것을 나는 결코 지각하는 일이 없다.

(V14.035ab) asamādhīṃ na paśyāmi nirvikārasya sarvadā |
(V14.035cd) brahmaṇo me viśuddhasya śodhyaṃ cānyad vipāpmanaḥ ‖

36 또 일체 편만하여 부동인 [나에게] 가까이 다가와야 할 그 무엇이 있다는 것도 [지각하는 일이] 없다. 속성이 없기 때문에 부분을 갖지 않는 [나에게] 위쪽도 아래쪽도 경사면도 있다는 것을 [나는 지각하는 일이] 없다.

(V14.036ab) gantavyaṃ ca tathaivāhaṃ sarvagasyācalasya ca |
(V14.036cd) nordhvaṃ nādhastiro vāpi niṣkalasyāguṇatvataḥ ‖

37 순수정신만을 빛으로 하고 있기 때문에 그 [아뜨만]에게는 결코 암흑은 존재하지 않는다. 나는 늘 해탈해 있다. 이제 [이] 나에게 어떻게 해야 할 일이 남아 있겠는가?

(V14.037ab) cinmātrajyotiṣo nityaṃ tamastasmin na vidyate |
(V14.037cd) kathaṃ kāryaṃ mamaivādya nityamuktasya śiṣyate ‖

38 정신을 갖고 있지 않은 것이 무엇을 사고하겠는가? [행동]기관을 갖고 있지 않은 것이 어떠한 행위를 하겠는가? "실로 [뿌루샤는] 생기를 갖지 않고 정신을 갖지 않으며 청정하다"라는 성전(『문다까 우빠니샤드』 2-1-2)의 말은 진실이다.

(V14.038ab) amanaskasya kā cintā kriyā vānindriyasya kā |
(V14.038cd) aprāṇo hy amanāḥ śubhra iti satyaṃ śruter vacaḥ ‖

39 아뜨만은 시간을 갖지 않고 장소를 갖지 않으며 방향을 갖지 않고 원인을 갖지 않기 때문에 항상 그 [아뜨만]에 관해서 명상하는 것은 결코 시간에 의지하는 것이 아니다(『브라흐마 쑤뜨라』 4-1-11 참조).

(V14.039ab) akālatvād adeśatvād adikatvād animittataḥ |
(V14.039cd) ātmano naiva kālāder apekṣā dhyāyataḥ sadā ॥

40 여러 신이나 베다 성전이나 모든 정화법이 귀일하는 바인, 이 정신적인 순례의 성지에서 목욕하고 사람은 불사(不死)가 된다.

(V14.040ab) yasmin devāś ca vedaś ca pavitraṃ kṛtsnam ekatām |
(V14.040cd) vrajet tan mānasaṃ tīrthaṃ yasmin snātvāmṛto bhavet ॥

41 음성 등[의 외계의 대상]은 스스로 지각하지도 또 서로가 서로에게 인식되지도 않는다. 맛 등은 다른 것에 의해 인식되는 [외계의] 대상이 듯이, 확실히 인식 대상이기 때문에, 몸에 속하는 것이다.

(V14.041ab) na cāsti śabdādir ananyavedanaḥ paraspareṇāpi na caiva dṛśyate |
(V14.041cd) pareṇa dṛśyās tu yathā rasādayas tathaiva dṛśyatvata eva daihikāḥ ॥

42 마찬가지로 '나'라는 지식, '내 것'이라는 지식, 욕망, 노력, 변화, 쾌락 등도 [다른 것에 의해 인식되는 것이다. 왜냐하면] 이 세상에서는 인식의 대상이기 때문이다. 더욱이 그것들은 인식의 대상이기 때문에 서로가 서로를 인식하는 일은 없다. [그것들을 인식하는 자인 아뜨만은] 그것들과는 별개의 것이다.

(V14.042ab) ahaṃ mamety eṣaṇayatnavikriyāḥ sukhādayas tadvad iha pradṛś
        yataḥ |
(V14.042cd) dṛśyatvayogāc ca paraspareṇa te na dṛśyatāṃ yānti tataḥ paro

43 ‘나’라는 지식 등의 일체의 변화는 그 행위 주체를 갖고 있고, 행위의 결과와 묶여 있고, 태양에 의해서 [만물이 빛을 받는 것]처럼, 본성상 순수정신인 [아뜨만]에 의해서 모든 방향에서 [그 순수 지식의] 빛을 받고 있다. 이 때문에 아뜨만은 [일체의] 속박에서 자유롭다.

> (V14.043ab) ahaṃkriyādyā hi samastavikriyā sakartṛkā karmaphalena saṃhitā |
> (V14.043cd) citisvarūpeṇa samantato 'rkavat prakāśyamānāsitatātmano hy ataḥ ||

44 보는 것(=순수정신)을 본성으로 하는 [아뜨만]은 허공과 같이 일체의 생물의 정신에 편만하고, [거기에] 안주하기 때문에, 이 [아뜨만]보다 낮은 인식 주체도, 이 [아뜨만]보다 높은 인식 주체도 존재하지 않는다. 그러므로 주재신은 유일자이다.

> (V14.044ab) dṛśisvarūpeṇa hi sarvadehināṃ viyad yathā vyāpya manāṃsy avasthitaḥ |
> (V14.044cd) ato na tasmādaparo 'sti veditā paro 'pi tasmād ata eka īśvaraḥ ||

45 몸과 지성이 다른 것에 의해서 인식되는 대상이기 때문에, “아뜨만이 존재하지 않는다”고 하는 [불교 등의] 여러 학설들을 나는 철저하게 논박한 것이 된다. 왜냐하면 [아뜨만은] 부정(不淨)[을 야기시키는] [뭇] 행위를 초월하고, 완전 무구하고, 일체[만물]에 편만하고, 속박당하는 일이 없고, 이원성이 없다는 것이 입증되었기 대문이다.

> (V14.045ab) śarīrabuddhyor yadi cānyadṛśyatē nirātmavādāḥ sunirākṛtā mayā |
> (V14.045cd) paraś ca siddho hy aviśuddhikarmataḥ sunirmalaḥ sarvagato 'sito
>   'dvayaḥ ||

46 그대의 견해에서는, 항아리 등의 모습을 띠고 스스로의 변용에 따라 다양하게 활동하는 정신을 [아뜨만이] 인식하지 않는다면, 정신과 마찬가지로 [아뜨만도] 부정성(不淨性)이나 무의식성이나 변화와 같은 결점을 갖지 않는다고 [주장]하는 것은 불가능할 것이다.

> (V14.046ab) ghaṭādirūpaṃ yadi te na gṛhyate manaḥ pravṛttaṃ bahudhā svavṛ
> -ttibhiḥ |
> (V14.046cd) aśuddhyacidrūpavikāradoṣatā mater yathā vārayituṃ na pāryate ‖

47 허공이 청정하고, 단절되는 일이 없고, [특정 대상에] 집착하는 일이 없고, 더러움에 물들지 않는 것처럼, 이 아뜨만은 항상 이들 일체 만물에 대해서 평등하고, 항상 불로(不老) 불사(不死)라서 두려워할 일이 없다.

> (V14.047ab) yathā viśuddhaṃ gaganaṃ nirantaraṃ na sajjate nāpi ca lipyate tathā |
> (V14.047cd) samastabhūteṣu sadaiva teṣv ayaṃ samaḥ sadātmā hy ajaro 'maro
> 'bhayaḥ ‖

48 [바람·공기와 같은] 무형의 [원소]와 [땅·물·불과 같은] 유형의 [원소], [곧 거대한 몸]과 행위와 잠재 인상, [곧 미세한 몸], [이 두 유형의 몸]은, 어리석은 사람들이 무지로 인해서 아뜨만에 잘못 상정한 것인데 [그 본질은] '보는 것(=순수정신)'이다. 그러므로 [성전은] "[아뜨만은] 이것도 아니고, 저것도 아니다"라고 말함으로써, [그것들을] 본성상 '보는 것(=순수정신)'인 [아뜨만]에서 배제한 뒤 '보는 것'만을 남겨 놓은 것이다.

> (V14.048ab) amūrtamūrtāni ca karmavāsanā dṛśisvarūpasya bahiḥ prakalpitāḥ |
> (V14.048cd) avidyayā hy ātmani mūḍhadṛṣṭibhir apohya netīti avaśeṣito dṛśiḥ ‖

49 [외계의] 대상과 결합해서 생기는, 각성 상태에서의 정신의 모습은,

[외계의] 대상이 [각성 상태에서 지각되는 것과] 마찬가지로, 기억할 때나 꿈을 꿀 때에도 지각된다. 몸의 잠재 인상에 관해서도 사태는 마찬가지이다. 몸과 정신은 '보는 것(=순수정신)'과는 별개의 것이다. 왜냐하면 [그것들은] [보는 것의] 대상이기 때문이다.

(V14.049ab) prabodharūpaṃ manaso 'rthayogajaṃ smṛtau ca suptasya ca dṛśyate
'rthavat |
(V14.049cd) tathaiva dehapratimānataḥ pṛthag dṛśeḥ śarīraṃ ca manaś ca dṛśyataḥ ||

50 본성상 청정한 허공에는, 구름 따위의 더러움이 있든지 없든지 아무런 차이도 없다. 그것과 마찬가지로 '보는 것'은 허공처럼 그 이원성을 성전에서 부인하든 부인하지 않든 아무런 차이도 없는 것이다.

(V14.050ab) svabhāvaśuddhe gagane ghanādike male 'payāte sati cāviśeṣatā |
(V14.050cd) yathā ca tadvac chrutivāritadvaye sadāviśeṣo gaganopame dṛśau ||

제 **15** 장
몸이 없는 자인 아뜨만

1 A는 B가 될 수 없기 때문에 A를 B라고 생각해서는 안 된다. 왜냐하면 A가 B로 되는 경우에는 A가 소멸하는 것은 확실하기 때문이다.

> (V15.001ab) nānyad anyad bhaved yasmān nānyat kiṃcid vicintayet |
> (V15.001cd) anyasyānyatvabhāve hi nāśas tasya dhruvo bhavet ||

2 그림이 그려져 있는 것을 볼 수 있는 곳은 캔버스인 것처럼, 이전에 경험한 것을, [그것을] 상기하고 있는 사람이 [또 다시 떠올려] 경험하는 곳은 '지성'이라고 불리고, 그 [이전에 경험한 것을] [또 다시] 보는 [주체]는 '마음의 밭을 아는 자(kṣetrajña=아뜨만)'로 불린다는 것을 알아야 한다.

> (V15.002ab) smarato dṛśyate dṛṣṭaṃ paṭe citram ivārpitam |
> (V15.002cd) yatra yena ca tau jñeyau sattvakṣetrajñasaṃjñakau ||

3 행위 주체 등 행위[와 관련된] 뭇 요소와 결합해서 [쾌, 불쾌와 같은] 결과를 초래하며 또한 [이전에] 경험한 것, 그것이 기억 속에서 되살아 나고 있을 때, 그것은 [행위의] 대상에 속하는 것이다. 그러므로 이전에 [경험한 것들이] 있던 장소 [곧 '지성']은 [순수정신인 아뜨만의] 대상 인 것이다.

(V15.003ab) phalāntaṃ cānubhūtaṃ yad yuktaṃ kartrādikārakaiḥ |
(V15.003cd) smaryamāṇaṃ hi karmasthaṃ pūrvaṃ karmaiva tat tataḥ ∥

4 보이는 것은 언제나 '보는 자'와는 별개의 것이다. 항아리와 같이 언 제나 '보는 자의' 대상이기 때문이다. 보는 자는 보이는 것과 그 본성이 다르다. 그렇지 않다면 ['보는 자(=아뜨만)'는] 지성과 마찬가지가 되어 서 '지켜보는 자'가 될 수 없을 것이다.

(V15.004ab) draṣṭuś cānyad bhaved dṛśyam dṛśyatvād ghaṭavat sadā |
(V15.004cd) dṛśyād draṣṭāsajātīyo na dhīvat sākṣitānyathā ∥

5 자기 자신의 [카스트 등]을 아뜨만[과 동일시하는] [그릇된] 이해에 따를 때, 이 카스트 등은 그 [사람들을] 성전의 명령에 따르게 하는 [원 인]이 될 것이다. [사체가 자신의 어머니 또는 아버지라는 그릇된 이해 에 따를 때], 사체가 [그 자식들을 성전의 명령에 따라서 다비식에 매달 리게 하는 원인이] 되듯이. 그러므로 사체 [그 자체]가 [자신의 어머니 나 아버지는 아닌] 것처럼, 카스트 등은 [아뜨만과 동일한 것이] 아니 다. 그렇지 않으면 [아뜨만은] 아뜨만이 아닌 것이 될 것이다.

(V15.005ab) svātmabuddhim apekṣyāsau vidhīnāṃ syāt prayojakaḥ |
(V15.005cd) jātyādiḥ śavavat tena tadvan nānātmatānyathā ∥

6 "[실로 '몸이 없는 자(=아뜨만)'는] 쾌·불쾌에 [저촉되는 일이] 없다"(『찬도기야 우빠니샤드』 8-12-1)라는 성전 말씀이 있기 때문에, [사람은] 행위의 과보로서 '몸이 없는 자(=해탈)'가 되는 것은 아니다. [아뜨만은 본래 '몸이 없는 자'이지만, 그 아뜨만을] 몸과 결합시키는 것은 행위이다. 그러므로 지혜로운 자는 행위를 버려야 할 것이다.

> (V15.006ab) na priyāpriya ity ukter nādehatvaṃ kriyāphalam |
> (V15.006cd) dehayogaḥ kriyāhetus tasmād vidvān kriyās tyajet ‖

7 아뜨만이 행위와 아무런 관계도 없다면, 행위의 소멸과도 아무런 관계가 없다고 생각해야 한다. '몸이 없는 자'가 되는 것은 행위에 의해서는 얻을 수 없는 결과임을 알 때, 행위가 무슨 소용이 있겠는가?

> (V15.007ab) karmasv ātmā svatantraś cen nivṛttau ca tatheṣyatām |
> (V15.007cd) adehatve phale 'kārye jñāte kuryāt kathaṃ kriyāḥ ‖

8 카스트 등 행위의 원인을 완전히 버리고, 현자는 성전에 근거해서 행위의 원인과 모순된 자기의 본성을 기억해내야 한다.

> (V15.008ab) jātyādīn samparityajya nimittaṃ karmaṇāṃ budhaḥ |
> (V15.008cd) karmahetuviruddhaṃ yat svarūpaṃ śāstrataḥ smaret ‖

9 아뜨만은 유일자로, 일체 만물 속에 있고, 또 일체 만물은 아뜨만 속에 있다(『이샤 우빠니샤드』 6, 『바가와드기따』 6-30 참조). [일체 만물이] 허공 속에 있는 것처럼. [아뜨만은] 맑고, 밝게 빛나고, 허공과 같이 일체[만물에] 편만하다고 [성전에서는] 인정하고 있다.

> (V15.009ab) ātmaikaḥ sarvabhūteṣu tāni tasmiṃś ca khe yathā |
> (V15.009cd) paryagād vyomavat sarvaṃ śukraṃ dīptimad iṣyate ‖

10 [아뜨만에게는] 상처나 힘줄이 없기 때문에 [5원소와 같은] 거대한 몸[과 아뜨만을 동일시하는 일은] 부정되어야 한다(『이샤 우빠니샤드』8 참조). [아뜨만은] 청정하고, 죄악이 없기 때문에 [아뜨만이] 더러움[에 물든다는 것]도 [부정되어야 한다]. 또 "[아뜨만은] 몸이 없다"는 [성전 말씀](『이샤 우빠니샤드』8)에 따라 [지성 등의] 미세한 몸[과 아뜨만을 동일시하는 일]도 [부정되어야 한다].

(V15.010ab) vraṇasnāyvor abhāvena sthūlaṃ dehaṃ nivārayet |
(V15.010cd) śuddhāpāpatayā lepaṃ liṅgaṃ cākāyam ity uta ‖

11 와수데와(Vāsudeva=크리슈나)가 [『바가와드기따』의 주인공 아르주나에게] 그 자신은 아슈밧타나무(=보리수)에 대해서도 그 자신의 몸에 대해서도 '평등하다'고 말한 것처럼],[1] 자기 자신을 [일체 만물에 대해서] 평등하다고 아는 자는 최고의 '브라흐만을 아는 자'이다.

(V15.011ab) vāsudevo yathāśvatthe svadehe cābravīt samam |
(V15.011cd) tadvad vetti ya ātmānaṃ samaṃ sa brahmavittamaḥ ‖

12 '나의'라든가 '나'라는 지식이 타인의 몸에 대해서 [일어난다고는] 생각할 수 없는 것처럼, 이 [자신의] 몸에 대해서도 [일어난다고 생각할 수 없다]. [어느 쪽의 경우에도, 아뜨만이] 지성을 '지켜보는 자'라는 점에서는 차별이 없기 때문이다.

(V15.012ab) yathā hy anyaśarīreṣu mamāhantā na ceṣyate |
(V15.012cd) asmiṃś cāpi tathā dehe dhīsākṣitvāviśeṣataḥ ‖

13 탐욕과 혐오는 형색에 대한 잠재 인상과 공통의 근거 [곧 지성]을

---

1) 『바가와드기따』 10-26 참조.

갖고 있다. 또 지각되는 공포도 지성을 근거로 하고 있다. 그러므로 '인식하는 자(=아뜨만)'는 언제나 청정하고, 두려워할 바가 없다.[2]

(V15.013ab) rūpasaṃskāratulyādhī rāgadveṣau bhayaṃ ca yat |
(V15.013cd) gṛhyate dhīśrayaṃ tasmāj jñātā śuddho 'bhayaḥ sadā ‖

14 A에 마음을 집중하고 있는 자는, 그가 [A와] 별개의 것일 경우에는, 그 A를 본질로 삼는 것이 된다. [그러나] 아뜨만에게는 아뜨만이 되려고 하는 행위가 없다. [아뜨만은] 아뜨만이 되기 위해서 [아뜨만 이외에 그 어떠한 것에도] 의존하는 일이 없기 때문이다. [다른 어떤 것에] 의존한다면, 실로 아뜨만 자신도 [아뜨만]이 아닌 것이 된다.

(V15.014ab) yanmanās tanmayo 'nyatve nātmatvāptau kriyātmani |
(V15.014cd) ātmatve cānapekṣatvāt sāpekṣaṃ hi na tat svayam ‖

15 순수정신은 허공처럼 한맛(一味)이고 분할되는 일이 없으며, 불로(不老)이며, 더러움에 물들지 않는다. [그러나] 순수정신은 눈 등의 한정적 첨성 때문에 [본래의 것과는] 반대의 것으로 [잘못] 간주되고 있다.

(V15.015ab) kham ivaikarasā jñaptir avibhaktājarāmalā |
(V15.015cd) cakṣurādyupadhānāt sā viparītā vibhāvyate ‖

16 '나'라는 이 [지식]은 아뜨만의 속성이 아니다. 항아리와 같이 '인식하는 자'의 대상이기 때문이다. 다른 여러 가지 지식이나 결점도 마찬가지라고 알아야 할 것이다. 그러므로 아뜨만은 더러움에 물드는 일이 없다.

---

2) 『우빠데샤 사하스리(천 가지 가르침)』 2-1-35 참조.

(V15.016ab) dṛśyatvād aham ity eṣa nātmadharmo ghaṭādivat |
(V15.016cd) tathānye pratyayā jñeyā doṣaś cātmāmalo hy ataḥ ||

17 [아뜨만은] 일체의 지식을 '지켜보는 자'이기 때문에, 불변하고, 일체 만물에 편만하다. 만약 [아뜨만이] 변하는 일이 있다면, 그러한 '보는 자(=아뜨만)'는 [일체지자(一切智者)가 될 수 없으며, 따라서] 지성 등과 같이 약간의 지식만을 갖게 될 것이다.

(V15.017ab) sarvapratyayasākṣitvād avikārī ca sarvagaḥ |
(V15.017cd) vikriyeta yadi draṣṭā buddhyādīvālpavid bhavet ||

18 보는 자의 보는 것(=순수정신)은 눈 등의 [보는 것]과는 달라서 파괴되는 일이 없다. [성전에] "보는 자의 [보는 것의 소멸은] 없기 때문이다"(『브르하드아라니아까 우빠니샤드』 4-3-23)라고 나와 있기 때문이다. 그러므로 '보는 자'는 항상 지각하고 있는 것이다.

(V15.018ab) na dṛṣṭir lupyate draṣṭuś cakṣurāder yathaiva tu |
(V15.018cd) nahi draṣṭur iti hy uktaṃ tasmād draṣṭā sadaiva bhuk ||

19 "나는 [땅이나 물 같은 5대] 원소의 집합체일까, [지성이나 감각기관 등의] 제기관의 집합체일까, 혹은 [그들 가운데] 어느 하나일까, 또는 나는 도대체 누구일까"라고 음미해야 한다.

(V15.019ab) saṃghāto vāsmi bhūtānāṃ karaṇānāṃ tathaiva ca |
(V15.019cd) vyastaṃ vānyatamo vāsmi ko vāsmīti vicārayet ||

20 나는 개개의 원소도 아니고 원소 전체도 아니다. 나는 개개의 감각기관도 아니고, 감각기관 전체도 아니다. [그것들은 제각각] 인식 대상이기도 하고 인식 수단이기도 하기 때문이다. '인식하는 자'인 [아뜨만]

은 그것들과는 별개의 것이다. 항아리와 [별개의 것]이듯이.

(V15.020ab) vyastaṃ nāhaṃ samastaṃ vā bhūtam indriyam eva vā |
(V15.020cd) jñeyatvāt karaṇatvāc ca jñātānyo 'smād ghaṭādivat ‖

21 아뜨만을 불(火)에 [비유]한다면 장작은 지성이다. [지성은] 무지와 욕망과 행위에 의해서 불이 붙고, 언제나 귀 등의 [감각기관의] 문을 통해서 빛을 발한다.

(V15.021ab) ātmāgner indhanā buddhir avidyākāmakarmabhiḥ |
(V15.021cd) dīpitā prajvalaty eṣā dvāraiḥ śrotrādibhiḥ sadā ‖

22 지성이 [인식] 대상이라는 공물(供物)을 태우며 타오르고, 오른쪽 눈을 주요한 것으로 하는 [감각기관] 속에서 활동할 때 [즉 각성 상태에서는], 아뜨만의 불은 거대한 대상을 경험한다.3)

(V15.022ab) dakṣiṇākṣipradhāneṣu yadā buddhir viceṣṭate |
(V15.022cd) viṣayair haviṣā dīptā ātmāgniḥ sthūlabhuk tadā ‖

23 그러나 형색 등을 지각하는 경우에, "아뜨만의 불에 공물을 바치고 있다"라고, 탐욕과 혐오감[같은 지성의 활동에 좌우됨이] 없이 상기하는 자는 각성 상태의 뭇 결점으로 더럽혀지는 일이 없다.

(V15.023ab) hūyante tu haviṃṣīti rūpādigrahaṇe smaran |
(V15.023cd) arāgadveṣa ātmāgnau jāgraddoṣair na lipyate ‖

24 무지에 뿌리를 둔 행위에서 생긴 잠재 인상이 [수면 상태에서] 정신이라는 의지처(=지성)에 현현하고, [그것이] 스스로 빛나는 [아뜨만에

---

3) 『만두끼야 까리까』 1-3 참조.

의해] 비춰지는 것을 보고 있는 아뜨만은 '따이자싸(taijasa=光明我)'로 불린다.

(V15.024ab) mānase tu gṛhe vyaktā avidyākarmavāsanāḥ |
(V15.024cd) paśyaṃs taijasa ātmoktaḥ svayaṃjyotiḥprakāśitāḥ ||

25 [숙면 상태에서, 곧] [무지에 뿌리를 둔] 행위로 인해서 [외계의] 대상도 잠재 인상도 지성에 생기는 일이 없을 때, 아뜨만은 [자신과] 별개의 다른 어떤 것도 보는 일이 없는 티, [바로 이 같은 아뜨만이] '쁘라즈냐(prājña=智慧我)'라는 것을 알아야 한다.

(V15.025ab) viṣayā vāsanā vāpi codyante naiva karmabhiḥ |
(V15.025cd) yadā buddhau tadā jñeyaḥ prājña ātmā hy ananyadṛk ||

26 정신의 상태(=수면 상태)나 지성의 상태(=숙면 상태)나 감각기관의 상태(=각성 상태)는 행위에 따라 결정되고, 정신성에 의해서 비춰진다. 항아리 등이 태양에 의해 비춰지는 것처럼.

(V15.026ab) manobuddhīndriyāṇām yā avasthāḥ karmacoditāḥ |
(V15.026cd) caitanyenaiva bhāsyante ravineva ghaṭādayaḥ ||

27 이런 까닭에, 그 자신의 빛으로 [지성의] 뭇 지식을 비추고 있으며 그 뭇 지식을 대상으로 삼고 있는 인식 주체를 '지성에 있는 뭇 지식의 주체'로 부르는 것은 어리석은 사람뿐이다.

(V15.027ab) tatraivam sati buddhīr jña ātmabhāsāvabhāsayan |
(V15.027cd) kartā tāsām yadarthās tā mūḍhair evābhidhīyate ||

28 그러므로 [어리석은 자에게만 그 인식 주체는] 일체지자이다. [그

인식 주체는] 자기 자신의 빛으로 일체만물을 비추고 있기 때문이다. 마찬가지로 [어리석은 자에게만 그 인식 주체 즉] 아뜨만은 일체의 행위의 원인이기 때문에, 일체만물의 행위 주체이다.

(V15.028ab) sarvajño 'py ata eva syāt svena bhāsāvabhāsayan |
(V15.028cd) sarvaṃ sarvakriyāhetoḥ sarvakṛttvaṃ tathātmanaḥ ‖

29 이상과 같이 말한 [곧 언어로써 묘사한] '아뜨만'은 한정적 첨성을 갖고 있다. 한정적 첨성을 갖고 있지 않은 아뜨만은 말로 표현할 수 없으며, 부분을 갖고 있지 않고, 속성이 없으며, 청정하다. 정신도 말도 그 [아뜨만]에 도달할 수는 없다.

(V15.029ab) sopādhiś caivam ātmokto nirupākhyo 'nupādhikaḥ |
(V15.029cd) niṣkalo nirguṇaḥ śuddhas taṃ mano vāk ca nāpnutaḥ ‖

30 [아뜨만은 여러 가지 차별적인 것으로 잘못 상정되고 있다. 즉, 아뜨만은] '정신적인 것이다', '비정신적인 것이다', '행위의 주체이다', '행위의 주체가 아니다', '[일체만물에] 편재한다', '편재하지 않는다', '속박당하고 있다', '해탈해 있다', '유일자이다', '유일자가 아니다', '청정하다' 등등.

(V15.030ab) cetano 'cetano vāpi kartākartā gato 'gataḥ |
(V15.030cd) baddho muktas tathā caiko naikaḥ śuddho 'nyatheti vā ‖

31 그러나 말은 [지성의] 지식과 마찬가지로 [아뜨만에] 도달하는 일이 없이 되돌아온다. [아뜨만은] 속성이 없고, 행위가 없으며, 차별성이 없기 때문이다.

(V15.031ab) aprāpyaiva nivartante vāco dhībhiḥ sahaiva tu |

(V15.031cd) nirguṇatvāt kriyābhāvād viśeṣāṇāṃ hy abhāvataḥ ∥

32 허공이 일체만물에 편만하면서도 어떤 유형의 것과도 결합하는 일이 없는 것처럼, 여기 [베단타 철학에서는] 아뜨만은 청정하고, 최고의 귀의처임을 알아야 한다.

(V15.032ab) vyāpakaṃ sarvato vyoma mūrtaiḥ sarvair viyojitam |
(V15.032cd) yathā tadvad ihātmānaṃ vidyāc chuddhaṃ paraṃ padam ∥

33 빛을 갖는 '모든 것을 보는 자(=아뜨만)'는 [각성 상태에서는] 직접 지각되는 것을 버리고, [수면 상태에서는] 기억을 버리고 모든 것을 거두어들이고, [숙면 상태에서는] 암흑을 쫓아 버린다. 태양이 암흑을 쫓아 버리는 것처럼.

(V15.033ab) dṛṣṭaṃ hitvā smṛtiṃ tasmin sarvagraś ca tamas tyajet |
(V15.033cd) sarvadṛg jyotiṣā yukto dinakṛc chārvaraṃ yathā ∥

34 [지성의] 뭇 지식은 [각성 상태에서는] 형색(形色)을 대상으로 하고, [수면 상태에서는] 기억을 대상으로 하고, [숙면 상태에서는] 암흑을 대상으로 한다. 이들 [지성의] 뭇 지식을 대상으로 하는 아뜨만은 일체만물에 대해서 평등하고, 일체만물에 편재한다.

(V15.034ab) rūpasmṛtyandhakārārthaḥ pratyayā yasya gocarāḥ |
(V15.034cd) sa evātmā samo draṣṭā sarvabhūteṣu sarvagaḥ ∥

35 아뜨만과 지성−정신−눈−대상−빛이 결합함으로써 무지를 특징으로 하는 지성의 여러 가지 지식이 생긴다.

(V15.035ab) ātmabuddhimanaścakṣurviṣayālokasaṃgamāt |

(V15.035cd) vicitro jāyate buddheḥ pratyayo 'jñānalakṣaṇaḥ ǁ

36 자기의 아뜨만을 여타의 것과 구별해서, 자기의 아뜨만에 관해서, 청정하고 최고의 귀의처이며, 보는 자이고, 일체만물 속에서 평등하고, 일체의 공포를 초월해 있다고 알아야 한다.

(V15.036ab) vivicyāsmāt svam ātmānaṃ vidyāc chuddhaṃ paraṃ padam ǀ
(V15.036cd) draṣṭāraṃ sarvabhūtastham samaṃ sarvabhayātigam ǁ

37 [그것은] 전체이고, 일체만물에 편만하고, 적정(寂靜)하고, 더러움이 없고, 허공과 같이 안정돼 있고, 부분을 갖지 않고, 행위가 없으며, 일체[만물]이고, 상주하고, 이원성을 초월해 있다고 [알아야 한다].

(V15.037ab) samastaṃ sarvagaṃ śāntaṃ vimalaṃ vyomavat sthitam ǀ
(V15.037cd) niṣkalaṃ niṣkriyaṃ sarvaṃ nityaṃ dvandvair vivarjitam ǁ

38 "어떻게 해야 나는 [지성의] 일체의 지식을 지켜보고 있는 '인식하는 자'를 인식할 수 있을까?"라고, 이와 같은 성찰을 통해서 브라흐만이 이미 아는 것인지 아닌지 확인해보아야 한다.

(V15.038ab) sarvapratyayasākṣī jñaḥ kathaṃ jñeyo mayety uta ǀ
(V15.038cd) vimṛśyaivaṃ vijānīyāj jñātaṃ brahma na veti vā ǁ

39 "[남에게] 보이지 않으며 '보는 자'이다. …… 남에게 인식되지 않으며 [인식하는 자이다]"(『브르하드아라니야까 우빠니샤드』 3-7-23), "[그대가 충분히 알고 있다고 생각하면 그대는 실로] 아주 조금밖에 알고 있지 않은 것과 다름없다"(『께나 우빠니샤드』 2-1) 등의 [성전의] 가르침이 있기 때문에, 나도 다른 사람들도 [지성을 통해서는] 지고의 브라흐만을 결코 알 수 없다.

(V15.039ab) adṛṣṭaṃ draṣṭr avijñātaṃ dabhraṃ ityādiśāsanāt |
(V15.039cd) naiva jñeyaṃ mayānyair vā paraṃ brahma kathaṃcana ‖

40 [지고의 브라흐만은] 자기 자신의 본성이고, 중단되는 일이 없고, [순수]지식의 빛을 본성으로 하고, 그 인식을 위해서 다른 것에 의존하는 일이 없다. 그러므로 나는 [지고의 브라흐만을] 항상 알고 있는 것이다.

(V15.040ab) svarūpāvyavadhānābhyāṃ jñānālokasvabhāvataḥ |
(V15.040cd) anyajñānānapekṣatvāj jñātaṃ caiva sadā mayā ‖

41 태양은 자기 자신을 비추는 데 다른 빛을 필요로 하지 않는다. 순수 인식은 자기 자신을 비추는 데 그 자체 이외에 다른 인식을 필요로 하지 않는다.

(V15.041ab) nānyena jyotiṣā kāryaṃ raver ātmaprakāśane |
(V15.041cd) svabodhān nānyabodhecchā bodhasyātmaprakāśane ‖

42 어떤 것의 본성이 무엇일지라도, 그것은 [그 본성을 얻기 위해서] 다른 것을 필요로 하지 않는다. 어떠한 빛도 [자기 자신을 비추기 위해서] 다른 빛에 의해 비춰질 [필요가] 없기 때문이다.

(V15.042ab) na tasyaivānyato 'pekṣā svarūpaṃ yasya yad bhavet |
(V15.042cd) prakāśāntaradṛśyo na prakāśo hy asti kaścana ‖

43 빛이 없는 것은 빛을 본성으로 하는 것과 결합함으로써 현현하다. 그러므로 빛이 태양의 결과라고 말하는 것은 잘못이다.

(V15.043ab) vyaktiḥ syād aprakāśasya prakāśātmasamāgamāt |
(V15.043cd) prakāśas tv arkakāryaḥ syād iti mithyā vaco hy ataḥ ‖

'44 [이제까지] 존재한 적이 없어도, A를 근거로 해서 B가 생길 때, [B 는] 'A의 결과'로 인정된다. 빛은 태양의 본성이기 때문에, [이제까지] 존재한 적은 없어도 태양에 근거해서 [빛이] 생긴다는, 그러한 일은 있을 수 없다.

(V15.044ab) yato 'bhūtvā bhaved yac ca tasya tat kāryam iṣyate |
(V15.044cd) svarūpatvād abhūtvā na prakāśo jāyate raveḥ ‖

45 [빛을 본성으로 하는] 태양 등은 단지 존재하기만 해도 항아리 등이 현현하기 때문에 '발광체'로 인정되는 것처럼, 인식을 본성으로 하는 [아뜨만]에 관해서도 [논리적 이치는] 똑같다고 생각해야 한다.

(V15.045ab) sattāmātre prakāśasya kartādityādiriṣyate |
(V15.045cd) ghaṭādivyaktito yadvat tadvad bodhātmanīṣyatām ‖

46 뱀이 구멍에서 나올 때 태양은 별다른 노력도 하지 않으면서도 [뱀에게] 빛을 비추듯이, 아뜨만도 [별다른 어떤 노력도 하지 않으면서도] 인식 주체가 된다. 본성상 순수 지식이기 때문이다.

(V15.046ab) bilāt sarpasya niryāṇe sūryo yadvat prakāśakaḥ |
(V15.046cd) prayatnena vinā tadvaj jñātātmā bodharūpataḥ ‖

47 마찬가지로 [본성상] 뜨거운 [불]은 존재한다[는 것만]으로도 '태우는 것'이 된다. 순수인식을 본성으로 하는 [아뜨만]도, [구멍에서] 나온 뱀이 인식될 때 [태양은 저절로 '비추는 것'이 되]듯이, 그와 마찬가지로 [지성 등의] 한정적 첨성이 인식될 때, 단지 존재한다는 것만으로도 ['인식하는 자'가 된다는 것]을 인정해야 한다.

(V15.047ab) dagdhaivam uṣṇaḥ sattāyāṃ tadvad bodhātmanīṣyatām |

(V15.047cd) saty eva yad upādhau tu jñāte sarpa ivotthite ‖

48 '인식하는 자(=아뜨만)'는 아무런 노력도 하지 않아도 인식 주체가 되듯이, 그와 마찬가지로 자석처럼 [아무런 노력도 하지 않아도 단지 존재한다는 것만으로] 행위 주체가 된다. 그러므로 아뜨만 그 자체는 본성상 인식되는 것도 아니고, 인식되지 않는 것도 아니다.

(V15.048ab) jñātāyatno 'pi tadvaj jñaḥ kartā bhrāmakavad bhavet ǀ
(V15.048cd) svarūpeṇa svayaṃ nātmā jñeyo 'jñeyo 'thavā tataḥ ‖

49 아뜨만은 이미 알려진 것과도, 아직 알려지지 않은 것과도 별개의 것이라는 [성전 곧 『께나우빠니샤드』(1-4)의] 가르침이 있기 때문에, '속박'이니 '해탈'이니 하는 뭇 상태는 아뜨만에 잘못 상정된 것이다.

(V15.049ab) viditāviditābhyāṃ tad anyad eveti śasanāt ǀ
(V15.049cd) bandhamokṣādayo bhāvās tadvad ātmani kalpitāḥ ‖

50 빛의 본성에 차별은 없기 때문에, 태양에 낮도 밤도 없는 것과 마찬가지로, 아뜨만에는 지식도 무지도 없다. 순수 지식의 본질에는 차별이 없기 때문이다.

(V15.050ab) nāhorātre yathā sūrye prabhārūpāviśeṣataḥ ǀ
(V15.050cd) bodharūpāviśeṣān na bodhābodhau tathātmani ‖

51 앞에서 말한 것과 같은 브라흐만은 앞에서 말한 방식에 따라 버릴 수도 취할 수도 없음을 알고 있는 자는 결코 [다시] 태어나는 일이 없다는 게 진실이다.

(V15.051ab) yathoktaṃ brahma yo veda hānopādānavarjitam ǀ

(V15.051cd) yathoktena vidhānena sa satyaṃ naiva jāyate ‖

52 생사(生死)의 [윤회 생존의] 강에 떨어진 자는 순수 지식 이외에 그 어떠한 것으로도 그곳에서 자기 자신을 구해낼 수 없다.

(V15.052ab) janmamṛtyupravāheṣu patito naiva śaknuyāt |
(V15.052cd) ita uddhartum ātmānaṃ jñānād anyena kenacit ‖

53 "이 [고급 아뜨만과 저급 아뜨만]을 알게 될 때, 심장의 매듭은 풀려나가고, 일체의 의혹이 사라지고, 그의 행위는 소멸한다"라는 성전 말씀(『문다까 우빠니샤드』 2-2-8)이 있기 때문이다.

(V15.053ab) "bhidyate hṛdayagranthiś chidyante sarvasaṃśayāḥ |
(V15.053cd) kṣīyante cāsya karmāṇi tasmin dṛṣṭa" iti śruteḥ ‖

54 [지금까지] [논리적] 추리에 따라서 그리고 성전 말씀을 충분히 음미함으로써, 허공처럼 '몸이 없는 자(=아뜨만)'의 경지에 관해서 서술하였다. '나의', '나'라는 이러한 지식을 철저하게 버려 버리고 이 ['몸이 없는 자'의] 경지에 대해서 확정적인 인식을 갖게 되면, 그 사람은 [틀림없이] 해탈한다.

(V15.054ab) mamāham ity etad apohya sarvato vimuktadehaṃ padam
            ambaropamam |
(V15.054cd) sudṛṣṭaśātrānumitibhya īritaṃ vimucyate 'smin yadi niścito naraḥ ‖

제16장

아뜨만의 본성에 관한 논변

1 신체 가운데서 단단한 [부분을 이루는] 요소는 '땅'[이라는 요소]이고, 액체[를 이루는] 요소는 '물'[이라는 요소]이며 소화작용·움직임·공간은 각각 '불'·'바람'·'허공'[이라는 요소들]에서 비롯되는 것이라고 한다.

> (V16.001ab) pārthivaḥ kaṭhino dhātur dravo dehe smṛto 'mmayaḥ |
> (V16.001cd) pakticeṣṭāvakāśāḥ syur vahnivāyvambarodbhavāḥ ‖

2 후각, [미각, 시각, 촉각, 청각이라는 다섯 가지 유형의 감각기관은, 각각 '땅', '물', '불', '바람', '허공'이라는 요소들로 구성되어 있다]. 그리고 그러한 [다섯 가지 감각기관은 각각] '땅' 등의 [다섯 가지 대원소(大元素)의] 속성을 [감각] 대상(=냄새, 맛, 색깔·형태, 감촉, 소리)으로 한다. 왜냐하면 색깔[이 밝을 때에는 그것을 비추고 있는] 빛[이 밝듯]이, [각

각의] 감각기관은 그 [감각기관]과 같은 종류의 것을 대상으로 삼기 때문이다.

(V16.002ab) ghrāṇādīni tadarthāś ca pṛthivyādiguṇāḥ kramāt |
(V16.002cd) rūpālokavad iṣṭaṃ hi sajātīyārtham indriyam ‖

3 [전통적으로] 이들 [다섯 가지 감각기관]은, [각각의 지각 대상을] 지각하는 것을 목적으로 하고 말·손 등[의 다섯 가지 유형의 행동기관]은 행동을 위해서 존재한다고 한다. [인간의] 내면에 존재하는 열한 번째[의 기관인] 정신은 그 [다섯 가지 유형의 감각기관과 다섯 가지 유형의 행동기관]들을 분별하는 것을 목적으로 하고 있다.

(V16.003ab) buddhyarthāny āhur etāni vākpāṇyādīni karmaṇe |
(V16.003cd) tadvikalpārtham antasthaṃ mana ekādaśaṃ bhavet ‖

4 지성은 [대상을] [개념적으로] 결정하는 것을 목적으로 하고 있다. 아뜨만은 자기의 본성인 빛을 따라, 모든 대상을 지각하는 그 지성을 항상 조명하고 있는 것으로서 '인식 주체'로 일컬어진다.

(V16.004ab) niścayārthā bhaved buddhis tāṃ sarvārthānubhāvinīm |
(V16.004cd) jñātāmoktaḥ svarūpeṇa jyotiṣā vyañjayan sadā ‖

5 조명하는 주체인 빛은 조명되어야 할 대상의 모습을 취하기 때문에 [비춰진 대상과] 혼합된다고 말하기도 하는데 [사실은 빛이 비춰진 대상과] 혼합되는 것은 아니듯이, 인식 주체도 [인식된 대상과] 혼합되고 있는 것은 아니다. [사실 인식 주체는 인식 대상과 어떤 경우에도] 혼합되지 않는다.

(V16.005ab) vyañjakas tu yathāloko vyaṅgyasyākāratāṃ gataḥ |

(V16.005cd) vyatikīrṇo 'py asaṃkīrṇas tadvaj jñaḥ pratyayaiḥ sadā ॥

6 고정되어 있는 등불은 [비추려는] 노력을 전혀 하지 않아도 [그 빛이] 도달한 모든 것을 비추는 것과 같이 인식 주체는 전혀 노력을 들이지 않고 [그 빛이] 도달한, 음성 등의 형태를 띠는 [모든] [지성의] 지식[들]을 조명한다.

(V16.006ab) sthito dīpo yathāyatnaḥ prāptaṃ sarvaṃ prakāśayet |
(V16.006cd) śabdādyākārabuddhīr jñaḥ prāptās tadvat prapaśyati ॥

7 쾌감 등은 항상된 아뜨만의 빛에 조경되어 신체와 감각기관의 집합체 중에서, 아뜨만으로서 현현하는 지성을 분절화한다.

(V16.007ab) śarīrendriyasaṃghāta ātmatvena gatāṃ dhiyam |
(V16.007cd) nityātmajyotiṣā dīptāṃ viśiṃṣanti sukhādayaḥ ॥

8 왜냐하면 두통 등[이 일어나는] 까닭은 자기 자신을 "나는 [지금] 아프다"라고 생각하기 때문이다. 보는 자(=아뜨만)는 아픈 대상과는 별개의 것이다. 이 보는 자는 인식 주체이기 때문에, 아픈 [대상]이 아니다.

(V16.008ab) śiroduḥkhādinātmānaṃ duḥkhy asmīti hi paśyati |
(V16.008cd) draṣṭānyo duḥkhino dṛśyād draṣṭṛtvāc ca na duḥkhy asau ॥

9 [그릇되게] "나는 [지금] 아프다"라고 생각하는 까닭에, 사람은 아픈 [대상]이 되어 아픈 [지성]을 보기 때문에, [인식 주체가 아픈 것은 아니다]. [인식 주체가] 사지 등의 어떤 집합체(=신체) 가운데에서 이 아픔을 보는 것은 [인식 주체가] 아프다는 것이 아니다.

(V16.009ab) duḥkhī syād duḥkhyahaṃmānād duḥkhino darśanān na vā |

(V16.009cd) saṃhate 'ṅgādibhir draṣṭā duḥkhī duḥkhasya naiva saḥ ǁ

10 만약 [唯識論者가] "눈[은 항상 보는 주체이지만, 거울에 비칠 때는 보는 대상이 된다]는 것을 근거로, [지성, 곧 인식은] 대상이기도 하고 또한 주체이기도 하다"라고 말한다면, 그것은 옳지 않다. [눈은] 다양한 것이고 또 집합체이기 때문이다. 그렇기 때문에, 아뜨만은 보는 자이므로 [인식] 대상이 되는 일은 없다.

(V16.010ab) cakṣurvat karmakartṛtvaṃ syāc cen nānekam eva tat ǀ
(V16.010cd) saṃhataṃ ca tato nātmā draṣṭṛtvāt karmatāṃ vrajet ǁ

11 만약 [와이셰시까 학파가] "아뜨만도 또한 지식·의지적 노력 등의 [성질]을 지닌 것이기 때문에 다양하다"고 본다면, [그것은 옳지 않다]. 아뜨만은 오직 하나인 지식을 [그] 성질로 하는 까닭에, 빛과 같이, 대상이 되는 일은 없다.

(V16.011ab) jñānayatnādyanekatvam ātmano 'pi mataṃ yadi ǀ
(V16.011cd) naikajñānaguṇatvāt tu jyotirvat tasya karmatā ǁ

12 빛은 [그 자체에 비추는 것과 비춰지는 것이라는 구별을 갖지 않기 때문에], 사물을 비추는 것이기는 하나, 자기 자신을 비추는 것은 아니다. 그와 마찬가지로 예를 들어 [그러한] 구별을 갖는 것이라 하더라도, [비추는 것과 비춰지는 것은, 본질에 있어서] 평등하기 때문에, 자기 자신을 비추는 것은 아니다. 마찬가지로 인식 주체는 자기 자신을 보는 것은 아니다.

(V16.012ab) jyotiṣo dyotakatve 'pi yadvan nātmaprakāśanam ǀ
(V16.012cd) bhede 'py evaṃ samatvāj jña ātmānaṃ naiva paśyati ǁ

13 무릇 어떤 것도 [그 자신이 지닌] 속성의 대상이 되는 것은 불가능하다. 왜냐하면 [예들 들어] 불은 자기 자신을 태울 수도, 비출 수도 없기 때문이다.

(V16.013ab) yaddharmā yaḥ padārtho na tasyaiveyāt sa karmatām |
(V16.013cd) na hy ātmānaṃ dahaty agris tathā naiva prakāśayet ‖

14 정확히 똑 같은 이유로, 지성이 자기 자신을 자기 자신에 근거해서 지각한다[고 하는 유식설(唯識說)]은 부정된다. 마찬가지로 [인식에 인식 주체, 인식 대상 등의 어떠한] 부분[이 있다고 상정하는 것]도 불합리하다. [인식 주체, 인식 대상 등의] 부분은 [그 본성에 있어서] 똑같은 것이고 [또 본성상 인식(=아뜨만)에는] 차별이 없기 때문이다.

(V16.014ab) etenaivātmanātmano graho buddher nirākṛtaḥ |
(V16.014cd) aṃśo 'py evaṃ samatvād dhi nirbhedatvān na yujyate ‖

15 마찬가지로 [아뜨만은] 공성이라[고 하는 중관파(中觀派)의 주장]도 불합리하다. 그렇기 때문에 지성에 대해 항아리와 같이 [자기 자신과] 다른, [아뜨만]에 의해 보이는 대상이라고 말한다. 왜냐하면 [아뜨만은], 그 지성이 [그것을] 그릇되게 상정(虛妄分別)하기 이전에 [이미] 확립되어 있기 때문이다.

(V16.015ab) śūnyatāpi na yuktaivaṃ buddher aryena dṛśyatā |
(V16.015cd) uktāto ghaṭavat tasyāḥ prāk siddheś ca vikalpataḥ ‖

16 어떤 것이든 [지성이] 그릇되게 상정하기 이전에 존재하는 것은, 그 그릇된 상정 원인이 된다면, [그것은] 그릇된 상정으로부터 자유롭다. [그것은] 그릇된 상정이 생겨나는 원인이기 때문이다.

(V16.016ab) avikalpaṃ tad asty eva yat pūrvaṃ syād vikalpataḥ |
(V16.016cd) vikalpotpattihetutvād yady asyaiva ca kāraṇam ‖

17 그릇된 상정의 근원이고, 윤회의 지배자인 무지를 버리고, [그대가 바로] 아뜨만을 해탈한, 언제나 두려움이 없는 지고의 브라흐만임을 알아야 한다.

(V16.017ab) ajñānaṃ kalpanāmūlaṃ saṃsārasya niyāmakam |
(V16.017cd) hitvātmānaṃ paraṃ brahma vidyān muktaṃ sadābhayam ‖

18 각성 상태와 꿈꾸는 수면 상태 및 그러한 두 상태[가 어둠으로 인해 숙면 상태가 되는데, 그 두 상태]의 숙면 상태로 불리는 씨앗—이 세 상태를, "[그 안의] 하나[의 상태]가 존재한다고 할 때는, 다른 [두 상태]는 존재하지 않기 때문에, 이 세 상태는 실재하지 않는다"고 보는 [입장이 있는데], [이러한 입장은] 버려야 할 것이다.

(V16.018ab) jāgratsvapnau tayor bījaṃ suṣuptākhyaṃ tamomayam |
(V16.018cd) anyonyasminn asattvāc ca nāstīty etat trayaṃ tyajet ‖

19 아뜨만과 지성·정신·눈·빛·대상 등이 혼합한다[고 보기] 때문에 행위가 일어난다. 그렇기 때문에 "아뜨만의 행위이다"라는 착각이 일어난다.

(V16.019ab) ātmabuddhimanaścakṣurālokārthādisaṃkarāt |
(V16.019cd) bhrāntiḥ syād ātmakarmeti kriyāṇāṃ saṃnipātataḥ ‖

20 [눈이라는] 국부에서 일어나는 눈꺼풀을 여닫는 일은 '바람'에서 비롯되는 것이고, 눈에서 유래하는 것은 아니다. 왜냐하면 눈은 [시각에 따라서] 빛을 비추는 것이기 때문이다. 마찬가지로 눈꺼풀을 여닫는 일

은 정신에 의해서 일어나는 것도, 지성에 의해서 일어나는 것도 아니다. 왜냐하면 [정신도 지성도 모두] 빛을 비추는 것이기 때문이다.

　　(V16.020ab) nimīlonmīlane sthāne vāyavye te na cakṣuṣaḥ |
　　(V16.020cd) prakāśatvān manasy evaṃ buddhau na staḥ prākāśataḥ ‖

21　사고 작용과 확인작용이라는 것은 각각 지성에 속한다. [사고 작용과 확인 작용은] 하나가 다른 하나의 속성을 갖는 것은 아니다. 그러므로 모든 것은 아뜨만에 그릇되게 상정된 것이다.

　　(V16.021ab) saṃkalpādhyavasāyau tu manobuddhyor yathākramāt |
　　(V16.021cd) netaretaradharmatvaṃ sarvaṃ cātmani kalpitam ‖

22　모든 감각기관의 지각은 [그 감각기관들이 신체 가운데서 점하는] 국부에 따라 한정된다. 지성은 그 감각기관들과 동일시된다. 인식 주체(=아뜨만)는 그 지성을 보는 것이어서, [자이나교도가 그렇게 보듯이] '신체대(身體大)'인 것처럼 간주되고 있다.

　　(V16.022ab) sthānāvacchedadṛṣṭiḥ syād indriyāṇāṃ tadātmatām |
　　(V16.022cd) gatā dhīs tāṃ hi paśyañ jño dehamātra ivekṣyate ‖

23　[불교도에 따르면] 이 [모든 것]은 참으로 찰나에 소멸하는, 부단히 생겨나는 다르마(=존재의 요소)에 지나지 않는다. [이 모든 것은 찰나에 소멸하는 것이지만], 마치 [현 찰나의] 등불이, 유사성에 따라 [이전 찰나에 있었던 등불과 같다는] 인식이 생겨나듯이, 유사성에 근거해서 '이것은 [과거의 저것이다'는] 인식이 발생한다. 이 [모든 것을] 적멸로 돌아가게 하는 것이 [불교도가 말하는] 인생의 목적이다.

　　(V16.023ab) kṣaṇikaṃ hi tad atyarthaṃ dharmamātraṃ nirantaram |

(V16.023cd) sādṛśyād dīpavat taddhīs tacchāntiḥ puruṣārthatā ‖

24 어떤 [불교도]에 따르면 자기와 본성을 달리하는 것을 통해 현현하는 색깔·형태 등의 [외계의 대상은] 존재한다. 다른 [불교도]에 따르면 이 [인식]밖에 어떤 것도 존재하지 않는다. [이제부터] 전자[의 학설]이 불합리하다는 것에 관해 설명하겠다.

(V16.024ab) svākāranyāvabhāsaṃ ca yeṣāṃ rūpādi vidyate |
(V16.024cd) yeṣāṃ nāsti tataś cānyat pūrvāsaṃgatir ucyate ‖

25 인식(=지성)은 외계(外界)의 대상의 모습을 취하고 또 찰나에 소멸하기 때문에, 그것은 결코 기억을 갖지 않는다. 또 지성은 찰나에 소멸하기 때문에, 어디에서도 잠재 인상을 지닐 수 없다.

(V16.025ab) bāhyākāratvato jñapteḥ smṛtyabhāvaḥ sadā kṣaṇāt |
(V16.025cd) kṣaṇikatvāc ca saṃskāraṃ naivādhatte kvacit tu dhīḥ ‖

26 [잠재 인상과 기억을] 지니는 것조차도 존재하지 않기 때문에, [현 찰나에 존재하는 등불과 전 찰나에 있던 불 사이의] 유사성[을 확인할 아무런] 수단도 없다. 그렇기 때문에 [그들 불교도의 이론은 불합리하다]. 만일 [잠재 인상과 기억의] 장이 있다면, [모든 것은] 찰나에 소멸한다는 [이론]은 포기해야 할 것이다. [그러나] 그것은 [그들 불교도가] 바라는 점은 아니다.

(V16.026ab) ādhārasyāpy asattvāc ca tulyatānirnimittataḥ |
(V16.026cd) sthāne vā kṣaṇikatvasya hānaṃ syān na tad iṣyate ‖

27 또 [이 모든 것을] 적멸로 돌아가게 하는 것은 어떠한 노력도 하지 않더라도 [저절로] 이루어지는 것이기 때문에, [그것을 이루기 위한] 수

단을 가르치는 것은 무의미하다. [불교도들에 따르면] [이 모든 것은] 찰나적인 것으로서, 적멸로 돌아가는 것이기 때문에, [그것들은] 적멸로 돌아가기 [위해] 다른 어떤 것도 필요로 하지 않는다.

(V16.027ab) śānteś cāyatnasiddhatvāt sādhanoktir anarthikā |
(V16.027cd) ekaikasmin samāptatvāc chānter anyānapekṣatā ‖

28 설사 [적멸이란 본질적으로 그것과] 다르게 되는 것이라 하더라도, [적멸에는] 별도의 연속이 필요하다는 것이 바람직하더라도, 만일 모든 것이 찰나에 소멸한다면, [적멸은] 다른 어떤 것도 필요로 하지 않는다.

(V16.028ab) apekṣā yadi bhinne 'pi parasaṃtāna iṣyatām |
(V16.028cd) sarvārthe kṣaṇike kasmiṃs tathāpy anyānapekṣatā ‖

29 왜냐하면 [A, B] 2개의 [연속]이 동시에 존재하고 또 서로 간에 관계가 있는 경우에[만], [A와의] 관계를 통하여 형성된 B가 A에 근거를 두고 있다는 것이 가능하기 때문이다.

(V16.029ab) tulyakālasamudbhūtāv itaretarayoginau |
(V16.029cd) yogāc ca saṃskṛto yas tu so 'nyaṃ hīkṣitum arhati ‖

30 그러나 그릇되게 가탁되고 있는 [바르 그 아뜨만]에서, 그릇된 가탁의 소멸이 성립한다는 것이 우리(不二一元論者)들의 견해이다. 모든 것이 [찰나에] 소멸한다면, 그 결과로서의 해탈은 무엇에 속하는가를 말하시오

(V16.030ab) mṛṣādhyāsas tu yatra syāt tannāśas tatra no mataḥ |
(V16.030cd) sarvanāśo bhaved yasya mokṣaḥ kasya phalaṃ vada ‖

31 지식으로도, 아뜨만으로도, 그 밖의 다른 어떤 것으로도 불리는 것은 분명히 스스로 실재한다. 그것은 [사물이] 존재한다는 것과 존재하지 않는다는 것을 인식하는 주체이기 때문에, 그 [아뜨만]이 존재하지 않는다는 것은 인정할 수 없다.

> (V16.031ab) asti tāvat svayaṃ nāma jñānaṃ vātmanyad eva vā |
> (V16.031cd) bhāvābhāvajñatas tasya nābhāvas tv adhigamyate ‖

32 그것을 근거로 [사물이] 존재하지 않는다는 것을 인정하는 것, 그것이 [곧] 有(=브라흐만)이다. 만약 有가 존재하지 않는다면, 사람들은 [사물이] 존재하는지 존재하지 않는지를 분간할 수 없게 될 것이다. [그것은] 바람직한 것이 아니다.

> (V16.032ab) yenādhigamyate 'bhāvas tat sat syāt tan na ced bhavet |
> (V16.032cd) bhāvābhāvānabhijñatvaṃ lokasya syān na ceṣyate ‖

33 '有', '非有', '有非有'라고 그릇되게 상정하기 이전에 존재하는 것으로 간주되는 것은 둘이 아니다. [그것은 모든 것에 있어서] 평등하기 때문에 영원한 것이고 그릇되게 상정된 것과는 구별된다.

> (V16.033ab) sad asat sadasac ceti vikalpāt prāg yad iṣyate |
> (V16.033cd) tad advaitaṃ samatvāt tu nityaṃ cānyad vikalpitāt ‖

34 이원성은 실재하지 않는다고 인정해야 한다. 왜냐하면 [이원성은] 그릇되게 상정(想定)된 것을 근거로 생겨나기 때문이다. 또한 꿈속에서 보는 대상과 같이 '有', '非有' 등의 그릇된 상정이 생겨나기 전에는 존재하지 않기 때문이다.

> (V16.034ab) vikalpodbhavato 'sattvaṃ svapnadṛśyavad iṣyatām |

(V16.034cd) dvaitasya prāg asattvāc ca sadasattvādikalpanāt ‖

35 "[변화하는 것은, 다만] 언어를 통해 파악된다"는 성전 말씀(『찬도기야 우빠니샤드』 6-1-4)이 있다는 점에서 변화하는 것은 실재하지 않는다[는 말은 옳다]. "[이 세상의 다양한 것처럼 보이는 것은] 죽음으로부터 죽음[에 이르는 것]" 등의 [성전 말씀](『브르하드아라니야까 우빠니샤드』 4-4-19)이 있고 또 "나의 마야(幻力)는 초월해 있기 대문에"라고 전승서의 말씀(『바가바드 기타』 7-14)이 있기 때문이다.

(V16.035ab) vācārambhaṇaśāstrāc ca vikārāṇāṃ hy abhāvatā |
(V16.035cd) mṛtyoḥ sa mṛtyum ityāder mama māyeti ca smṛteḥ ‖

36 그렇기 때문에, 아뜨만은 청정하다. [아뜨만]은 그릇되게 상정된 것과는 본성을 달리하기 때문이다. 그렇기 때문에, [아뜨만은] 취하는 것도 버리는 것도 불가능하다. 아뜨만은 [그것] 이외의 것에 근거해서 그릇되게 성정된 것이 아니다.

(V16.036ab) viśuddhiś cāta evāsya vikalpāc ca vilakṣaṇāt |
(V16.036cd) upādeyo na heyo 'ta ātmā nānyair akalpitaḥ ‖

37 광휘를 본성으로 하기 때문에 태양 가운데에는 어둠이 존재하지 않는 것처럼, 항상된 인식을 본성으로 하고 있는 것이기 때문에 아뜨만에 무지는 존재하지 않는다.

(V16.037ab) aprakāśo yathāditye nāsti jyotiḥsvabhāvataḥ |
(V16.037cd) nityabodhasvarūpatvān nājñānaṃ tadvad ātmani ‖

38 마찬가지로 불변성을 본성으로 하기 때문에, 아뜨만에는 상태의 변화는 없다. 왜냐하면 상태의 변화가 있다면, 아뜨만은 의심할 바 없이,

소멸하[는 것이 되]기 때문이다.

(V16.038ab) tathāvikriyarūpatvān nāvasthāntaramātmanaḥ |
(V16.038cd) avasthāntaravattve hi nāśo 'sya syān na saṃśayaḥ ||

39 해탈이라는 것은 상태의 변화[라고 주장하는] 사람에 따르면, 해탈은 하게 되는 것이다. 그렇기 때문에, 그[런 의미의] [해탈]은 불안정한 것이다. 해탈이 [아뜨만과 브라흐만과의] 결합이라고 하든, 아니면 [근본물질로부터의] 분리라고 하든 [모두] 결코 합리적이지 않다.

(V16.039ab) mokṣo 'vasthāntaraṃ yasya kṛtakaḥ sa calo hy ataḥ |
(V16.039cd) na saṃyogo viyogo vā mokṣo yuktaḥ kathaṃcana ||

40 왜냐하면 [아뜨만과 브라흐만과의] 결합이든, 아니면 [근본물질로부터의] 분리이든 [모두] 영원한 것이 아니기 때문이다. 또 [해탈이라는 것은, 아뜨만이 브라흐만에] 가는 것이라는 것도 [브라흐만이 아뜨만으로] 오는 것이라는 것도, [결코 합리적이지] 않다. 그러나 자기의 본성이 버려지는 것은 아니다.

(V16.040ab) saṃyogasyāpy anityatvād viyogasya tathaiva ca |
(V16.040cd) gamanāgamane caiva svarūpaṃ tu na hīyate ||

41 왜냐하면 자기의 본성은 어떤 원인도 갖지 않는 것인 반면, [상태의 변화 등과] 그 밖의 것은 원인을 갖는 것이기 때문이다. 자기의 본성은 자기 자신에 의해서든, 또는 다른 것에 의해서든] 취해야 할 것도, 버려야 할 것도 아니다.

(V16.041ab) svarūpasyānimittatvāt sanimittā hi cāpare |
(V16.041cd) anupāttaṃ svarūpaṃ hi svenātyaktaṃ tathaiva ca ||

42 [아뜨만은] 일체만유의 본성이기 때문에, 버려야 할 것도 취해야 할 것도 아니다. 왜냐하면 [아뜨만은 일체만유와는] 별개의 것이 아니기 때문이다. 그러므로 영원한 존재이다. [아뜨만은, 어떤 특정한] 대상이 되는 것도 아니고, [모든 것으로부터] 떠나 있는 것도 아니기 때문이다.

> (V16.042ab) svarūpatvān na sarvasya tyaktuṃ śakyo hy ananyataḥ |
> (V16.042cd) gṛhītuṃ vā tato nityo 'viṣayatvāpṛthaktvataḥ ǁ

43 일체만유는 아뜨만으로 인해 존재하고 있기 때문에, 아뜨만은 영원한 존재이고, 독존자이다. 그러므로 해탈을 인식하고 있는 자는 모든 행위와 그 수단을 버려야 할 것이다.

> (V16.043ab) ātmārthatvāc ca sarvasya nitya ātmaiva kevalaḥ |
> (V16.043cd) tyajet tasmāt kriyāḥ sarvāḥ sādhanaiḥ saha mokṣavit ǁ

44 성전 말씀에 따르든, 논리적 이치를 따르든, 아뜨만의 인식은 최고의 인식이다(『아빠스땀바 다르마샤스뜨라』 1-8-22-2 참조). 그러나 [진실된 아뜨만과] 별개의 것을 아뜨만이라고 인식하는 것은 [진실된] 인식이 아니다. 그러므로 [진실된 아뜨만을] 아뜨만이 아니라고 하는 [인식]을 버려야 한다.

> (V16.044ab) ātmalābhaḥ paro lābha iti śāstropapattayaḥ |
> (V16.044cd) alābho 'nyātmalābhas tu tyajet tasmād anātmatām ǁ

45 [상키야 학파에서는 우주의 근본 물질로 쁘라끄르띠(prakṛti)를 상정하는데, 이 쁘라끄르띠는 순질(純質)인 사뜨와, 격질(激質)인 라자스, 암질(暗質)인 따마스라고 하는 세 가지 구나(guṇa)가 평형 상태를 이루고 있다. 상키야 학파의 학설에 따르면 이 세 가지 구나의 평형 상태가 깨칠 때

쁘라끄르띠가 현상계로 전개된다. 그러나 세 가지] 구나들의 평형 상태가 깨진다고 하는 것은 불가능하다. 왜냐하면 [이 상태에 있어서는] 무명(無明) 등이 잠들어 있기 때문이고, 또 [상키야 학파에 있어서는, 그] 외의 원인을 인정하고 있지 않기 때문이다.

> (V16.045ab) guṇānāṃ samabhāvasya bhraṃśo na hy upapadyate |
> (V16.045cd) avidyādeḥ prasuptatvān na cānyo hetur iṣyate ‖

46 [물질의 세 가지 유형의 구성 요소인 다나 가운데] 하나가 다른 [다나]의 원인이 된다고 하면, 활동이 언제나 일어나고 있는 것인가, 아니면 [활동이] 전혀 일어나기 않는가 [중에서] 어느 쪽인가 하는 것이다. 활동을 일으키는 필연성은 구성 요소인 다나에도, 아뜨만(=뿌루샤)에도 없다.

> (V16.046ab) itaretarahetutve pravṛttiḥ syāt sadā na vā |
> (V16.046cd) niyamo na pravṛttīnāṃ guṇeṣv ātmani vā bhavet ‖

47 [상키야 학파가 주장하듯이, 유일한 근본물질인 쁘라끄르띠가] 그 [순수정신인 뿌루샤]로 인해서 존재하는 것이라 한다면(『상키야 까리까』 17, 31, 56, 57 참조), 해탈한 [순수정신인 뿌루샤]와 속박되어 있는 [순수정신인 뿌루샤] 간에 구별을 가하는 것은 이치에 맞지 않는다.

> (V16.047ab) viśeṣo muktabaddhānāṃ tādarthye ca na yujyate |
> (V16.047cd) arthārthinoś ca saṃbandho nārthī jño netaro 'pi vā ‖

48 상키야 학파의 체계에 있어서도, 순수정신인 뿌루샤는 불변하는 것이기 때문에, 근본물질인 쁘라끄르띠가 다른 것(=순수정신인 뿌루샤)으로 인해서 존재한다고 하는 것은 불합리하다. 만약 [순수정신인 뿌루샤에]

변화가 있다 하더라도 불합리하다.

(V16.048ab) pradhānasya ca pārārthyaṃ puruṣasyāvikārataḥ |
(V16.048cd) na yuktaṃ sāṃkhyaśāstre 'pi vikāre 'pi na yujyate ॥

49 근본물질인 쁘라끄르띠와 순수정신인 뿌루샤가 서로 관계를 갖는다고 하는 것은 성립하지 않고, 또 근본물질인 쁘라다나(=쁘라끄르띠)는 정신적인 것이 아니기 때문에, 그 [근본물질]이 [순수정신]으로 인해 존재한다는 것은 불합리하다.

(V16.049ab) sambandhānupapatteś ca prakṛteḥ puruṣasya ca |
(V16.049cd) mitho 'yuktaṃ tadarthatvam pradhānasyācititvataḥ ॥

50 [순수정신인 뿌루샤에서] 작용이 일어난다고 한다면, [순수정신인 뿌루샤는] 소멸할 수 있는 것이 된다. 또 [순수정신인 뿌루샤의] 지식만이 [작용이 일어나게 하는 것이라면], 앞의 경우와 마찬가지로 [순수정신인 뿌루샤는 소멸할 수 있는 것이 된다]. 만약 근본물질인 쁘라다나[의 작용]이 원인을 갖지 않지 않는다면, 해탈은 없다는 결과가 뒤따른다.

(V16.050ab) kriyotpattau vināśitvaṃ jñānamātre ca pūrvavat |
(V16.050cd) nirnimitte tv anirmokṣaḥ pradhānasya prasajyate ॥

51 ['불'의 성질인] 열은 ['불'의 성질 중 하나인 빛에 의해서] 비춰져야 할 대상이 아니다. 그와 같이 [와이세시까 학파의 개조로 간주되는] 까나다 등의 무리[는 쾌감 등과 지각작용을 모두 실체인 아뜨만의 성질이라고 주장하고 있지만, 그들이 아뜨만의 성질이라고 하는] 쾌감 등의 [성질]이 [아뜨만의 다른 성질인] 지각작용에 의해서 지각되는 것은 불

가능하다. 왜냐하면 [쾌감 등과 지각작용은 모두] 동일한 [실체, 곧 아뜨만]을 기체(基體)로 하고 있기 때문이다.

(V16.051ab) na prakāśyaṃ yathoṣṇatvaṃ jñānenaivaṃ sukhādayaḥ |
(V16.051cd) ekanīḍatvato 'grāhyāḥ syuḥ kaṇādādivartamanām ∥

52 정신과 [아뜨만이 한번] 결합할 때, 하나의 [성질만이] 생겨나기 때문에, 쾌감과 지각작용[이라는 두 가지 다른 성질이] 동시에 아뜨만에 내속하는 것은 불가능하다. 그렇기 때문에 쾌감이 [지각작용에 의해] 지각되는 것은 불가능하다.

(V16.052ab) yugapac cāsametatvāt sukhavijñānayor api |
(V16.052cd) manoyogaikahetutvād agrāhyatvaṃ sukhasya ca ∥

53 또 [그]밖에 [아뜨만의 모든 성질은 서로] 다르기 때문에, [그 모든 성질들이] 동시에 발생한다는 것은 인정할 수 없다. 만약 [와이세시까 학파의 사람들이] 모든 성질에 대한 지각은, 모든 성질이 [아뜨만에] 내속하고 있는 것이라고 말한다면, [우리들은 답한다]. 그것은 옳지 않다. 왜냐하면 [지각작용은 모든 성질을] 한정하는 것이기 때문이다.

(V16.053ab) tathānyeṣāṃ ca bhinnatvād yugapajjanma neṣyate |
(V16.053cd) guṇānāṃ samavetatvaṃ jñānaṃ cen na viśeṣaṇāt ∥

54 [모든 성질은] 지각작용에 의해 지각된다. 왜냐하면 [모든 성질은] 지각작용에 의해서만 한정되기 때문이다. 또 [예를 들어] "나는 쾌감을 느꼈다"라는 기억이 있기 때문이다. [또] 당신 [말에] 따르면, [아뜨만은] 지각작용을 본성으로 하는 것이기 때문이다.

(V16.054ab) jñānenaiva viśeṣyatvāj jñānāpyatvaṃ smṛtes tathā |

(V16.054cd) sukhaṃ jñātaṃ mayety evaṃ tavājñānātmakatvataḥ ॥

55 쾌감 등은 아뜨만의 성질은 아니다. 당신[의 말]에 따르면, 아뜨만은 불변하기 때문이다. [모든 성질과 아뜨만은 서로] 다른 것이기 때문에, [예를 들어 아뜨만은 불변한다고 받아들이면서, [아뜨만이] 다른 성질 을 지닌다는 것을 [인정할 수 있다 하더라도], 왜 [어떤 하나의 아뜨만 의 성질이] 다른 [아뜨만에] 또는 정신에 속하지 않는 것인가? [정신은 모든 성질과 다르다는 점에서 아뜨만과] 다르지 않기 때문이다.

(V16.055ab) sukhāder nātmadharmatvam ātmanas te 'vikārataḥ |
(V16.055cd) bhedād anyasya kasmān na manaso vā 'viśeṣataḥ ॥

56 [첫 번째] 지각이 [그 다음에] 지각 대상이 된다면, 무한소급 되는 것은 불가피하다. [만약 정신과 아뜨만이] 한번 결합함으로써, 두 가지 지각이] 동시에 생겨나는 것을 인정한[다면], 그때에는 [마찬가지로 그 결합에 의해 동시에 접촉하는 색깔·형태·맛·냄새 등의 지각이 동시 에 생겨난다는 것을] 인정하게 된다.

(V16.056ab) syān mālāparihāryā tu jñānaṃ cej jñeyatāṃ vrajet |
(V16.056cd) yugapad vāpi cotpattir abhyupete 'nta iṣyate ॥

57 [아뜨만에는] 상태의 변화가 없기 때문에, 아뜨만에는 속박은 존재 하지 않는다. 그리고 또 [아뜨만에는] 부정(不淨)은 없다. 왜냐하면 "[그 것은] 집착을 가지지 않는다. [그것은 집착하지 않기 때문이다"라고 하 는 성전 말씀(『브르하드아라니야까 우빠니샤드』 3-9-26)에 따르면 [아뜨만은] 집착을 지니지 않는 것이기 때문이다.

(V16.057ab) anavasthāntaratvāc ca bandho nātmani vidyate |
(V16.057cd) nāśuddhiś cāpy asaṅgatvād asaṅgo hīti ca śruteḥ ॥

58 또 "[아뜨만은 모든 유형의 존재 가운데 있다 하더라도 세간의 괴로움에] 더럽혀지지 않는다"는 성전 말씀(『브르하드아라니야까 우빠니샤드』 2-2-11)에 따르면 [아뜨만은] 미세하고 유일하며 인식의 대상은 아니기 때문이다. [**반론**] 만약 그렇다면, [아뜨만은] 속박이 없는 것이기 때문에, 해탈은 전혀 존재하지 않는다.

(V16.058ab) sūkṣmaikāgocārebhyaś ca na lipyata iti śruteḥ |
(V16.058cd) evaṃ tarhi na mokṣo 'sti bandhābhāvāt kathaṃcana ∥

59 그렇다면, 성전 말씀은 무의미한 것이 될 것이다. [**답변**] 그것은 옳지 않다. 속박이라는 것은 지성의 착각이고 해탈이라는 것은 그 [착각을] 그치는 것이다. 속박은 앞서 서술한 것과 같을 뿐, 다른 어떤 것도 아니다.

(V16.059ab) śāstrānarthakyam evaṃ syān na buddher bhrāntir iṣyate |
(V16.059cd) bandho mokṣaś ca tannāśaḥ sa yathokto na cānyathā ∥

60 인식이라는 아뜨만의 광휘로 조명된 지성은 그 자신 안에 인식을 지니고 있고, [그밖에] 다른 것에는 인식 주체가 존재하지 않는다고 [어떤 이는] 생각한다. 이것이야말로 참으로 지성에[서 비롯되는] 착각이다.

(V16.060ab) bodhātmajyotiṣā dīptā bodham ātmani manyate |
(V16.060cd) buddhir nānyo 'sti boddheti seyaṃ bhrāntir hi dhīgatā ∥

61 인식은 아뜨만의 본성이기 때문에, '인식'[이라는 말]이 지성에 대해서 [쓰이게 되더라도, 그것은] 언제나 비유적으로 쓰이는 것이다. 식별하는 지혜를 결여하게 되는 것도 또한 시작이 없는 영원의 태고로부터 존재한다. 그것이 윤회이고 이것 외의 어떤 것도 [윤회]가 아니다.

(V16.061ab) bodhasyātmasvarūpatvān nityaṃ tatropacaryate |
(V16.061cd) aviveko 'py anādyo 'yaṃ saṃsāro nānya iṣyate ॥

62 해탈이라는 것은 바로 그 [식별하는 지례의 결여]를 그치는 것이다. 그렇지 않다면 불합리하기 때문이다. [해탈은 자기의 본성인 아뜨만과] 별개의 것이 되는 것이라고 [주장하는] 사람들은 해탈을 [자기의 본성인 아뜨만을] 파괴하는 것으로 간주하는 것이다.

(V16.062ab) mokṣas tannāśa eva syān rānyathānupapattitaḥ |
(V16.062cd) yeṣāṃ vastvantarāpattir mokṣo nāśas tu tair mataḥ ॥

63 마찬가지로 [해탈은] 상태의 변화[라고 하는 주장]도 옳지 않다. 왜냐하면 [아뜨만은] 변화하지 않기 때문이다. [아뜨만이] 변화하는 경우에는, [아뜨만은] 부분을 지닌 것이 된다. 그래서 항아리와 같이 소멸하는 것이 된다.

(V16.063ab) avasthāntaram apy evam avikārān na yujyate |
(V16.063cd) vikāre 'vayavitvaṃ syāt tato nāśo ghaṭādivat ॥

64 그렇기 때문에 속박·해탈 등에 관한, 이 [옳은 가르침]과 다른 상정은 참으로 착각이다. 상키야 학파, 와이셰시까 학파, 불교도의 [속박·해탈 등에 관한] 상정은 올바른 고찰을 결여하고 있다.

(V16.064ab) tasmād bhrāntirato 'nyā hi bandhamokṣādikalpanāḥ |
(V16.064cd) sāṃkhyakāṇādabauddhānāṃ nīmāṃsāhatakalpanāḥ ॥

65 성전 말씀과 논리 [모두와] 모순되기 때문에, 그들의 상정은 결코 존중할 만한 것이 아니다. 그들의 그릇된 상정이 지닌 오류는 얼마든지 지적할 수 있다.

(V16.065ab) śāstrayuktivirodhāt tā nādartavyāḥ kadācana |
(V16.065cd) śakyante śataśo vaktuṃ doṣās tāsāṃ sahasraśaḥ ‖

66~67 또한 "[다르마에 관한 올바른 지식을 구하는 현자는], 이 [베다
성전]과는 다른, [지상에 있는 다종다양한 성전을 진정으로 의심해야
할 것이다]"라는, [베다 성전과는 다른 성전에 대한] 비판은 타당하다.
따라서 [이들의 상정은 결코 존중할 만한 것이 아니다]. 현자는 [베다
성전과는] 다른 성전의 가르침을 버리고 우선 [성전에 서술된 것을] 신
뢰하고, [그것에] 전념하여, 옳지 않은 모든 것을 버리고 우빠니샤드만
이 지닌 진실된 의미와 [고전의 저자인] 위아사의 사상에 관해서, 확고
한 이해를 지녀야 할 것이다.

(V16.066ab) api nindopapatteś ca yāny ato 'nyāni cety ataḥ |
(V16.066cd) tyaktvāto hy anyaśātroktīr matiṃ kuryād dṛdhāṃ budhaḥ ‖
(V16.067ab) śraddhābhaktī puraskṛtya hitvā sarvam anārjavam |
(V16.067cd) vedāntasyaiva tattvārthe vyāsasyāpi matau tathā ‖

68 이상과 같이 이원론에 근거를 둔 그릇된 상정도, 무아론도, [모두]
논리를 통해 부정된다. 해탈을 구하는 이는 다른 사람들의 이론으로부
터 생겨나는 의심을 버리고 지식의 도에서 움직이지 않아야 할 것이다.

(V16.068ab) iti praṇunnā dvayavādakalpanā nirātmavādāś ca tathā hi yuktitaḥ |
(V16.068cd) vyapetaśaṅkāḥ paravādataḥ sthirā mumukṣavo jñānapathe syur ity
uta ‖

69 자기 자신을 관찰자로서, 완전히 청정하고 그릇된 상정과 양립하지
않는, 둘이 아닌 지식을 획득하여, 바른 확신을 지니게 되었다면, [어떤
것과도] 관계를 갖지 않아서, 영원한 지복에 이르게 된다.

(V16.069ab) svasākṣikaṃ jñānam atīva nirmalaṃ vikalpanābhyo viparītam advayam |
(V16.069cd) avāpya samyag yadi niścito bhaven niranvayo nirvṛtim eti śāśvatīm ||

70 결점을 버리고, [아뜨만에 관한] 그릇된 지식을 버린 사람은, 최고의 귀의처인 이 비밀의 지식을 자세히 음미하여 언제나 정도(正道)에 마음을 다해야 할 것이다. 참으로 자기 자신을 [브라흐만과] 다르다고 생각하는 사람은, 결코 진리를 보는 것이 아니다.

(V16.070ab) idaṃ rahasyaṃ paramaṃ parāyaṇaṃ vyapetadoṣair abhimānavarjitaiḥ |
(V16.070cd) samīkṣya kāryā matir ārjave sadā na tattvadṛk svānyamatir hi kaś

cana ||

71 이 최고의 정화하는 가르침을 인식하여, 사람은 수많은 다른 생에서 축적된, 무지의 원인인 죄악으로부터 자유로워지고 이 세상에서 허공과 같이, 각종의 업에 의해 더럽혀지는 일이 없게 된다.

(V16.071ab) anekajanmāntarasaṃcitair naro vimucyate 'jñānanimittapātakaiḥ |
(V16.071cd) idaṃ viditvā paramaṃ hi pāvanaṃ na lipyate vyoma iveha

karmabhiḥ ||

72 이 [정화하는 가르침]은 마음이 적정(寂靜)에 돌아가고 감각기관을 제어하며, 각종 결점을 버리고, [성전에] 서술되어 있는 것과 같이 행동하여, 미덕을 갖추고 언제나 스승을 순종하고 해탈을 구하는 이에 대해서[만] 끊임없이 가르쳐야 할 것이다.

(V16.072ab) praśāntacittāya jitendriyāya ca prahīṇadoṣāya yathoktakāriṇe |
(V16.072cd) guṇānvitāyānugatāya sarvadā pradeyam etat satataṃ mumukṣave ||

73 사람들이 다른 사람의 신체에 대해서, [자기 자신이라든가, 자기의

것이라고] 그릇된 지식을 갖지 않듯이, 최고의 진리를 관(觀)하여 이 온전히 더러움이 없는 지식을 얻게 되면, 그때 모든 점에서 해탈한 자가 될 것이다.

> (V16.073ab) parasya dehe na yathābhimānitā parasya tadvat paramārtham īkṣya ca |
> (V16.073cd) idaṃ hi vijñānam atīva nirmalaṃ saṃprāpya mukto 'tha bhavec ca sarvataḥ ‖

74 참으로 이 세상에서 자기의 본성을 얻는 것보다 뛰어난 일은 없다. 왜냐하면 이 [자기의 본성을 얻는 것]은 [베다 성전] 이외의 어떤 것으로부터도 얻을 수 없는 것이기 때문이다. 그러나 인드라 신의 왕국보다 뛰어난, 자기의 본성을 얻는 것은, [제자를] 정성스럽게 살펴보지도 않고 [아무에게나]. 가르쳐서는 안 된다.

> (V16.074ab) na hīha lābho 'bhyadhiko 'sti kaścana svarūpalābhāt sa ito hi nā nyataḥ |
> (V16.074cd) na deyam aindrād api rājyato 'dhikaṃ svarūpalābham tv aparīkṣya yatnataḥ ‖

제17장 아뜨만에 관한 올바른 지식

1 아뜨만[이야말로] [올바로] 알아야 마땅하다. 아뜨만[이야말로] 지고[의 브라흐만]이고 그것 이외에는 그 어떤 것도 존재하지 않기 때문이다. [아뜨만이야말로] 일체지자(一切智者)이고 일체를 보는 자이며 청정 [그 자체]이기 때문이다. 나는 바로 그 [올바로] 알아야 마땅한 아뜨만에게 귀의한다.

> (V17.001ab) ātmā jñeyaḥ paro hy ātmā yasmād anyan na vidyate |
> (V17.001cd) sarvajñaḥ sarvadṛk śuddhas tasmai jñeyātmane namaḥ ‖

2 단어, 문장, 올바른 인식 수단에 관해서 소상하게 알며, [어두운 밤에] 등불처럼 베다 [성전]의 오의(奧義) 곧 브라흐만에 관해서 환히 밝혀주신 그러한 [스승들]께 나는 항상 귀의한다.

(V17.002ab) padavākyapramāṇajñair dīpabhūtaiḥ prakāśitaṃ |
(V17.002cd) brahma vedarahasyaṃ yais tān nityaṃ praṇato 'smy aham ॥

3 햇빛이 어둠을 비칠 때 어둠을 없애듯이 [스승들의] 말씀은 [내 안의
무지(無知)의] 죄악을 비춰 [무지의] 죄악을 없앤다. 나는 그러한 스승들
께 귀의하고, [이제부터] 브라흐만에 관한 올바른 지식을 확정짓겠다.

(V17.003ab) yadvāksūryāṃśusaṃpātapraṇaṣṭadhvāntakalmaṣaḥ |
(V17.003cd) praṇamya tān gurūn vakṣye brahmavidyāviniścayam ॥

4 아뜨만의 획득 이외에 그 어떠한 획득도 [아뜨만의 획득만큼] 최상
의 것은 존재하지 않는다. 베다 성전이나 전승서의 뭇 가르침, [베다 성
전에 규정된] 뭇 [선]행도 [결국은] 그것 [곧 아뜨만의 획득]을 위한
것이다.

5 [고락과 같은 상대적인] 즐거움을 얻고자 바랬던 획득은 자기 자신
을 위한 것이라 할지라도 [결국은] 정반대[의 결과, 곧 고통만]을 낳는
다(『브르하드아라니야까 우빠니샤드』1-4-8; 2-4-5). [이러한 이유로] 브라흐만에
관해 올바른 지식을 갖고 있는 사람들은, 아뜨만의 획득[만]이 [그 결
과가 변함 없이] 영원하기 때문에, 최상[의 획득]이라고 선언한 것이다.

(V17.004ab) ātmalābhāt paro nānyo lābhaḥ kaścana vidyate |
(V17.004cd) yadarthā vedavādāś ca smārtāś cāpi tu yāḥ kriyāḥ ॥
(V17.005ab) ātmārtho 'pi hi yo lābhaḥ sukhāyeṣṭo viparyayaḥ |
(V17.005cd) ātmalābhaḥ paraḥ prokto nityatvād brahmavedibhiḥ ॥

6 [아뜨만은] 스스로 본성상 이미 획득되어 있는 것이기 때문에, [아뜨
만과는] 별개의 다른 어떤 것에 의거해서 그 [아뜨만]을 획득한다는 일
은 있을 수 없다. [인위적 노력 등] 다른 별개의 것을 필요로 하는 획득
이란 [브라흐만과 아뜨만은] 별개의 것이라고 보는 [사]견(邪見) [곧 무

지]에서 생기는 것이다.

(V17.006ab) svayaṃ labdhasvabhāvatvāl lābhas tasya na cānyataḥ |
(V17.006cd) anyāpekṣas tu yo lābhaḥ sɔ 'nyadṛṣṭisamudbhavaḥ ǁ

7 [브라흐만과 아뜨만은] 별개의 것이라고 보는 사견(邪見)이 무지이고, 그 [무지]가 소멸하는 것이 해탈이라고 말해진다. 그렇지만 그 [무지의 소멸]도 [올바른 지식과 무지는] 서로 도순되는 것이기 때문에 오직 [아뜨만에 관한] 올바른 지식에 의해서만 성취되는 것이지, [무지와 양립 가능한] 업에 의해서는 성취되지 않는다.

(V17.007ab) anyadṛṣṭis tv avidyā syāt tannāśo mokṣa ucyate |
(V17.007cd) jñānenaiva tu so 'pi syād virodhitvān na karmaṇā ǁ

8 [업은] 무지로 인한 욕망에서 생겨나고, 업의 과보는 무상하다. [무지를 소멸시키며 해탈이라는 그 결과도 영원한] 이 [아뜨만에] 관한 올바른 지식을 증득하는데 베다 성전만이 올바른 인식 수단이라고 전승되고 있다.

(V17.008ab) karmakāryas tv anityaḥ syād avidyākāmakāraṇaḥ |
(V17.008cd) pramāṇaṃ veda evātra jñānasyādhigame smṛtaḥ ǁ

9 그러므로 [현명한 자들은], [베다 성전이] [아뜨만에 관한] 올바른 지식이라는 한 가지 사항만을 핵심 내용으로 삼고 있기 때문에, [베다 성전의] 말씀이 [해탈을 이루기 위한] 유일한 길임을 알고 있다. ["당신이 바로 그것이다", "나는 브라흐만이다" 등과 같은 베다 성전의] 말씀의 의미에 대한 명확한 이해에 따라 [브라흐만과] 아뜨만이 동일한 것임을 알아야 한다.

(V17.009ab) jñānaikārthaparatvāt taṃ vākyam ekaṃ tato viduḥ |
(V17.009cd) ekatvaṃ hy ātmano jñeyaṃ vākyārthapratipattitaḥ ‖

10 ['브라흐만'과 '아뜨만'은 서로 다른 말로 의미도 다르기 때문에 브라흐만과 아뜨만은 서로 별개의 것이라고 비판한다면, 그러한 비판은 옳지 않다. 당신의 말대로라면] 그러한 [두 단어의] 차이는 [두 단어의] 의미의 차이에 근거하는 것이고, [두 단어의] 의미 또한 그 [두 단어]를 [서로 다른 것으로] 듣기 때문에 [서로 별개의 것으로] 잘못 상정되는 것이다. [즉 당신은 순환논법의 오류에 빠진다]. [성전에서] "이 [세상]은 세 가지, 곧 명칭과 형태와 업으로 이루어져 있다"(『브르하드아라니아까 우빠니샤드』 1-6-1)고 선언하고 있기 [때문에, 아뜨만 이외의 다른 실재도 존재한다고 비판한다면, 그러한 비판도 옳지 않다].

11 그 [명칭과 형태와 업] 세 가지는 [아뜨만과는] 서로 별개의 것으로서 잘못 상정되었기 때문에 실재하지 않는 것이다. [신의 이름과 같은] 말을 듣고 [신에 대한 이미지를 떠올려] 그린 그림[에 그려진 신]이 지성과는 다른 곳, 즉 지성의 외부에 [따로 실재하지 않는 것]과 같다.

12 [또한] [그림에서] 보는 [신의] 형상도 [지성을 떠나 따로 실재하는 것은 아니지만] 지성을 통해서 말로 [어떤 신이라고] 잘못 상정하는 것과 같다. 이와 같이 이 [윤회] 세상은 모두 착각을 동반한 지성으로 인해 [실재한다고] 잘못 상정된다.

(V17.010ab) vācyabhedāt tu tadbhedaḥ kalpyo vācyo 'pi tacchruteḥ |
(V17.010cd) trayaṃ tv etat tataḥ proktaṃ rūpaṃ nāma ca karma ca ‖
(V17.011ab) asad etat trayaṃ tasmād anyonyena hi kalpitam |
(V17.011cd) kṛto varṇo yathā śabdāc chruto 'nyatra dhiyā bahiḥ ‖
(V17.012ab) dṛṣṭaṃ cāpi yathā rūpaṃ buddheḥ śabdāya kalpate |
(V17.012cd) evam etaj jagat sarvaṃ bhrāntibuddhivikalpitam ‖

13 그러므로 이 세상은 실재하지 않는다는 것이 이치에 맞다. 순수 존재 (sat)이면서 순수지(純粹知, cit)[인 아뜨만]만이, [그것이 실재한다고 해도] 잘못 상정된 것이 아니다. 그 [아뜨만]만이 [일체만물에 앞서는] 최초의 것이며, 올바르게 아는 자이면서 또한 올바르게 알아야 마땅한 것이다. 그렇지만 [아뜨만 이외의] 다른 것은 [그 모두가], [그것이 실재한다고 하면] 잘못 상정된 것이다.

> (V17.013ab) asad etat tato yuktaṃ saccinmātraṃ na kalpitam |
> (V17.013cd) vedaś cāpi sa evādyo vedyas cānyas tu kalpitaḥ ||

14 꿈속에서 [자신의] 마야(māyā, 幻力)[1]에 따라 [형성된] 일체만물을 인식할 때, 그 수단이 되는 것은 올바르게 아는 자 [곧 아뜨만]이다. [예를 들어] [꿈속에서 색깔이나 형태를] 볼 때 그 수단이 되는 것은 '눈'이라고, [소리를] 들을 때 그 수단이 되는 것은 '귀'라고 말해진다.

15 꿈을 꾸고 있는 사람이 말을 할 때 그 수단이 되는 것은 '말'이라고, 그와 마찬가지로 [냄새를 맡을 때 그 수단이 되는 것은] '코'라고, [맛을 보거나 촉감을 느낄 때, 그리고 무언가를 생각할 때 그 수단이 되는 것은 제각각] '혀', '촉각기관(=몸)', '정신'이라고 말해진다. [여기에서 예로 든 눈, 귀 등의 기관들은 모두 '아뜨만'을 가리키며] 다른 기관도

---

1) 샹까라의 용어법에서 '마야(māyā)'는 일차적으로는, 지고의 브라흐만 또는 아뜨만이 지니고 있는, 환영을 만들어내는 힘을 뜻하고, 이차적으로는 환영을 뜻한다. 샹까라는 마야론의 창시자로, '마야'와 '무지(avidyā)'를 동의어로 사용한다. 샹까라의 마야론에 따르면, 이 세상은 마야가 만들어낸 환영과 같아서 영원한 실재가 아니다. 영원한 실재는 지고의 브라흐만 또는 아뜨만뿐이다. 환영으로서의 세상은 영원한 실재의 관점에서 보면 '있다'고 할 수 없는 것이지만 현상적 관점에서 보면 또한 '있는' 것이기도 하다. 샹까라는 세상의 근원으로 '명칭·형태(nāmarūpa)'를 설정한다. 샹까라에 따르면, 이 명칭·형태는 마야로 이루어지는 것인데, 마야나 명칭·형태는 '존재(sat)'라고도 '비존재(asat)'라고도 할 수 없는 '뭐라 단정지을 수 없는 것(anirvananīya)'이다. 이렇게 볼 때 세상은 곧 환영이고 그것이 곧 아뜨만이라고 하는 베단따 철학의 학설은 마야론을 그 근간으로 하고 있음을 알 수 있다.

마찬가지로 ['아뜨만'을 가리킨다].

(V17.014ab) yena vetti sa vedaḥ syāt svapne sarvaṃ tu māyayā |
(V17.014cd) yena paśyati tac cakṣuḥ śṛṇoti śrotram ucyate ||
(V17.015ab) yena svapnagato vakti sā vāg ghrāṇaṃ tathaiva ca |
(V17.015cd) rasanasparśane caiva manaś cānyat tathendriyam ||

16 똑같은 보석이라도 배경을 무슨 [색깔]로 하느냐에 따라 다른 [색깔]로 보이듯이, 똑같은 지식(순수정신=아뜨만)이라도, 바로 [그 아뜨만에] 부과된 다양한 첨성(添性)으로 인해 [인식 주체, 인식 대상, 인식 수단 등등의] 다양한 질적 차이를 지닌 것으로 나타난다.

(V17.016ab) kalpyopādhibhir evaitad bhinnaṃ jñānam anekadhā |
(V17.016cd) ādhibhedād yathā bhedo maṇer ekasya jāyate ||

17 [꿈속에서와] 마찬가지로 깨어 있을 때에도 [일반 사람들은] 이 지식(순수정신=아뜨만)에 다양한 질적 차이가 있다고 잘못 상정한다. [깨어 있을 때의 아뜨만은] [아뜨만에 대한] 착각으로 인해서 갈애(渴愛)에 연유하는 행위에 얽혀 있을 때, 지성 안에 자리 잡은 대상을 [외부에 실재하는 것처럼] 전개시킨다.[2]

(V17.017ab) jāgrataś ca tathā bhedo jñānasyāsya vikalpitaḥ |
(V17.017cd) buddhisthaṃ vyākaroty arthaṃ bhrāntyā tṛṣṇodbhavakriyaḥ ||

18 꿈속에서 내적인 [인식기관]이나 외적인 [인식 대상]이 [실제로는 아뜨만을 떠나 따로 실재하는 것은 아니지만] [그것들을 실재한다고 보는 것이 그 두 가지를] 서로 별개의 것으로 보는 이해에서 연유한 것이

---

2) 『가우다빠다 까리까』 2-13 참조.

듯이, 깨어 있을 때 [실재한다고 보는 내적인 것이나 외적인 것도] 그와
마찬가지이다.[3] 쓰기와 독송이 [지성의 입장에서 보면 서로 별개의 것
으로 보이지만 실제로는 그 둘 다 '소리'를 떠나 따로 실재하는 것이 아
닌 것과] 같다.

> (V17.018ab) svapne yadvat prabodhe ca bahiś cāntas tathaiva ca |
> (V17.018cd) ālekhyādhyayane yadvat tad anyonyadhiyodbhavam ‖

19 이 [깨어 있을 때의 아뜨만]이 [외적인 또는 내적인] 다양한 질적
차이를 [착각으로 인해] 잘못 상정할 때 [곧 전개시킬 때], 그 [다양한
질적 차이]를 갖고자 하는 욕구가 생기고, 그에 따라 [그 다양한 질적
차이를 획득하려는] 결심이 생긴다. 어떤 것을 갖고자 하는 욕구가 있
으면 그것을 획득하고자 하는 결심이 생기고, 그런 연후에 행한 [업]은
그 [과보]를 받는다.

> (V17.019ab) yadāyaṃ kalpayed bhedaṃ tatkāmaḥ san yathākratuḥ |
> (V17.019cd) yatkāmas tatkratur bhūtvā kṛtaṃ yat tat prapadyate ‖

20 모든 것이 무지에서 생겨난다. 그러므로 이 세상은 실재하지 않는
것이다. 무지를 지닌 자는 [꿈속에서 또는 깨어 있을 때] [이 세상을]
지각하지만, [꿈도 없는] 숙면 상태에서는 [이 세상을] 지각하지 못하
기 때문이다.

> (V17.020ab) avidyāprabhavaṃ sarvam asat tasmād idaṃ jagat |
> (V17.020cd) tadvatā dṛśyate yasmāt suṣupte na ca gṛhyate ‖

21 올바른 지식은 [브라흐만과 아뜨만을] 동일한 것으로 보는 이해이

---

3) 『가우다빠다 까리까』 2-19; 2-20 참조.

며, 무지는 [브라흐만과 아뜨만을] 별개의 것으로 보는 이해라고, 성전에서는 명확하게 말하고 있다. 그러므로 우리들의 논서(論書)에서[도] 온갖 노력을 다해 올바른 지식을 개진하고 있는 것이다.

(V17.021ab) vidyāvidye śrutiprokte ekatvānyadhiyau hi naḥ |
(V17.021cd) tasmāt sarvaprayatnena śāstre vidyā vidhīyate ‖

22 마음이 명경(明鏡)과 같이 청정해질 때 올바른 지식이 빛난다. 그러므로 [거짓말을 하지 말 것, 훔치지 말 것, 살생하지 말 것, 사음(邪淫)하지 말 것, 선물을 받지 말 것 등의] 도덕적 규제(yama), [내적 또는 외적으로 청정할 것, 소욕지족(少欲知足), 베다 학습, 신에 관한 명상 등의] 항상 지켜야 할 [규정(niyama)], [각자의 카스트에 따른] 제식(祭式), 고행(苦行)에 의해서 그 [마음]을 청정하게끔 [유지해야 한다].

(V17.022ab) citte hy ādarśavad yasmāc chuddhe vidyā prakāśate |
(V17.022cd) yamair nityaiś ca yajñaiś ca tapobhis tasya śodhanam ‖

23 몸, [말, 뜻] 등에 관계된 최상의 고행을, 그것들을 청정하게 하기 위해서, 행해야 한다. [예를 들어] 정신 등을 [하나의 대상에] 집중하는 것, 그때 그때[의 계절]에 맞춰 몸을 여위게 하는 것[과 같은 고행이 있다].4)

(V17.023ab) śārīrāditapaḥ kuryāt tadviśuddhyartham uttamam |
(V17.023cd) manaādisamādhānaṃ tattaddehaviśoṣaṇam ‖

24 지각하고 있을 때가 깨어 있는 상태이고, 바로 그 지각한 것을 떠올리고 있는 때가 꿈꾸고 있는 상태이며, 그 [지각과 기억 양자]가 없는

---

4)『바가와드 기따』17-14~17 참조.

때가 숙면 상태임을 알아야 한다. 그리고 자기 자신의 아뜨만이 지고의 의지처, [곧 브라흐만]임을 알아야 한다.

(V17.024ab) dr̥ṣṭaṃ jāgaritaṃ vidyāt smr̥taṃ svapnaṃ tad eva tu |
(V17.024cd) suṣuptaṃ tadabhāvaṃ ca svam ātmānaṃ paraṃ padam ‖

25 무지[야말로] ‘숙면 상태’라고 불리는 암흑으로, [이는] 수면 상태와 각성 상태의 씨앗이다. 자기 자신의 아뜨만에 대한 깨달음으로 인해서 [무지가] 완전히 타버리면, 불에 타버린 씨앗이 [더 이상 싹을 틔울 능력이] 없듯이, [더 이상 무지로 인한 결과를 산출할 힘이 없다].

(V17.025ab) suṣuptākhyaṃ tamo 'jñānaṃ bījaṃ svapnaprabodhayoḥ |
(V17.025cd) svātmabodhapradagdhaṃ syād bījaṃ dagdhaṃ yathābhavam ‖

26 바로 그 [무지] 곧 ‘마야’라는 씨앗은 하나이지만 되풀이해서 차례대로 [숙면 상태, 수면 상태, 각성 상태라는] 세 가지 상태로 전개됨을 알아야 한다. 환력을 지닌 아뜨만은 유일자(唯一者)이고 불변(不變)이지만 수면에 비친 달처럼 다종다양하게 나타난다.

(V17.026ab) tad evaikaṃ tridhā jñeyaṃ māyābījaṃ punaḥ kramāt |
(V17.026cd) māyāvy ātmāvikāro 'pi bahudhaiko jalārkavat ‖

27 [‘마야’라는] 하나의 씨앗이 생기(生氣) 상태(prāṇa=숙면 상태)[5]와 수면 상태에 따라 서로 다른 질적 차이를 갖고 있는 것으로 [전개]되듯이, 그와 마찬가지로 아뜨만도 수면에 비친 달처럼 꿈속의 몸과 각성시의 몸에서 [서로 다른 질적 차이를 지닌 것으로 나타난다].

---

5) 베단따 철학에서 ‘prāṇa’는 다른 말로 ‘hiraṇyagarbha(金藏, 金胎)’로 표현된다. 다양한 현 상태로 전개되기 이전의 생명력을 가리킨다. 여기서는 숙면 상태와 대응시키기 위해 ‘생기 상태 / 미전개 상태’로 번역하겠다.

(V17.027ab) bījaṃ caikaṃ yathā bhinnaṃ prāṇasvapnādibhis tathā |
(V17.027cd) svapnajāgraccharīeṣu tadvac cātmā jalenduvat ‖

28 어떤 한 마술사가 환력으로 만든 코끼리를 타고 왔다 갔다 하듯이, 그와 마찬가지로 아뜨만은 [자기 자신은] 움직이지 않지만 미전개 상태(=숙면 상태)와 수면 상태 등을 겪는 [것처럼 보인다].

(V17.028ab) māyāhastinam āruhya māyāvy eko yathā vrajet |
(V17.028cd) āgacchaṃs tadvad evātmā prāṇasvapnādigo 'calaḥ ‖

29 [환력으로 만든] 코끼리도 그 [코끼리에] 타고 있는 사람도 [모두 환영이기 때문에 실재하는 것은] 아니지만 [그 환영과는] 별개의 마술사가 [실재로서] 서 있듯이, 미전개 상태나 그 [미전개 상태]를 지각하는 자도 모두 [실재하는 것은] 아니지만 [그것과는] 별개의 아는 자 곧 보는 자(=순수정신, 아뜨만)는 언제나 [실재로서] 존재한다.

(V17.029ab) na hastī na tadārūḍho māyāvy anyo yathā sthitaḥ |
(V17.029cd) na prāṇādi na taddraṣṭā tathā jño 'nyaḥ sadā dṛśiḥ |

30 눈 밝은 사람에게도 또는 마술사에게도 환영은 실재하는 것이 아니다. 환영이 보이는 것은 오직 눈이 어두운 사람에게만 가능한 일이다. 이 때문에 마술사가 아닌 사람[에게]만 [환영이] 실재하는 [것처럼 보일] 것이다.

(V17.030ab) abaddhacakṣuṣo nāsti māyā māyāvino 'pi vā |
(V17.030cd) baddhākṣasyaiva sā māyāmāyāvy eva tato bhavet ‖

31 그 [아뜨만]은 직접적으로만 인식할 수 있다. "아뜨만은 직접적으로 [경험되며] ……"(『브르하드아라니야까 우빠니샤드』 3-4-1; 3-5-1), "[고귀한

아뜨만과 저급한 아뜨만을 식별해낼 때] 심장의 매듭이 [모두] 풀어진
다”(『문다까 우빠니샤드』 2-2-8), “만약 [이성에서 아뜨만을 아는 일이] 없다
면”(『께나 우빠니샤드』 1-5) 등등 성전에서 말하고 있기 때문이다.

> (V17.031ab) sākṣād eva sa vijñeyaḥ sākṣād ātmeti ca śruteḥ |
> (V17.031cd) bhidyate hṛdayagranthir na ced ityāditaḥ śruteḥ ||

32 이 [아뜨만]은 소리 등[과 같은 인식 대상]이 아니기 때문에 인식
기관을 통해 파악할 수 없고, 그와 마찬가지로 즐거움 등[의 내적 경험]
과도 별개의 것인데, 어떻게 지성을 통해 [파악할 수] 있겠는가?
33 [인도 신화에 등장하는 악마] 라후6)를 [평소에] 직접 볼 수 있지는
않지만 [일식이나 월식 때] 달 가운데 [또는 해 안에] 있음을 볼 수 있
듯이, 또한 [달의] 영상이 물에 비치는 것을 볼 수 있듯이, 그와 똑같이
아뜨만은 세상 만물에 두루 편재해 있지만 지성 안에서만 파악된다.

> (V17.032ab) aśabdāditvato nāsya grahaṇaṃ cendriyair bhavet |
> (V17.032cd) sukhādibhyas tathānyatvād buddhyā vāpi kathaṃ bhavet ||
> (V17.033ab) adṛśyo 'pi yathā rāhuś candre bimbaṃ yathāmbhasi |
> (V17.033cd) sarvago 'pi tathaivātmā buddhāv eva sa gṛhyate ||

34 태양의 영상과 열은 물에서 지각할 수는 있지만 물에 속한 것이 아
니듯이, 그와 똑같이 [아뜨만은] 지성 안에서 인식되기는 하지만 그 [지
성]의 속성이 아니다. [아뜨만과 지성의 속성은] 서로 모순되기 때문이다.

> (V17.034ab) bhānor bimbaṃ yathā cauṣṇyaṃ jale dṛṣṭaṃ na cāmbhasaḥ |
> (V17.034cd) buddhau bodho na taddharmas tathaiva syād vidharmataḥ ||

---

6) ‘라후’는 인도 신화에 등장하는 daitya, 즉 악마 가운데 하나이다. 해를 먹어 일식을 일
으키고 달을 먹어 월식을 일으킨다고 한다. 일식이나 월식 때 해나 달에 드리우는 그늘
을 통해서 라후의 존재를 알 수 있다고 한다. 제18장 40번째 게송과 연계해서 볼 것.

35 아뜨만은, 눈 [등의 인식기관]과 결부된 지성의 활동을 [남김없이] 보고 있기 때문에, '사라짐 없이 지각하는 자'이며, [지성이] 보는 것을 보는 자, [지성이] 듣는 것을 듣는 자이다. 성전에서는 그렇게 말하고 있다(『브르하드아라니야까 우빠니샤드』 3-4-2).

36 정신의 [외계의 대상을 떠난] 독존적(獨存的)인 활동을 [남김없이] 보고 있기 때문에, 불생자(不生者; aja=아뜨만)는 [정신이] 생각하는 것을 생각하는 자이다. [또한 아뜨만은] 그 인식 능력이 고갈되는 일이 없기 때문에 '인식하는 자'이다. 그러므로 "왜냐하면 [보는 자가 보는 것은 사라져 없어지는 일이] 없기 때문이다"(『브르하드아라니야까 우빠니샤드』 4-3-23~30)라는 논서(=성전)의 말씀이 있다.

(V17.035ab) cakṣuryuktā dhiyo vṛttir yā tāṃ paśyann aluptadṛk |
(V17.035cd) dṛṣṭer draṣṭā bhaved ātmā śruteḥ śrotā tathā śruteḥ ‖
(V17.036ab) kevalāṃ manaso vṛttiṃ paśyan mantā mater ajaḥ |
(V17.036cd) vijñātāluptaśaktitvāt tathā śāstraṃ na hīty ataḥ ‖

37 "[아뜨만은] 명상에 잠겨 있는 것처럼 [보인다]"(『브르하드아라니야까 우빠니샤드』 4-3-7), 마찬가지로 "[아뜨만은] 움직이고 있는 것처럼 [보인다]"(『브르하드아라니야까 우빠니샤드』 4-3-7)라고 [성전에서 말하고 있듯이] [아뜨만은] 불변자(不變者)이다. "여기서는 도둑[도 도둑이 아니다]"(『브르하드아라니야까 우빠니샤드』 4-3-22), 마찬가지로 "[선도 악도] 따라붙는 일이 없다"(『브르하드아라니야까 우빠니샤드』 4-3-22)라고 성전에서 말하고 있듯이 [아뜨만은] 청정자(淸淨者)이다.

(V17.037ab) dhyāyatīty avikāritvaṃ tathā lelāyatīty api |
(V17.037cd) atra steneti śuddhatvaṃ tathānanvāgataṃ śruteḥ ‖

38 [아뜨만은] 불변자로서 그 [인식] 능력이 사라져 없어지는 일이 없

기 때문에, [아뜨만은] 각성 상태뿐만 아니라 숙면 상태에서도 아는 자
(jña)이다. "[그것이] 있는 곳에"(『브르하드아라니야까 우빠니샤드』 4-5-15)라는
성전의 말씀이 있듯이, 차별은 오직 인식 대상에만 국한된 일로 [아뜨
만에는 차별이 없다].

(V17.038ab) śaktyalopāt suṣupte jñas tathā bodhe 'vikārataḥ |
(V17.038cd) jñeyasyaiva viśeṣas tu yatra veti śruter mataḥ ‖

39 전승서에 따르면, 아뜨만이 아닌 것 [곧 눈, 귀와 같은 인식기관에
근거를 둔 색깔, 소리 등의 인식 대상]에 관한 세간적 인식은 [시간, 장
소 등에 의해] 제약받기 때문에 간접적으로 이루어지지만, 브라흐만에
관한 [출세간적] 인식은 [그러한 인식 자체가] 아뜨만 자신의 본질이기
때문에 직접적으로 이루어진다.[7]

(V17.039ab) vyavadhānād dhi pārokṣyaṃ lokadṛṣṭer anātmanaḥ |
(V17.039cd) dṛṣṭer ātmasvarūpatvāt pratyakṣaṃ brahma tat smṛtam ‖

40 등불이 [자기 자신을] 비추는데 또 다른 별개의 등불을 필요로 하
지 않듯이 [아뜨만도 자기 자신을 인식하는 데 있어서] 인식 [자체]가
아뜨만 자신의 본질이기 때문에 [아뜨만 이외에] 별개의 인식을 필요로
하지 않는다.

(V17.040ab) na hi dīpāntarāpekṣā yadvad dīpaprakāśane |
(V17.040cd) bodhasyātmasvarūpatvān na bodho 'nyas tatheṣyate ‖

41 [아뜨만이] 인식 대상이라든지 변화하는 것이라든지 또는 다종다양
한 것이라든지 하는 말은 인정할 수 없다. 그러므로 아뜨만은 [스스로]

취하거나 버릴 수 있는 것이 아니다. 또는 [아뜨만 이외에 실재하는 것은 없기 때문에, 아뜨만 이외에] 다른 자가 [취하거나 버릴 수 있는 것도] 아니다.

(V17.041ab) viṣayatvaṃ vikāritvaṃ nānātvaṃ vā na hīṣyate |
(V17.041cd) na heyo nāpy upādeya ātmā nānyena vā tataḥ ‖

42 [아뜨만은] 안팎을 겸비하고 있고 쇠약해지는 일이 없으며 태어나고 늙고 죽고 하는 일을 떠나 있다. 내가 [그러한] 아뜨만임을 아는 사람이 도대체 무엇을 두려워하겠는가?

(V17.042ab) sabāhyābhyantaro 'jīrṇo janmamṛtyujarātigaḥ |
(V17.042cd) aham ātmeti yo vetti kuto nv eva bibheti saḥ ‖

43 [베다의 말씀에 따른] 업은 [베다 성전에서] 이 [아뜨만]에 관해서 제시하기 이전에나 [필요한 것]이고, [바라문, 크샤뜨리야와 같은] 어떤 카스트에 속한다든지 하는 [관념]을 배제하기 이전에나 [필요한 것]이다. [또한 업은] "크지도 않고 [미세하지도 않으며]"(『브르하드아라니야까 우빠니샤드』 3-8-8) 등의 성전 [말씀]에 의거해서 "[그는 아뜨만이다]. 너는 바로 그이다"(『찬도기야 우빠니샤드』 6-8-7)라는 확정[적 지식]이 생기기 이전에나 [필요한 것이다].

(V17.043ab) prāg evaitadvidheḥ karma varṇitvāder apohanāt |
(V17.043cd) tad asthūlādiśāstrebhyas tat tvam eveti niścayāt ‖

44 이전의 몸을 버릴 때 카스트 등도 [같이] 없어지기 때문에 카스트 등은 몸에 속한 것이지 [아뜨만에 속한 것이 아니다]. 마찬가지로 [소멸하는] 몸도 아뜨만이 아니다.

(V17.044ab) pūrvadehaparityāge jātyādīnāṃ prahāṇataḥ |
(V17.044cd) dehasyaiva tu jātyādis tasyāpy evaṃ hy anātmatā ‖

45 그러므로 몸 등과 같이 아뜨만이 아닌 것에 대해서 '내 것'이라든지 '나'라고 하는 것은 무지[의 소치]이다. "아수라(asura : 신에 저항하는 자)의 [교설]이다"(『찬도기야 우빠니샤드』 8-8-5)라는 성전의 말씀이 있듯이, [그러한 무지는] 아뜨만에 관한 올바른 지식을 익힘으로써 없애야 할 것이다.

(V17.045ab) mamāhaṃ cety ato 'vidyā śarīrādiṣv anātmasu |
(V17.045cd) ātmajñānena heyā syād asurāṇām iti śruteḥ ‖

46 출가유행의 단계에 들어섰을 때는 [어린애가 태어났을 때나 친척이 죽었을 때] 10일 간 부정(不淨)을 관(觀)하는 의식을 더 이상 거행하지 않듯이, 그와 마찬가지로 [아뜨만에 관한] 올바른 지식이 완전하게 갖추어져 있을 때는 카스트 등에 근거한 갖가지 업은 [더 이상 행하지 않아도 된다].

(V17.046ab) daśāhāśaucakāryāṇāṃ pārivrājye nivartanam |
(V17.046cd) yathā jñānasya saṃprāptau tadvaj jātyādikarmaṇām ‖

47 [아뜨만에 관한 올바른 지식이 없이 현상계의 다양한 질적 차이만을 인정하는] 무지한 자의 경우에, [그 다양한 질적 차이를] 갖고자 하는 욕구가 있으면 그것을 획득하고자 하는 결심이 생기고, 그런 연후에 행한 [업]은 그 [과보]를 받는다. [그러한 다양한 질적 차이를 갖고자 하는] 욕구에서 해방될 때, 바로 그때 자기 자신의 아뜨만을 보는 자는 불사(不死=브라흐만)가 된다.

(V17.047ab) yatkāmas tatkratur bhūtvā kṛtaṃ tv ajñaḥ prapadyate |
(V17.047cd) yadā svātmadṛśaḥ kāmāḥ pramucyante 'mṛtas tadā ‖

48 아뜨만의 본성에 관한 [베다 성전의] 규정의 결과로서, [선악의] 갖가지 행위는 소멸한다. 아뜨만은 수단도 목적도 아니다. 성전의 말씀에 의하면 [아뜨만은] "영원히 자족하는 자"(『바가와드기따』 4-20)이다.

(V17.048ab) ātmarūpavidheḥ kāryaṃ kriyādibhyo nivartanam |
(V17.048cd) na sādhyaṃ sādhanaṃ vātmā nityatṛptaḥ śruter mataḥ ‖

49 생겨나고 얻고 변화하고 정화하는 것이 행위의 결과이다. 이 이외에 다른 결과는 행위에는 존재하지 않는다. 그러므로 [아뜨만에 관한 올바른 지식을 익힌 자는] [일체의 행위를] 그 수단과 함께 버려야 한다.

(V17.049ab) utpādyāpyavikāryāṇi saṃskāryam ca kriyāphalam |
(V17.049cd) nāto 'nyat karmaṇaḥ kāryaṃ tyajet tasmāt sasādhanam ‖

50 [외적인 대상은] 결국 고통을 안겨줄 뿐이고 무상하고 아뜨만에 봉사하는 것이기 때문에, 진리를 구하는 자는 외적인 대상을 향한 애착을 아뜨만으로 돌린 뒤 스승에게 의지해야 한다.

51 [스승이란] 길상(吉祥)하고 지혜로운 이이며, 해탈한 이이고 [베다 성전의 규정과 같은] 행위를 벗어난 이이며, 브라흐만에 안주해 있는 이이다. [그러한 스승에 의지해야 한다]. "[이 세상에서] 스승을 모시고 있는 자는 안다"(『찬도기야 우빠니샤드』 6-14-2)라는 성전 말씀과 "[존경하는 마음을 갖고, 질문을 통해서, 스승에게 봉사함으로써] 그것을 알아라"(『바가와드기따』 4-34)라는 전승서의 말씀도 있기 때문이다.

(V17.050ab) tāpāntatvād anityatvād ātmārthatvāc ca yā bahiḥ |
(V17.050cd) saṃhṛtyātmani tāṃ prītiṃ satyārthī gurum āśrayet ‖
(V17.051ab) śāntaṃ prājñaṃ tathā muktaṃ niṣkriyaṃ brahmaṇi sthitam |
(V17.051cd) śruter ācāryavān veda tad viddhīti smṛtes tathā ‖

52 제자로서의 자질을 갖춘 적합한 인물일 때, 그 스승은 제자를 브라흐만에 관한 올바른 지식의 배에 태워 신속하게 [제자] 자신의 내면에 깃든 암흑의 대해를 건너게 해야 한다.

(V17.052ab) sa gurus tārayed yuktaṃ śiṣyaṃ śiṣyaguṇānvitam |
(V17.052cd) brahmavidyāplavenāśu svāntadhvāntamahodadhim ||

53 보고 듣고 냄새 맡고 감촉을 느끼그 생각하고 인식하는 능력, 그리고 그 이외의 능력들은 본성상 순수정신이기는 하지만 첨성(添性)에 따라 서로 구별된다.

(V17.053ab) dṛṣṭiḥ spṛṣṭiḥ śrutir ghrātir matir vijñātir eva ca |
(V17.053cd) śaktayo 'nyāś ca bhidyante cidrūpatve 'py upādhibhiḥ ||

54 태양이 소멸하는 일도 자라는 일도 없이 항상 [만물을] 비추듯이, [아뜨만은] 일체만물에 편재하는 자이고 일체만물을 보는 자이며, 청정하고 언제나 모든 것을 아는 자이다.

(V17.054ab) apāyodbhūtihīnābhir nityaṃ dīpyan ravir yathā |
(V17.054cd) sarvagaḥ sarvadṛk śuddhaḥ sarvaṃ jānāti sarvadā ||

55 [사람들은] 무지로 인해서 [아뜨만을 아뜨만 이외의] 다른 것으로 본다. 곧 [아뜨만은] [조야하거나 미세한] 몸에 깃들어 있는 것처럼 보이거나 몸과 같은 크기로 보이거나, 수면에 어린 달과 같이 몸에 관계된 뭇 속성을 지니고 있는 것처럼 보인다.

(V17.055ab) anyadṛṣṭiḥ śarīrasthas tāvanmātro hy avidyayā |
(V17.055cd) jalendvādyupamābhis tu taddharmā ca vibhāvyate ||

56 길 없는 길(=祖道나 神道가 아닌 올바른 지식의 길)8)을 가는 사람은 [각성 상태에서] 외부의 사물을 보고는 눈을 감고 [수면 상태에 들어가] 그것을 상기하고, 그리고 [숙면 상태에 들어가] 그것을 버리고는 마침내 눈을 떠서 아뜨만을 지각하여 브라흐만에 도달한다.

(V17.056ab) dṛṣṭvā bāhyaṃ nimīlyātha smṛtvā tat pravihāya ca |
(V17.056cd) athonmīlyātmano dṛṣṭiṃ brahma prāpnoty anadhvagaḥ ‖

57 이와 같이 생기 상태(=숙면 상태) 등 세 가지 상태를 버리고 나서 무지의 대해를 건널 수 있다. 왜냐하면 [바로] 그러한 사람만이 자기 자신의 아뜨만에 안주하는 자이고 [온갖 언어적] 규정이 통용되지 않는 자이며 청정한 자이고 깨달은 자이며, 스스로 해탈한 자이기 때문이다.

(V17.057ab) prāṇādy evaṃ trikaṃ hitvā tīrṇo 'jñānamahodadhim |
(V17.057cd) svātmastho nirguṇaḥ śuddho buddho muktaḥ svato hi saḥ ‖

58 나는 태어나는 일이 없고 소멸하는 일이 없으며, 죽는 일이 없고 늙는 일이 없으며, 두려울 일이 없으며, 일체지자이고 일체만물을 보는 자이며, 청정하다고 깨달은 자는 [다시] 태어나는 일이 없다.

(V17.058ab) ajo 'haṃ cāmaro 'mṛtyur ajaro 'bhaya eva ca |
(V17.058cd) sarvajñaḥ sarvadṛk śuddha iti buddho na jāyate ‖

59 [아뜨만이] 브라흐만과 동일한 것임을 아는 자에게는, 앞에서 말한 암흑(=무지)의 씨앗은 [더 이상] '존재하지 않는다'라는 확정적 인식이 있다. 그 [무지의 씨앗이] 존재하지 않는데 어떻게 [또 다시] 태어남이

---

8) '祖道'는 제식을 중시하는 길이고, '神道'는 신앙을 중시하는 길이다. Cf. 『브르하드 아라니야까 우빠니샤드』 6-2-15; 『바가와드 기따』 8-24.

있겠는가?

(V17.059ab) pūrvoktaṃ yat tamobījaṃ tan nāstīti viniścayaḥ |
(V17.059cd) tadabhāve kuto janma brahmaikatvaṃ vijānataḥ ||

60 우유에서 요구르트를 추출해낸 뒤 그 [우유] 속에 [다시 요구르트를] 넣어도 이전 상태로 돌아가는 일이 없듯이, 아는 자(=아뜨만)도 그와 마찬가지로, 지성 등 실재하지 않는 것으로부터 [아뜨만을 분리한 뒤에는] 이전 상태와 같이 [또 다시] '몸을 지닌 [아뜨만]' [상태로] 되돌아가는 일은 없다.

(V17.060ab) kṣīrāt sarpir yathoddhṛtya kṣiptaṃ tasmin na pūrvavat |
(V17.060cd) buddhyāder jñas tathāsatyān na dehī pūrvavad bhavet ||

61 실재이고 올바른 지식이며 무한자(無限者)인 [브라흐만이 곧 아뜨만]이라는 것, [아뜨만은] 음식[, 생기(生氣), 정신, 지성, 환희] 등으로 이루어진 다섯 가지 [유형의 덮개]를 초월해 있다는 것,[9] 성전 말씀에 "눈에 보이지 않는 것 운운"(『따잇띠리야 우빠니샤드』 2-7)이라고 나와 있는 [브라흐만이 곧 아뜨만]이라는 것, [다시 말해서] "내가 곧 브라흐만"이라는 것을 아는 사람은 [더 이상] 두려워할 것이 없다.

(V17.061ab) satyaṃ jñānam anantaṃ ca rasādeḥ pañcakāt param |
(V17.061cd) syām adṛśyādiśāstroktam ahaṃ brahmeti nirbhayaḥ ||

62 말도 정신도 그리고 불 등도 아뜨만을 두려워하며 활동하기 때문에,[10] 그 '아뜨만의 환희'라는 진상을 아는 자는 그 무엇도 두려워하지 않는다.

---

9) 『따잇띠리야 우빠니샤드』 2-1~5 참조.
10) 『따잇띠리야 우빠니샤드』 2-8 참조.

(V17.062ab) yasmād bhītāḥ pravartante vāṅmanaḥpāvakādayaḥ |
(V17.062cd) tadātmānandatattvajño na bibheti kutaścana ||

63 이름 [말, 정신] 등을 초월해 있고 무한자이며 불이(不二)인 '독립왕
국'에 머무른다면, 그러한 아뜨만을 알고 있는 자가 도대체 그 누구에게
의지할 필요가 있겠는가? 그때 [베다 성전에서 규정한] 업은 [아뜨만을
알고 있는 자에게는] 아무런 소용도 없다.

(V17.063ab) nāmādibhyaḥ pare bhūmni svārājye cet sthito 'dvaye |
(V17.063cd) praṇamet kaṁ tadātmajño na kāryaṁ karmaṇā tadā ||

64 외적 대상에 향해 있을 때 [곧 각성 상태에 있을 때, 아뜨만은] '위
라드' 또는 '와이쉬와나라'라고 불린다. 내적으로 [그 대상들을] 상기하
고 있을 때 [곧 수면 상태에 있을 때, 아뜨만은] '쁘라자빠띠'라고 불린
다. 일체의 대상[의 차별]이 전부 소멸할 때 [곧 숙면 상태에 있을 때,
아뜨만은] '쁘라즈냐(지혜로운 자)' 또는 '아위야끄르따(未展開者)'라고 불
린다.11)

65 그렇지만 숙면 상태 등의 세 가지 상태는 단지 언표(言表)로서만 존
재하는 것에 지나지 않기 때문에 실재하지 않는다. "나는 실재[인 브라
흐만]이고 아는 자이다"라고, 이와 같이 [자기 자신을 아는] '진실의 구
현자'는 해탈한다(『찬도기야 우빠니샤드』 6-16-1~3).

(V17.064ab) virāḍ vaiśvānaro bāhyaḥ smarann antaḥ prajāpatiḥ |
(V17.064cd) pravilīne tu sarvasmin prājño 'vyākṛtam ucyate ||
(V17.065ab) vācārambhaṇamātratvāt suṣuptāditrikaṁ tv asat |
(V17.065cd) satyo jñaś cāham ity evaṁ satyasandho vimucyate ||

---

11) 『만두끼야 우빠니샤드』 3-7 참조

66 태양은 본성상 빛이기 때문에 태양에는 낮이니 밤이니 하는 [차별]이 존재하지 않는다. 그와 마찬가지로 [아뜨만은] 본성상 순수정신이고 차별이 없기 때문에 아뜨만에는 지식이니 무지니 하는 [차별]은 존재할 리가 없다.

(V17.066ab) bhārūpatvād yathā bhānor nāhorātre tathaiva tu |
(V17.066cd) jñānājñāne na me syātāṃ cidrūpatvāviśeṣataḥ ‖

67 성전에 관해서는 의심의 여지가 추호도 없기 때문에 언제나 "아뜨만은 곧 브라흐만이다", 아뜨만이 곧 브라흐만이기 때문에 "[아뜨만은] 버리거나 취할 수 있는 대상이 아니다"라고 똑똑히 기억해야 한다.

(V17.067ab) śāstrasyānatiśaṅkyatvād brahmaiva syām ahaṃ sadā |
(V17.067cd) brahmaṇo me na heyaṃ syād grāhyaṃ veti ca saṃsmaret ‖

68 아뜨만만이 일체만물 가운데 존재하는 유일자(唯一者)이며, 일체만물은 아뜨만 안에 있으니 마치 허공이 그런 것과 같다. 이와 같은 보는 사람은 [또 다시 이 세상에] 태어나는 일이 없다.

(V17.068ab) aham eva ca bhūteṣu sarveṣv eko nabho yathā ‖
(V17.068cd) mayi sarvāṇi bhūtāni paśyann evaṃ na jāyate ‖

69 "안팎이 없다"(『브르하드아라니아까 우빠니샤드』 2-5-19)라는 성전 말씀이 있기 때문에, [일체만물의] 안이든 밖이든 가운데이든 그 어느 곳에도 자기 자신의 아뜨만 이외의 것은 그 어떠한 것도 존재하지 않는다. 그러므로 [아뜨만은] 청정한 자이고 스스로 빛나는 자이다.

(V17.069ab) na bāhyaṃ madhyato vāntar vidyate ′nyat svataḥ kvacit |
(V17.069cd) abāhyāntaḥśruteḥ kiṃcit tasmāc chuddhaḥ svayaṃprabhaḥ ‖

70 "[아뜨만은] 이것도 아니고 저것도 아니다"(『브르하드아라니야까 우빠니샤드』 2-3-6)라는 성전 말씀도 있듯이, [아뜨만은] 희론적멸(戲論寂滅)이며 불이(不二)이다(『만두끼야 까리까』 2-35). [아뜨만에 관해서] 결코 이와 다른 식으로 알아서는 안 된다. "[아뜨만은] 남에게 알려지는 일이 없으며 [스스로 아는 자]이다"(『브르하드아라니야까 우빠니샤드』 3-8-11)라는 성전 말씀도 있기 때문이다.

(V17.070ab) netinetyādiśāstrebhyaḥ prapañcopaśamo 'dvayaḥ |
(V17.070cd) avijñātādiśāstrāc ca naiva jñeyo hy ato 'nyathā ‖

71 "바로 내가 일체 만물의 아뜨만이다"라고 지고의 브라흐만을 안다면, 그는 [이미] 일체 만물의 아뜨만이다. 왜냐하면 "[그는] 이들(=일체 만물)의 아뜨만이다"라는 성전 말씀이 있기 때문이다.

(V17.071ab) sarvasyātmāham eveti brahma ced viditaṃ param |
(V17.071cd) sa ātmā sarvabhūtānām ātmā hy eṣām iti śruteḥ ‖

72 만약에 어떤 사람이 지고의 아뜨만을 또는 신을 자기 자신의 아뜨만으로 명확하게 인식한다면, 그 사람은 신에게 숭배받을 것이고 '신들의 가축' 상태에서 벗어날 것이다.[12]

(V17.072ab) jīvaś cet param ātmānaṃ svātmānaṃ devam añjasā |
(V17.072cd) devopāsyaḥ sa devānāṃ paśutvāc ca nivartate ‖

73 실재하지 않는 [그 모든] 것을 버린 사람은 "바로 내가 실재하는 아뜨만, 순수정신이다. [아뜨만 이외에] 다른 것은 빈 공간과 같이 [그 어떠한 것도] 존재하지 않는다"라고 진리로 뒤덮여 있기 때문에(『찬도기

---

12) 『브르하드아라니야까 우빠니샤드』 1-4-10 참조.

야 우빠니샤드』 6-16-1~3) [또 다시 윤회 세상에] 속박당하는 일이 없다.

(V17.073ab) aham eva sadātmajñaḥ śūnyas tv anyair yathāmbaram |
(V17.073cd) ity evaṃ satyasaṃdhatvād asaddhātā na badhyate ||

74 지고의 브라흐만을 [아뜨만과 동일한 것으로 알지 못하고] 이와 다른 식으로 알고 있는 사람은 가여운 자들이다. [지고의 브라흐만과 아뜨만을] 별개가 아니라고 보는 자, 자기 자신[의 아뜨만]에 머무르는 자, 그는 스스로를 다스리는 자이며, 신들도 그의 지배를 받는다(『따잇띠리야 아라니야까』 3-13-2).

(V17.074ab) kṛpaṇās te 'nyathaivāto vidur brahma paraṃ hi ye |
(V17.074cd) svarāḍ yo 'nanyadṛk svasthas tasya devā asan vaśe ||

75 카스트 등의 [뭇 사회적] 관계와 [성음(聖音) ‘옴’ 이외의] 다른 [아뜨만과 관계없는] 말을 업과 함께 버리고 난 뒤, ‘옴’하고 말하면13) [곧 아뜨만을 향해 정신을 집중하면] 당신은 일체만물이면서 청정한 자인 자기 자신의 아뜨만에 도달한다.

76 [곧] 일체의 사회적 질서를 보호해주는 방파제 노릇을 하며, 밤낮[과 같은 시간]에 구애됨이 없고 옆, 위, 아래[와 같은 위치]에 [구애됨이 없는] 일체만물이며, 영원한 [지혜의] 빛이며, 병[과 같은 불행]이 없는 [곧 평안(平安)한] [아뜨만에 도달한다].

(V17.075ab) hitvā jātyādisambandhaṃ vāco 'nyāḥ saha karmabhiḥ |
(V17.075cd) om ity evaṃ svam ātmānaṃ sarvaṃ śuddhaṃ prapadyatha ||
(V17.076ab) setuṃ sarvavyavasthānām ahorātrādivarjitam |
(V17.076cd) tiryag ūrdhvam adhaḥ sarvaṃ sakṛjjyotir anāmayam ||

---

13) 성음(聖音) ‘옴(om=aum)’은 지고의 브라흐만 곧 아뜨만의 이름이자 상징물이다. 『까타 우빠니샤드』 1-2-16~17 참조

77 사람들은 자기 자신의 아뜨만에 관해서, 선악의 업을 떠나있으며, 일체의 속박, 과거나 미래, 원인과 결과로부터 자유로운 지고[의 브라흐만]임을 알아야 한다.

(V17.077ab) dharmādharmavinirmuktaṃ bhūtabhavyāt kṛtākṛtāt |
(V17.077cd) svam ātmānaṃ paraṃ vidyād vimuktaṃ sarvabandhanaiḥ ‖

78 [아뜨만은] 아무런 행위도 하지 않으면서 모든 것을 행하는 자이다. [아뜨만은] 청정하다. [아뜨만은] 고요히 머물러 있으면서, 달려가는 것을 앞질러 가는 자이다. 마야로 인해 전능한 힘을 지니고 있기 때문에, 불생자(不生者)[로서 유일자(唯一者)]이면서 다종다양한 것으로 보인다.

(V17.078ab) akurvan sarvakṛc chuddas tiṣṭhann atyeti dhāvataḥ |
(V17.078cd) māyayā sarvaśaktitvād ajaḥ san bahudhā mataḥ ‖

79 나 곧 아뜨만은 행위도 없고 행위 주체도 아니며 불이(不二)이지만, 왕처럼 지켜보는 자일 뿐이기 때문에 가까이 있는 것만으로도 마치 자석과 같이 세상을 돌아가게 한다.

(V17.079ab) rājavat sākṣimātratvāt sāṃnidhyād bhrāmako yathā |
(V17.079cd) bhrāmayañ jagad ātmāhaṃ niṣkriyo 'kārako 'dvayaḥ ‖

80 [브라흐만은] 속성이 없고 행위가 없으며, 영원자이고, 이원성(二元性)이 없고 평안(平安)하며, 청정한 자이고 깨달은 자이며, 해탈한 자이다. 바로 "그 [브라흐만]이 나다"라고 명심해야 한다.

(V17.080ab) nirguṇam niṣkriyam nityaṃ nirdvandvaṃ yan nirāmayam |
(V17.080cd) śuddhaṃ buddhaṃ tathā muktaṃ tad brahmāsmīti dhārayet ‖

81 속박과 해탈, 그리고 이 양자가 생겨나는 모든 [원인,] [곧 무지와 올바른 지식]에 관해서 확실하게 알고 나서, 그리고 버려야 할 하나(=무지)나 둘(=무지와 속박)에 관해서 확실하게 알고 나서, 최고의 자내증(自內 證)의 진리, 곧 알 수 있는 것과 알 수 없는 것을 초월해 있으며, 유일하고 청정하며, 성전이나 성자들이 말한 것과 일치하는 그러한 [최고의 진리를] 확실하게 알고 나서, [지고의] 브라흐만 [곧 아뜨만]을 아는 자는 슬픔과 미망을 벗어나서, 일체지자가 되고 일체를 이루는 자가 되며, 윤회 생존의 두려움을 벗어던지게 되어 이루어야 할 것을 다 성취한 자가 될 것이다.

> (V17.081ab) bandham mokṣam ca sarvam yata idam ubhayam heyam ekam dvayam ca |
> (V17.081cd) jñeyājñeyābhyatītam paramam adhigatam tattvam ekam viśuddham |
> (V17.081ef) vijñāyaitad yathāvac chrutimunigaditam śokamohāv atītaḥ |
> (V17.081gh) sarvajñaḥ sarvakṛt syād bhavabhayarahito brāhmaṇo 'vāptakṛtyaḥ ‖

82 아뜨만은 자기 자신이나 다른 것이 버리거나 취할 수 있는 것이 아니며, 자기 자신이나 다른 것을 버리거나 취할 수 있는 것도 아니다. 이것이 [67번째 게송에서 말한 것처럼] 성전에 따른 올바른 지식이다.

83 왜냐하면 이러한 [올바른 지식]은 아뜨만에 관해서 [지고의 브라흐만이 곧 아뜨만이라는 사실을] [제대로] 이해시키며, [또한 그러한 올바른 지식이야말로] 모든 베단따(vedānta=우빠니샤드 문헌)의 주제이기 때문이다. 이러한 [올바른 지식]을 알아야 [그 사람들은] 뭇 윤회의 속박에서 벗어난다.

> (V17.082ab) na svayam svasya nānyaś ca nānyasyātmā ca heyagaḥ |
> (V17.082cd) upādeyo na cāpy evam iti samyaṅmatiḥ smṛtā ‖
> (V17.083ab) ātmapratyāyikā hy eṣā sarvavedāntagocarā |

(V17.083cd) jñātvaitāṃ hi vimucyante sarvasaṃsārabandhanaiḥ ||

84 [이 올바른 지식 곧] 이러한 최고의 정화 수단이 바로 일체의 베다 성전과 신들의 최고의 비요(秘要)이다. 그것을 여기에서 [곧 이 장에서] 밝힌 것이다.

(V17.084ab) rahasyaṃ sarvavedānāṃ devānāṃ cāpi yat param |
(V17.084cd) pavitraṃ paramaṃ hy etat tad etat saṃprakāśitam ||

85 이러한 비요(秘要) 곧 무상(無上)의 올바른 지식은, 아직 마음이 적정(寂靜) 상태에 이르지 않은 제자에게는 전수해서는 안 되며, [진리에] 따르고 번뇌에 물들지 않은 제자에게나 전수해야 한다.

(V17.085ab) naitad deyam aśāntāya rahasyaṃ jñānam uttamam |
(V17.085cd) viraktāya pradātavyaṃ śiṣyāyānugatāya ca ||

86 아뜨만에 관한 올바른 지식을 전해주는 [스승] 이외에 '행위가 없는 자(=아뜨만)'는 존재하지 않는다. 그러므로 [아뜨만에 관한] 올바른 지식을 구하고자 한다면 언제나 제자로서의 성품을 지녀야 한다.

(V17.086ab) dadataś cātmano jñānaṃ niṣkriyo 'nyo na vidyate |
(V17.086cd) jñānam icchan bhavet tasmād yuktaḥ śiṣyaguṇaiḥ sadā ||

87 인식이나 인식 대상, 그리고 인식 주체, [그리고 그 외에 그 어떠한 것이든] [아뜨만 이외에] 다른 어떤 것도 존재하지 않는다. [아뜨만은] 일체지자이고 전능자(全能者)이다. 그러한 순수 지식(=순수정신=아뜨만) 곧 아뜨만에 귀의합니다.

(V17.087ab) jñānaṃ jñeyaṃ tathā jñātā yasmād anyan na vidyate |

(V17.087cd) sarvajñaḥ sarvaśaktir yas tasmai jñānātmane namaḥ ‖

88 [스승께서는] [아뜨만에 관한] 올바른 지식으로써 무지로 가득 찬 생사의 대해를 건너게 해주셨다. 그러한 일체지자인 스승들께 귀의합니다.

(V17.088ab) vidyayā tāritāḥ smo yair janmamṛtyumahodadhim |
(V17.088cd) sarvajñebhyo namas tebhyo gurubhyo 'jñānasaṃkulam ‖

# 네가 바로 그것이다

1 [지성의] 뭇 활동은 아뜨만으로 인해 [숙면 상태에서는] 사라지고 [각성 상태에서는] 생겨난다. 바로 그 영원한 순수 이해(=순수정신=아뜨만)에, 곧 지성의 [뭇] 관념의 [생멸의 원인인] 아뜨만에 귀의합니다.

(V18.001ab) yenātmanā vilīyanta udbhavanti ca vṛttayaḥ |
(V18.001cd) nityāvagataye tasmai namo dhīpratyayātmane ||

2 번개 같은 논리적 이치를 갖춘 언설의 비수로 수백 명이나 되는 [베다] 성전(聖典)의 적을 물리치고 베다 성전의 오의(奧義)라는 보물을 지켜 내신, 위대하신 수행자이시며 스승의 스승이신 분에게 귀의합니다.

(V18.002ab) pramathya vajropamayuktisaṃbhṛtaiḥ śruter arātīñ śataśo vaco
'sibhiḥ |
(V18.002cd) rarakṣa vedārthinidhiṃ viśāladhīr namo yatīndriyāya guror garīyase ||

3 "나는 영원한 해탈자이며, 다름 아닌 순수 존재이다"라는 이러한 지식을 익힐 수 없다면, 성전은 도대체 무엇 때문에 어머니 같이 사려 깊게 ["네가 바로 그것이다"라고] 그렇게 가르치겠는가?

(V18.003ab) nityamuktaḥ sadevāsmītyevaṃ cen na bhaven matiḥ |
(V18.003cd) kimartham śrāvayaty evaṃ mātṛvac chrutir ādṛtā ‖

4 논리적 이치에 따라서 [또는] "당신이 바로 그것이다" 등의 성전의 가르침에 따라서 이미 [그 뜻이] 확립된 것과 다름없기 때문에, '너'[라는 비(非)아뜨만]의 속성은 '나'라고 할 때의 이 [아뜨만]에서 부정된다. [새끼줄을 보고 뱀으로 착각할 때] 뱀이라는 관념이 새끼줄에서 [부정되는 것과] 같다.

(V18.004ab) siddhād evāham ity asmād yuṣmaddharmo niṣidhyate |
(V18.004cd) rajjvām ivāhidhīr yuktyā tat tvam ityādiśāsanaiḥ ‖

5 정법(正法=베다 성전의 규정에 따른 선업)이 있다는 것을 성전에 근거해서 알 수 있듯이, [브라흐만이 곧 아뜨만이라는 사실도 성전에 근거해서] 알 수 있다. [만뜨라(mantra) 등에] 정신을 집중함으로써 독을 물리칠 수 있듯이 죄악(=무지)은 [아뜨만에 관한 올바른 지식에 의해서] 소멸한다.

(V18.005ab) śāstraprāmaṇyato jñeyā dharmāder astitā yathā |
(V18.005cd) viṣāpoho yathā dhyānād hnutiḥ syāt pāpmanas tathā ‖

6 "나는 순수 존재이며 브라흐만이다"라는 지식과 "나는 행위 주체이다"라는 지식, 이 두 지식을 지켜보는 자는 아뜨만이다. 그 두 [지식] 중 무지에서 생긴 [지식]은 버리는 것이 보다 더 이치에 맞는다고 생각된다.
7 "나는 순수 존재이다"라는 지식은 올바른 인식 수단에서 생긴 것이다.

[그렇지만] 다른 관념 [곧 "나는 행위 주체이다"라는 지식]은 사이비 인식 수단에서 생긴 것, 또는 사이비 지각 등에서 [생긴 것]으로, [이러한 지식은] [동쪽을 서쪽으로, 서쪽을 동쪽으로] 방향을 잘못 잡는 것 등과 같이 부정된다.

> (V18.006ab) sad brahmāhaṃ karomīti pratyayāv ātmasākṣikau |
> (V18.006cd) tayor ajñānajasyaiva tyāgo yuktataro mataḥ ‖
> (V18.007ab) sad asmīti pramāṇotthā dhīr anyā tannibhodbhavā |
> (V18.007cd) pratyakṣādinibhā vāpi bādhyate digbhramādivat ‖

8 "나는 행위 주체이다. 나는 [행위의 과보를] 누리는 자이다"와 같은 성전 [말씀]은 세간적 지성을 대상으로 한 것이지 [출세간적 지성을 대상으로 한 것은 아니다]. "나는 순수 존재이다"라는 [지식]은 성전에서 생긴 것으로 [출세간적 지성을 대상으로 한 말이기 때문에], 이 이외에 다른 지식은 오직 이 [지식]에 의해서만 부정된다.

> (V18.008ab) kartā bhokteti yac chāstraṃ lokabuddhyanuvādi tat |
> (V18.008cd) sad asmīti śruter jātā bādhyate 'nyaitayaiva dhīḥ ‖

[반론 : 제9게송~제18게송]

9 [사람들은] "너는 곧 순수 존재이다"라는 [성전 말씀을] 들어도 아뜨만의 확고한 해탈에 도달하지 못한다. 그러므로 논리적 이치뿐만 아니라 ["나는 브라흐만이다"라는 지식의] 반복 체득을 고려해야 한다.
10 문장의 뜻을 잘 알고 있는 사람이라 하더라도 한 번 들은 것을 [깊은 속뜻까지] 이해하지는 못한다. 바로 그 때문에 [방금] 말한 것과 같은 두 가지 [곧 논리적 이치와 반복체득]을 [모두] 필요로 한다.
11 [베다 성전에서 말하고 있는 뭇 규정의 뜻을 이해한다 하더라도 아직 그 규정을 따름으로써 얻게 되는 결과에 관해서는 확실하게] 이해하

지 못하고 있기 때문에, 뭇 행위에 관한 [베다 성전의] 명령을 이행하는 일이 필요하듯이, [그와 마찬가지로] [아뜨만을] 명료하고 확실하게 알지 못하는 한 ["나는 브라흐만이다"는 지식을 논리적으로 이해하는 것과 반복 체득하는 것은] 서로 모순되는 것이 아니다.

12 [아뜨만이] 원하는 대로 [논리적 이치만 따져서 얻을 수 있는 것]이라면, [아뜨만을 얻으려는] 자신의 [모든] 노력은 헛된 것이 될 것이다. 그러므로 아뜨만을 경험할 때까지 반복체득을 행해야 한다.

13 감관에서 생겨나는 견고한 잠재력은 [성전] 말씀에 나오는 "나는 순수 존재이다"라는 인식을 강하게 부정한다. 또한 [사람들은] [탐욕, 증오 등의] 결함으로 인해서 외부 대상에 끌려 다닌다.

14 왜냐하면, 감관에서 생겨나는 [지식](예 : 실제로 불을 보고 생기는 지식)은 개별적 사상(事象)을 그 대상으로 삼고 있는 것으로, 보편적 사상(事象)을 대상으로 삼고 있는, 성전이나 추리어서 생기는 지식(예 : '불'이란 말을 듣고 생기는 지식)을 배척하기 때문이다.

15~16 [성전에 나오는] 문장의 뜻을 이해한다고 해서 [아무도] 그 사람이 [윤회전생의] 고(苦)에서 벗어난 사람이라고 간주하지 않는다. 만약에 어떤 사람이 [성전에 나오는] 문장의 뜻을 듣기만 했는데도 고에서 벗어난 자라고 지각된다면, [그 사람은] 과거 [전생]에 많은 몸을 받으면서 [반복 체득의] 수행을 했음을 추리할 수 있다. [만약에 반복 체득 수행을 하라는 베다 성전의 명령을 이행하는 일이 왜 필요한지 인정하지 못한다면] 우리의 행위는 성전에 근거해서 알 수 없는 것이 될 것이고, 그렇게 되면 바람직하지 않은 것이 될 것이다.

17 [베다 성전에서는] [성취해야 할] 결과를 먼저 말한 뒤 [결과를 이루기 위해] 따라야 할 수단을 [나중에 말하기] 때문에, 여기에서는 "너는 순수 존재이다"라는 것이 이미 확립된 목적 [곧 결과]이고, 그 [결과를 이루기 위한 수단]은 다름 아닌 반복체득 수행으로 인정된다.

18 그러므로 [아뜨만을] 경험하기 위해서는, 목적(=브라흐만이 곧 아뜨만

이라는 올바른 지식)이나 그것을 달성하는 수단(=반복 체득의 수행)과 모순되
는 것을 버리고 마음의 평정을 유지하면서 힘껏 반복 체득 수행을 하여
야 한다.

(V18.009ab) sad eva tvam asīty ukte nātmano muktatāṃ sthirām |
(V18.009cd) prapadyate prasaṃcakṣām ato yuktyānucintayet ‖
(V18.010ab) sakṛd uktaṃ na gṛhṇāti vākyārthajño 'pi yo bhavet |
(V18.010cd) apekṣate 'ta evānyad avocāma dvayaṃ hi tat ‖
(V18.011ab) niyogo 'pratipannatvāt karmaṇāṃ sa yathā bhavet |
(V18.011cd) aviruddho bhavet tāvad yāvat saṃvedyatādṛḍhā ‖
(V18.012ab) ceṣṭitaṃ ca tathā mithyā svacchandaḥ pratipadyate |
(V18.012cd) prasaṃkhyānam ataḥ kāryaṃ yāvad ātmānubhūyate ‖
(V18.013ab) sad asmīti ca vijñānam akṣajo bādhate dhruvam |
(V18.013cd) śabdotthaṃ dṛḍhasaṃskāro doṣaiś cākṛṣyate bahiḥ ‖
(V18.014ab) śrutānumānajanmānau sāmānyaviṣayau yataḥ |
(V18.014cd) pratyayāv akṣajo 'vaśyaṃ vīśeṣārtho nivārayet ‖
(V18.015ab) vākyārthapratyayī kaścin nirduḥkho nopalabhyate |
(V18.015cd) yadi vā dṛśyate kaścid vākyārthaśrutimātrataḥ ‖
(V18.016ab) nirduḥkho 'tītadeheṣu kṛtabhāvo 'numīyate |
(V18.016cd) caryā no 'śāstrasaṃvedyā syād aniṣṭaṃ tathā sati ‖
(V18.017ab) sad asīti phalaṃ coktvā vidheyaṃ sādhanaṃ yataḥ |
(V18.017cd) na tad anyat prasaṃkhyānāt prasiddhārtham iheṣyate ‖
(V18.018ab) tasmād anubhavāyaiva prasaṃcakṣīta yatnataḥ |
(V18.018cd) tyajan sādhanatatsādhyaviruddhaṃ śamanādimān ‖

19 [반론에 대한 답변] 그것은 그렇지 않다. [우빠니샤드의] 비요(秘要)
는 "이것도 아니고 저것도 아니다"라는 말로 끝나고 있기 때문이다. 행
위를 통해 성취해야 할 [결과]는 [베다 성전의] 앞 부분 [곧 제식(祭式)
을 다루는 부분]에서 들을 수 있지만 [거기에] 해탈에 관해서는 아무런
말도 없다. [즉 해탈은 행위를 통해 성취될 수 있는 결과가 아니다]. [해

탈은] 이미 항상 성취되어 있기 때문이다.

(V18.019ab) naitad evaṃ rahasyānāṃ netinetyavasānataḥ |
(V18.019cd) kriyāsādhyaṃ purā śrāvyaṃ na mokṣo nityasiddhataḥ ||

20 아버지가 [자기 자신은] 아무런 고통도 없지만 아들의 고통을 자기 자신에게 가탁(假託)하듯이, 그와 마찬가지로 자의식의 주체 [곧 지성]은 [실제로는] 아무런 고통도 없는 자기 자신의 아뜨만에게 [자신의 고통을] 가탁한다.

(V18.020ab) putraduḥkhaṃ yathādhyastaṃ nityāduḥkhe sva ātmani |
(V18.020cd) ahaṃkartrā tathādhyastaṃ pitrāduḥkhe sva ātmani ||

21 그러한 가탁은 "[아뜨만은] 이것도 아니고 저것도 아니다"라는 [성전 말씀에 의거해서] 마치 [실재하는] 획득물[을 부정하]듯이 부정된다. 게다가 [일단 부정된 후에는] 가탁에 근거한 그 어떠한 규정도 결코 인정되지 않는다.

(V18.021ab) so 'dhyāso neti netīti prāptavat pratiṣidhyate |
(V18.021cd) bhūyo 'dhyāsavidhiḥ kaścit kutaścin nopapadyate ||

22 어리석은 사람들이 허공에 먼지를 가탁하거나 부정하거나 하듯이, 이 세상에서는 아뜨만에 [아뜨만이 아닌 것을] 가탁하거나 마찬가지로 [아뜨만에서 아뜨만이 아닌 것을] 부정한다.

(V18.022ab) ātmanīha yathādhyāsaḥ pratiṣedhas tathaiva ca |
(V18.022cd) malādhyāsaniṣedhau khe kriyete ca yathābudhaiḥ ||

23 만약에 [가탁의 부정이] [실재하는] 획득물을 부정하는 것이라면,

해탈은 틀림없이 무상한 것이 되어 버릴 것이다. 그러므로 이 [가탁의
부정]은, 공중에 불을 설치하는 것 등[을 부정하는 것]과 같이 [실재하
는] 획득물이 아닌 것 [곧 비실재]를 부정하는 것이다.

(V18.023ab) prāptaś cet pratiṣidhyeta mokṣo 'nityo bhaved dhruvam |
(V18.023cd) ato 'prāptaniṣedho 'yaṃ divy agnicayanādivat ||

24 말이나 지식은 [자신의] 대상 영역에 [적용되는 일이] 있을 수 있
지만 다른 식으로 [곧 자신의 대상 영역이 아닌 것에는 적용되는 일이]
없다.

(V18.024ab) saṃbhāvyo gocare śabdaḥ pratyayo vā na cānyathā |
(V18.024cd) na saṃbhāvyau tadātmatvād ahaṃkartus tathaiva ca ||

25 자의식의 주체(=정신)에 의해서 순수정신인 아뜨만에 가탁된 '행위자'
등 그 모든 것은 "[아뜨만은] 이것도 아니고 저것도 아니다"라는 [성전
말씀에 따라] 자의식의 주체(=정신)와 더불어 부정된다.

(V18.025ab) ahaṃkartrātmani nyastaṃ caitanye kartṛtādi yat |
(V18.025cd) neti netīti tat sarvaṃ sāhaṃkartrā niṣidhyate ||

26 [아뜨만은] 스스로 빛나는 인식이고 보는 자이며, 행위가 없는 내
밀한 순수 존재이며, 직접적으로 [인식되며], 일체만물의 안에서 지켜보
는 자이며, 영원하고 속성이 없으며 불이(不二)인 관찰자이다.

(V18.026ab) upalabdhiḥ svayaṃjyotir dṛśiḥ pratyakṣadakriyaḥ |
(V18.026cd) sākṣāt sarvāntaraḥ sākṣī cetā nityo 'guṇo 'dvayaḥ ||

27 아만(我慢)의 주체(=지성)는 언제나 그 [아뜨만] 옆에 있기 때문에 마

치 그 [아뜨만]인 것처럼 보인다. 이 때문에 아뜨만과 아뜨만의 것, 이 두 가지가 [각각] '나'니 '내 것'이니 하는 [말]의 지시 대상[인 것처럼] 보인다.

> (V18.027ab) saṃnidhau sarvadā tasya syāt tadābho 'bhimānakṛt |
> (V18.027cd) ātmātmīyaṃ dvayaṃ cātaḥ syād ahaṃmamagocaraḥ ‖

28 자의식의 주체(=지성)는 보편상(普遍相)이나 행위 등을 지니고 있기 때문에 ['나'라는 언표에 관련된] 뭇 말들은 그 [자의식의 주체 곧 지성]을 가리킨다. [아뜨만에는] 그 [보편상과 행위 등이] 존재하지 않기 때문에, 그 어떠한 말도 자기 자신의 아뜨만을 가리키는 일이 없다.

> (V18.028ab) jātikarmādimattvād dhi tasmiñ śabdās tv ahaṃkṛti |
> (V18.028cd) na kaścid vartate śabdas tadabhāvāt sva ātmani ‖

29 ['나'를 뜻하는] 말들은 [아뜨만의] 영상(影像)이 들어 있는 [지성]만을 가리키고, 내밀한 보는 자(=아뜨만)에 관해서는 간접적으로만 가리킬 수 있다. 말들이 그 [내밀한 아뜨만]을 직접적으로 지시하는 일은 결코 있을 수 없다.

30 왜냐하면, 보편상 등을 갖고 있지 않은 대상은 그 어떤 것이라도 말로는 표시할 수 없기 때문이다. 자의식의 주체(=지성)가 아뜨만의 영상이기 때문에, '나'[를 뜻하는] 말들은 그렇게 [지성을 가리키는 것으로] 쓰인다.

31 불을 뜻하는 [말들]이 횃불을 가리키는데 쓰일 수는 있지만 [불과 횃불은] 서로 별개의 것이기 때문에, ['불'이란 말은 '횃불'을 간접적으로 가리킬 뿐이지] 직접적으로 가리키는 일은 없듯이. [또한] 거울에 비친 얼굴 모습은 [실물로서의] 얼굴과 별개의 것으로, [거울 속의 얼굴 모습을 통해 간접적으로만 실물로서의 얼굴을 알 수] 있듯이.

32 마찬가지로 [실물로서의] 얼굴도 거울에 의존하는 것이 아니기 때문에 [거울에 비친] 영상과는 별개의 것이다. 자의식의 주체(=지성)에 있는 아뜨만의 영상은 [거울에 비친] 얼굴 모습과 같다고 인정된다.

33(ab) 얼굴[의 예]처럼 아뜨만이 [아뜨만의 영상과] 별개의 것이라는 사실은 분명하다. 그렇지만 [실물로서의 얼굴과 거울에 비친 얼굴 모습이 분명하게 식별되는 것처럼] 그렇게 [아뜨만과 아뜨만의 영상] 그 양자가 분명하게 식별되는 것은 아니다.

> (V18.029ab) ābhāso yatra tatraiva śabdāḥ pratyagdṛśiṃ sthitāḥ |
> (V18.029cd) lakṣayeyur na sākṣāt tam abhidadhyuḥ kathaṃcana ‖
> (V18.030ab) na hy ajātyādimān kaścid arthaḥ śabdair nirūpyate |
> (V18.030cd) ātmābhāso yato 'haṃkṛd ātmaśabdais tathocyate ‖
> (V18.031ab) ulmukādau yathāgnyarthāḥ parārthatvān na cāñjasā |
> (V18.031cd) mukhād anyo mukhābhāso yathādarśānukārataḥ ‖
> (V18.032ab) ābhāsān mukham apy evam ādarśānanuvartanāt |
> (V18.032cd) ahaṃkṛty ātmanirbhāso mukhābhāsavad iṣyate ‖
> (V18.033ab) mukhavat sthita ātmānyo 'viviktau tau tathaiva ca |

33(cd) [한편] 어떤 사람들은, 자의식의 주체(=지성) 안에 있는 [아뜨만의] 영상이 윤회의 주체라고 생각한다.

34 [실물이 아닌 영상이 어떻게 실재일 수 있느냐고 물으면] 전승서(『마누법전』 4-130)에 따르면 그림자는 실재이다[라고 그들은 대답한다]. [그늘에 있으면] 시원함 등을 [느낄 수 있기 때문에] [그림자를 시원함을 속성으로 지니는 실재로 보는] 다른 이유도 있다. [어떤 사람들은, 윤회의 주체는] 아는 자 [곧 아뜨만]의 일부분이라고 한다(『바가와드기따』 15-7; 『브라흐마 쑤뜨라』 2-3-43). 또는 [어떤 사람들은, 윤회의 주체는] [아뜨만의] 변체(變體)라고 한다. 또 어떤 사람들은, 그 [아뜨만]의 영상의 의지처 [곧 지성]이 [윤회의 주체]라고 한다.

35(ab)   또 어떤 사람들은, 윤회의 주체는 [아뜨만의 일부분이나 아뜨만의 변체가 아니라] 자재자(自在者)인, 자의식의 주체(=지성)라고 한다.

35(cd)~36(a)   또 불교도들은, 윤회의 주체는 [찰나적으로 생멸하는] 자의식 등의 연속체일 [뿐]이며 [이러한 연속체를 떠나] 별도로 [자의식과] 긍정적 내속 관계를 가지고 있는 것 [곧 아뜨만]은 존재하지 않는다고 말한다.

35(b)   이상과 같은 견해 가운데 어떤 견해가 이치에 맞는지 따져보아야 마땅하다.

36(cd)   그렇지만 윤회의 주체에 관한 논의는 [나중에 제44게송이후에서 다루기로 하고] 여기서는 그만두기로 하자. 여기서는 당면한 주제 [곧 영상에 관한 문제]를 다루기로 하자.

> (V18.033cd) saṃsārī ca sa ity eka ābhāsc yas tv ahaṃkṛti ‖
> (V18.034ab) vastu cchāyā smṛter anyan mādhuryādi ca kāraṇam |
> (V18.034cd) jñaikadeśo vikāro vā tadābhāsāśrayaḥ pare ‖
> (V18.035ab) ahaṃkartaiva saṃsārī svatantra iti kecana |
> (V18.035cd) ahaṃkārādisaṃtānaḥ saṃsārī nānvayī pṛthak ‖
> (V18.036ab) ityevaṃ saugatā āhus tatra nyāyo vicāryatām |
> (V18.036cd) saṃsāriṇāṃ kathā tv āstāṃ prakṛtaṃ tv adhunocyate ‖

37   거울에 비친 얼굴 모습은 [실물로서의 얼굴과 거울 가운데] 어느 한 쪽의 속성도 아니다. 둘 가운데 어느 하나의 속성이라고 한다면, 다른 하나를 제거했을 때에도 [그 얼굴 모습]은 존속할 것이다.

> (V18.037ab) mukhābhāso ya ādarśe dharmo nānyatarasya saḥ |
> (V18.037cd) dvayor ekasya ced dharmo viyukte 'nyatare bhavet ‖

38   [거울에 비친 얼굴 모습은] 얼굴 때문에 ['얼굴 모습'이라고] 언표되는 것이기 때문에 [실물로서의] 얼굴의 [속성]이라고 생각한다면, 그

것은 옳지 않다. 왜냐하면 [거울에 비친 얼굴 모습은] 거울에 따라 달리 보이기 때문이고, 또 [실물로서의] 얼굴이 있다 [하더라도] [거울이 없을 경우에는] 생길 수 없기 때문이다.

(V18.038ab) mukhena vyapadeśāt sa mukhasyaiveti cen matam |
(V18.038cd) nādarśānuvidhānāc ca mukhe saty avibhāvataḥ ‖

39(ab) [얼굴과 거울] 양자의 [속성]이라고 한다면 그것은 옳지 않다. 양자가 어김없이 있을 경우에도 [거울을 엉뚱한 곳에 놓는 등 여러 가지 변수로 인해서] [얼굴 모습이] 보이지 않기 때문이다.

39(cd)~37 라후가 [평상시에는] 눈에 보이지 않지만 실재한다고 하는 것은 [일식이나 월식 때] 태양이나 달에서 경험할 수 있고, [마찬가지로 그 경우에도 얼굴 모습은 눈에 보이지 않지만 실재하는 것이다]라고 [상대편은 주장할 수] 있을 것이다. [그렇지만] 라후가 [일식이나 월식 때 눈에 보이기] 이전에도 실재하고 있다는 것은, 성전이라는 올바른 인식 근거에 따라서 이미 확증되어 있는 것이다. 반면에 [라후가] 그림자라는 주장을 편다면, 앞에서 [37번째~39번째 게송에서] 말한 논리적 이치에 따라서, 그 [라후]는 실재하는 것이 될 수 없을 것이다.

(V18.039ab) dvayor eveti cet tan na dvayor evāpy adarśanāt |
(V18.039cd) adṛṣṭasya sato dṛṣṭiḥ syād rāhoś candrasūryayoḥ ‖
(V18.040ab) rāhoḥ prāg eva vastutvaṃ siddhaṃ śāstrapramāṇataḥ |
(V18.040cd) chāyāpakṣe tv avastutvaṃ tasya syāt pūrvayuktitaḥ ‖

41 [스승 등 손윗사람의] 그림자를 밟고 넘어가지 말라는 금지사항이 [베다 성전에] 나오지만 이 [금지사항]이 [그림자가] 실재라는 주장을 입증하는 것은 아니다. 왜냐하면 한 문장이 어떤 뜻을 표시하고 있을 때 [그 문장이 동시에] 또 다른 뜻을 표현할 수는 없기 때문이다.

(V18.041ab) chāyākrānter niṣedho 'yaṃ na tu vastutvasādhakaḥ |
(V18.041cd) na hy arthāntaraniṣṭaṃ sad vākyam arthāntaraṃ vadet ||

42 [그늘에서] 시원함 등의 결과[를 느끼는 것]은 [그 그늘 안에] 뜨거운 것을 사용하지 않기 때문이지 그림자[라는 실재가 있기] 때문은 아니다. [시원함이 그림자의 속성이라는 것은] 경험되지 않으며, 오직 물만의 [속성]이라는 것이 경험되기 때문이다.

(V18.042ab) mādhuryādi ca yat kāryam uṣṇadravyādyasevanāt |
(V18.042cd) chāyāyā na tv adṛṣṭatvād apām eva ca darśanāt ||

43 얼굴과 [거울에 비친] 얼굴 모습, 그리고 [얼굴 모습의] 의지처(=거울)의 비유는 아뜨만과 [아뜨만의] 영상, 그리고 [아뜨만의 영상의] 의지처(=지성)에 [똑같이] 적용된다. 즉 [그것이 아뜨만의 영상이든 얼굴의 영상이든] 영상은 결코 실재하지 않는다는 것이 성전이나 논리적 이치에 의거해서 이해되는 것이다.

(V18.043ab) ātmābhāsāśrayāś caivaṃ muktābhāsāśrayā yathā |
(V18.043cd) gamyate śāstrayuktibhyām ābhāsāsattvam eva ca ||

44 [당신 말대로라면] 보는 자(=아뜨만)는 불변(不變)이기 때문에 [윤회의 주체가] 아니고, [아뜨만의] 영상도 실재가 아니기 때문에 [윤회의 주체가] 아니고, 자의식의 주체(=지성)도 순수정신이 아니기 때문에 [윤회의 주체가] 아니다. [그렇다면] 도대체 무엇이 윤회의 주체란 말인가?

(V18.044ab) na dṛśer avikāritvād ābhāsasyāpy avastutaḥ |
(V18.044cd) nācititvād ahaṃkartuḥ kasya saṃsāritā bhavet ||

45 이 때문에, 윤회 생존은 [아뜨만과 아뜨만이 아닌 것을] 식별하지

못하는 데서 성립하기 때문에 [아뜨만에 관한] 무지만이 [윤회 생존의 원인]이라고 하자. 불변의 아뜨만 때문에 그 [윤회 생존]은 언제나 아뜨만을 간직하고 있으며, [실제로는 그렇지 않지만] [윤회 생존이] 아뜨만 안에 존재하는 것처럼 보인다.

(V18.045ab) avidyāmātra evātaḥ saṃsāro 'stv avivekataḥ |
(V18.045cd) kūṭasthenātmanā nityam ātmavān ātmanīva saḥ ‖

46 새끼줄[을 보고] 뱀[이라고 하는 착각]은, [실제로는 실재하지 않지만] [새끼줄과 뱀에 대한] 식별지가 생기기 전에는 [실재하는] 새끼줄 때문에 엄연히 존재한다. 그와 마찬가지로 이 [윤회 생존]은, 실물로서의 존재는 아니지만, [아뜨만과 아뜨만이 아닌 것에 관한 식별지가 생기기 전에는] 불변의 아뜨만 때문에 [엄연히 존재한다].

(V18.046ab) rajjusarpo yathā rajjvā sātmakaḥ prāg vivekataḥ |
(V18.046cd) avastusann api hy eṣa kūṭasthenātmanā tathā ‖

47 어떤 사람들은, 아뜨만이 아뜨만의 영상의 의지처(=지성)이고 자기 자신의 지식과 더불어 변화하며, 고락을 경험하는 자이고 영원히 윤회하는 자라고 생각한다.

(V18.047ab) ātmābhāsāśrayaś cātmā pratyayaiḥ svair vikāravān |
(V18.047cd) sukhī duḥkhī ca saṃsārī nitya eveti kecana ‖

48 성전 [말씀]에 무지한 자들은, 아뜨만과 [아뜨만의] 영상에 관해서 본질에 즉해서 완벽하게 알지 못하기 때문에 어리석음에 덥힌 자들이며, 자의식의 주체(=지성)를 아뜨만이라고 생각한다.

(V18.048ab) ātmābhāsāparijñānād yathātmyena vimohitāḥ |

(V18.048cd) ahaṃkartāram ātmeti manyante te nirāgamāḥ ‖

49 그들에게 윤회 생존은 실물로서 존재하는 것이고, 행위자와 [행위의 과보를] 누리는 자를 그 본질로 삼는 것이다. [그들은] [아뜨만과 아뜨만이 아닌 것의] 식별지가 없기 때문에, [즉] 아뜨만과 [아뜨만의] 영상, 그리고 [그 영상의] 의지처 [곧 지성]을 [있는 그대로 구별해] 알지 못하기 때문에 윤회한다.

(V18.049ab) saṃsāro vastusaṃs teṣāṃ kartṛbhoktṛtvalakṣaṇaḥ |
(V18.049cd) ātmābhāsāśrayājñānāt saṃsaranty avivekataḥ ‖

50 지성은 순수정신의 영상이고 아뜨만이 본성상 그 [순수정신]이라면, 베다 성전이 그 [아뜨만]을 '올바른 지식' 등의 말로 가르치고 있는 것은 이치에 맞는 일이다.

(V18.050ab) caitanyābhāsatā buddher ātmaras tatsvarūpatā |
(V18.050cd) syāc cet taṃ jñānaśabdaiś ca vedaḥ śāstīti yujyate ‖

[반론 : 51번째 게송~52번째 게송]

51 어근(語根)과 [어근에 붙는] 동사어미의 의미는 서로 다르지만[1] 주지하는 바와 같이 동일한 기체(基體; 예 : 철수 등)를 갖고 있다는 것이 경험된다. "그가 만든다(karoti)", "그가 간다(gacchati)" 등의 말에서 ['만드는 것', '가는 것'이라는 행위와 '그'라는 3인칭 행위자가 모두 '철수'라는 동일한 기체에 걸리는 것]과 같이.

52 이 두 가지 [곧 어근의 의미와 동사어미의 의미]가 두 가지 [별개의] 기체를 갖고 있다는 것은 세상에서도 [문법학의] 전승서에서도 볼 수 없는 일이다. 두 가지 [별개의] 기체를 가지고 있다면 "그가 안다(jānāti)"

---

1) 일반적으로, 어근은 '행위'를 뜻하고 동사어미는 '행위자'를 뜻한다.

[라는 말의] 의미에 관해서 [그 말이] 왜 [두 가지 별개의 기체를 갖고 있는지] 설명해보라.

(V18.051ab) prakṛtipratyayārthau yau bhinnāv ekāśrayau yathā |
(V18.051cd) karotigacchatītyādau dṛṣṭau lokaprasiddhitaḥ ‖
(V18.052ab) nānayor dvyāśrayatvaṃ tu loke dṛṣṭaṃ smṛtau tathā |
(V18.052cd) jānātyartheṣu ko hetur dvyāśrayatve nigadyatām ‖

53 동사 어미가 표시하는 것은 아뜨만의 영상이고 어근이 뜻하는 것은 지성의 행위이다. 양자는 모두 [아뜨만과 아뜨만이 아닌 것에 관한] 식별지가 없기 때문에 "그가 안다"라고 말하지만 [이는] 헛된 일이다.

(V18.053ab) ātmābhāsas tu tiṅvācyo dhātvarthaś ca dhiyaḥ kriyā |
(V18.053cd) ubhayaṃ cāvivekena jānātīty ucyate mṛṣā ‖

54 지성에는 인식이 없고, 아뜨만에는 행위가 없다. 그러므로 둘 가운데 어느 것에 관해서 "그는 안다"라고 말하는 것은 이치에 맞지 않는다.

(V18.054ab) na buddher avabodho 'sti nātmano vidyate kriyā |
(V18.054cd) ato nānyatarasyāpi jānātīti ca yujyate ‖

55 그러므로 '인식'이란 말도 [그것이] 행위를 뜻하는 말이라면, [그러한 말은 아뜨만에] 적용될 수 없는 것이다. 왜냐하면, "아뜨만은 영원하다"는 [성전의] 가르침이 있듯이, 아뜨만은 [행위 곧] 변화 일반이 있을 수 없기 때문이다.

(V18.055ab) nāpy ato bhāvaśabdena jñaptir ity api yujyate |
(V18.055cd) na hy ātmā vikriyāmātro nitya ātmetiśāsanāt ‖

56 행위자가 없는 행위 수단은 있을 수 없기 때문에 [인식 수단을 뜻하는] '지성'이란 말이 표시하는 것은 지성이지 [아뜨만이] 아니다. "그것이 알려진다"라고 말하는 경우와 같이, 행위의 대상을 뜻하는 말로도 [아뜨만을] 표시할 수는 없다.

    (V18.056ab) na buddher buddhivācyatvaṃ karaṇaṃ na hy akartṛkam |
    (V18.056cd) nāpi jñāyata ity evaṃ karmaśabdair nirucyate ‖

57 아뜨만은 유일자이고 고통이 없는 자이며, 언제나 불변이라고 생각하는 사람들에게 아뜨만이 말의 지시 대상이 되거나 인식 대상이 되는 일은 결코 없다.

    (V18.057ab) na yeṣām eka evātmā nirduḥkho 'vikriyaḥ sadā |
    (V18.057cd) teṣāṃ syāc chabdavācyatvaṃ jñeyatvaṃ cātmanaḥ sadā ‖

58 자의식의 주체(=지성)를 아뜨만으로 본다면, 그때 ['나'라는] 말은 [파생적 의미가 아니라] 제1차적 의미로 쓰이는 것이다. 그렇지만 [지성은] 기아(飢餓) 등을 갖고 있기 때문에 [기아 등과는 무관한 아뜨만과는 별개의 것이고, 따라서] 성전에서는 그 [지성]이 아뜨만을 뜻한다고는 인정하지 않는다.

    (V18.058ab) yadāhaṃkartur ātmatvaṃ tadā śabdārthamukhyatā |
    (V18.058cd) nāśanāyādimattvāt tu śrutau tasyātmateṣyate ‖

59 [**반론**] 아! 그 경우에는 제1차적 의미가 없다. [제1차적 의미가 없는 말은] 파생적 의미도 결코 있을 수 없다. 그렇다 하더라도 [당신은] "그가 안다" 등과 같은 말의 용법을 설명해야 한다.

60 [**대답**] 만약에 말이 허위라면 베다 성전도 올바른 인식 수단이 될

수 없고 그러한 사태는 바람직하지 않다. 그러므로 그 ["그가 안다"라는 말의'] 용법은 세상 일반의 용례에 근거해서 이해해야 한다.

> (V18.059ab) hanta tarhi na mukhyārtho nāpi gauṇaḥ kathaṃcana |
> (V18.059cd) jānātītyādiśabdasya gatir vācyā tathāpi tu ||
> (V18.060ab) śabdānām ayathārthatve vedasyāpy apramāṇatā |
> (V18.060cd) sā ca neṣṭā tato grāhyā gatir asya prasiddhitaḥ ||

[반론 : 제61게송~제62게송]

61 만약에 어리석은 세상 사람들이 인정하고 있는 견해에 따라 ["그가 안다"라는 말의 용법을] 이해해야 한다면, "아뜨만은 존재하지 않는다"는 [학설, 곧] 유물론자(順世派)의 정설[을 인정하게 되는] 오류에 빠질 것이다. 그러나 그런 일은 바람직하지 않다.

62 [다른 한편] 전문가가 인정하고 있는 견해에 따라 ["그는 안다"라는 말의 용법을 이해해야] 한다면, 앞에서(=제51게송~제58게송)와 마찬가지로 [아뜨만과 아뜨만이 아닌 것을] 확연하게 식별하기 어렵[게 되는 오류에 빠질] 것이다. [그러나] 올바른 인식 수단인 이 베다 성전이 무의미한 말을 할 리가 없다.

> (V18.061ab) prasiddhir mūḍhalokasya yadi grāhyā nirātmatā |
> (V18.061cd) lokāyatikasiddhāntaḥ sa cāniṣṭaḥ prasajyate ||
> (V18.062ab) abhiyuktaprasiddhiś cet pūrvavad durvivekatā |
> (V18.062cd) gatiśūnyaṃ na vedo 'yaṃ pramāṇaṃ saṃvadaty uta ||

[대답 : 제63게송~제64게송]

63 사람들은 [실물로서의] 얼굴이 거울에 비친 얼굴과 같다고 한다. [거울에 비친] 얼굴의 영상을 얼굴의 본 모습으로 보기 때문이다.

64 [지성]에 [아뜨만의] 영상이 있는 것이지만, 세상 사람들은 모두 그

[지성과 아뜨만] 양자에 관해서 식별지가 없기 때문에, 자연적으로 [아
뜨만과 지성을 뒤바꾸어] "그는 안다"라는 동사를 쓰는 것이다.

(V18.063ab) ādarśamukhasāmānyaṃ mukhasyeṣṭaṃ hi mānavaiḥ |
(V18.063cd) mukhasya pratibimbo hi mukhākāreṇa dṛśyate ‖
(V18.064ab) yatra yasyāvabhāsas tu tayor evāvivekataḥ |
(V18.064cd) jānātīti kriyāṃ sarvo loko vakti svabhāvataḥ ‖

65 지성의 행위 주체성을 [아뜨만에] 가탁해서, 아는 자[인 아뜨만]에
대해 '인식 주체'라고 [세상 사람은] 말한다. 마찬가지로 이 세상에서는
순수정신을 [지성에] 가탁해서, 지성에 대해 '아는 자'라고 말한다.

(V18.065ab) buddheḥ kartṛtvam adhyasya jānātīti jña ucyate |
(V18.065cd) tathā caitanyam adhyasya jñatvam buddher ihocyate ‖

66 아뜨만의 본성은 순수 지식이고, 성전에 의하면 영원한 빛이기 때
문에, [그 순수 지식은] 결코 지성에 의해서나, 아뜨만 자신에 의해서,
또는 다른 것에 의해 만들어지는 것이 아니다.

(V18.066ab) svarūpaṃ cātmano jñānaṃ niyaṃ jyotiḥ śruter yataḥ |
(V18.066cd) na buddhyā kriyate tasmān nātmanānyena vā sadā ‖

67 몸에 대해서 '나'라는 지식을 갖고 [곧 몸을 아뜨만으로 보고서] 세
상 사람들은 "그는 안다"라고 말한다. [세상 사람들이] 지성을 마찬가지
로 아뜨만을 '인식 주체'라고 [생각하는 것도] 그것과 같다.

(V18.067ab) dehe 'haṃpratyayo yadvaj jānātīti ca laukikāḥ |
(V18.067cd) vadanti jñānakartṛtvaṃ tadvad buddhes tathātmanaḥ ‖

68 사변적인 사람들은 이와 같이, 만들어지고 있으며 순수지성처럼 보이지만 지성에 속한 지식에 현혹되어, "순수 지식은 만들어지는 것이다"라고 말한다.

(V18.068ab) bauddhais tu pratyayair evaṃ kriyamāṇaiś ca cinnibhaiḥ |
(V18.068cd) mohitāḥ kriyate jñānam ity āhus tārkikā janāḥ ‖

69 그러므로 "그는 안다" 등의 말과 [그러한] 지식과 그에 대한 기억은 [모두] 아는 자(=아뜨만)와 [아뜨만의] 영상과 지성, [이 세 가지]에 관해서 식별지가 없기 때문에 생기는 것이다.

(V18.069ab) tasmāj jñābhāsabuddhīnām avivekāt pravartitāḥ |
(V18.069cd) jānātītyādiśabdaś ca pratyayo yā ca tatsmṛtiḥ ‖

70 그림자(=얼굴의 영상)에 어린 거울[의 속성]이 얼굴에 가탁되듯이, 아는 자(=아뜨만)의 영상에 어린 지성의 속성이 [아뜨만에 가탁된다]고 한다.

(V18.070ab) ādarśānuvidhāyitvaṃ chāyāyā asyate mukhe |
(V18.070cd) buddhidharmānukāritvaṃ jñābhāsasya tatheṣyate ‖

71 그러므로 지성의 뭇 지식은 아뜨만의 영상으로 빛나고, 마치 인식 주관인 듯이 현현한다. 횃불 등이 [실제로는 태우는 힘을 갖고 있지 않지만, 횃불 안의 불이 태우는 힘을 갖고 있어서] 태우는 힘을 갖고 있는 것처럼 보이듯이.

(V18.071ab) buddhes tu pratyayās tasmād ātmābhāsena dīpitāḥ |
(V18.071cd) grāhakā iva bhāsante dahantīvolmukādayaḥ ‖

72 불교도들은, [지성의 뭇 지식은] 스스로 현현하는 것이고 [아뜨만이 아닌] [지성] 자신을 인식주관이라고 [주장하여], 이와 같이 [지성의 뭇 지식 이외에 아뜨만이라는] 인식주관이 존재한다는 것을 부정한다.

(V18.072ab) svayam evāvabhāsyante grahakāḥ svayam eva ca |
(V18.072cd) ity evaṃ grāhakāstītvaṃ pratiṣedhanti saugatāḥ ‖

73(ab) 만약에 이와 같이 [곧 불교도와 같이] 그 [지성의 뭇 지식]이 [그것들과는] 별개인 [아뜨만]에 의해서 지각되지 않는다면, 그러한 [불교도들을] 어떻게 논박할 수 있는지 말해보시오.
73(cd)~74 [지성의 뭇 지식이] 있고 없고는 [그것들과는] 별개인 [아뜨만]에 의해서는 결코 인식될 수 없다고 하더라도, 그 [지성의 뭇 지식]들과 긍정적 내속 관계를 지니는 인식주관이 [존재하기 마련이다]라고 [대답한다면], 그러한 [긍정적 내속 관계를 지니는 인식주관] 역시 그 [지성의 뭇 지식]과 다름없는 것이다. 왜냐하면, [아뜨만 이외에] 별개의 인식주관이 있다고 해도 [그것 역시] 순수정신이 아니라는 점에서 똑같기 때문이다.

(V18.073ab) yady evaṃ nānyadṛśyās te kiṃ tadvāraṇam ucyatām |
(V18.073cd) bhāvābhāvau hi teṣāṃ yau nānyagrāhyau sadā yadi ‖
(V18.074ab) anvayī grāhakas teṣām ity etad api tatsamam |
(V18.074cd) acititvasya tulyatvād anyasmin grāhake sati ‖

75 [지성의 뭇 지식은] 지켜보는 자(=아뜨만)가 옆에 존재함으로써 [그 존재성이] 확립된다고 한다면, 그러한 견해는 옳지 않다. 왜냐하면, 지켜보는 자(=아뜨만)가 [옆에] 있다 하더라도 [그것의 존재성의 확립에] 아무런 도움도 주지 않기 때문이고, [또한 당신의 논리에 따르면, 아뜨만은 일체만물에 편재하기 때문에] [지성의 뭇 지식 이외에 나무나 흙

과 같은] 다른 것에 대해서는 [아뜨만이 옆에 있음으로써 그 존재성이 확립된다는] 오류에 빠지기 때문이다.

(V18.075ab) adhyakṣasya samīpe tu siddhiḥ syād iti cen matam |
(V18.075cd) nādhyakṣe 'nupakāritvād anyatrāpi prasaṅgataḥ ∥

76~77 고를 경험하고 [해탈을] 구하는 제자는 지켜보는 자(=아뜨만)인가, 그렇지 않으면 [아뜨만과는] 다른 자인가? 지켜보는 자(=아뜨만)가 고를 경험하는 자이고 [해탈을] 구하는 자라는 것은 당신[이 인정하는] 견해가 아니다. [반면에] [그 제자를 아뜨만이 아닌] 행위자라고 한다면, "나는 지켜보는 자(=아뜨만)이며 순수 존재이다"라는 [성전 말씀]을 결코 제대로 이해할 수 없다. "당신은 순수 존재이다"라는 성전 말씀도 헛된 말이 되니, [이는] 이치에 맞지 않는다.

78~79(ab) 성전이 [나(=아뜨만)와 너(=지성)] 양자를 구별하지 않고 ['나'니 '당신'이니] 말하고 있는 것이라면, 그런 식으로 [성전 말씀을] 이해할 수도 있을 것이다. 그렇지만 만약 ["당신이 바로 그것이다"라는 성전 말씀이] '너(=지성)'를 '나(=아뜨만)'와 구별해서 하는 말이라면, [그래서 "당신이 바로 그것이다"라는 성전 말씀이, '너' 곧 지성이] 궁극적으로는 [지성의 뭇] 지식과 긍정적 내속 관계를 갖고 있는 [아뜨만]임을 [뜻한다]면, 앞에서 [즉 제76게송과 제77게송에서 말한] 오류에 빠질 것이다.

(V18.076ab) arthī duḥkhī ca yaḥ śrotā sa tv adhyakṣo 'thavetaraḥ |
(V18.076cd) adhyakṣasya ca duḥkhitvam arthitvam ca na te matam ∥
(V18.077ab) kartādhyakṣaḥ sad asmīti naiva sadgraham arhati |
(V18.077cd) sad evāsīti mithyoktiḥ śruter api na yujyate ∥
(V18.078ab) avivicyobhayam vakti śrutiś cet syād grahas tathā |
(V18.078cd) asmadas tu vivicyaiva tvam eveti vaded yadi ∥
(V18.079ab) pratyayānvayiniṣṭhatvam ukto doṣaḥ prasajyate |

79(cd)~80 만약에 '너'가 궁극적으로는 지켜보는 자(=아뜨만)를 뜻한다
고 한다면, [당신은] 여기에 '나(=지성)'와 지켜보는 자(=아뜨만) 사이에
어떠한 관계가 있기에 '너'란 말이 간접적으로 [아뜨만을] 표시할 수 있
는지 설명해야 할 것이다. 보는 자와 보이는 대상의 관계가 [아뜨만과
지성 간의 관계라]면, 지켜보는 자(=아뜨만)는 행위가 없는 자인데 어떻
게 [그러한 관계가 있을 수 있겠는가]?

(V18.079cd) tvam ity adhyakṣaniṣṭhaś ced ahamadhyakṣayoḥ katham ||
(V18.080ab) sambandho vācya evātra yena tvam iti lakṣayet |
(V18.080cd) draṣṭṛdṛśyatvasambandho yady adhyakṣe 'kriye katham ||

81 지켜보는 자(=아뜨만)는 행위가 없어도 그 [지성]과 동일하다면, 지
켜보는 자(=아뜨만)가 나(=지성)의 본질이라고 하는 관계를 이해하지 못하
고 있을 때는 [그러한 동일성에 관한] 이해는 있을 수 없다.

(V18.081ab) akriyatve 'pi tādātmyam adhyakṣasya bhaved yadi |
(V18.081cd) ātmādhyakṣo mamāstīti sambandhāgrahaṇe na dhīḥ ||

82 만약에 당신이, [그 양자의] 관계에 대한 이해는 성전 말씀(『찬도기
야 우빠니샤드』 3-14-3)에 따라 [얻을 수 있다]고 생각한다면, 그것은 옳지
않다. 왜냐하면 앞에서 [제74게송~제80게송에서] 말한 세 가지 유형의
과실2)에 빠질 것이기 때문이다. 또는 [아뜨만이] '내 것(=지성의 소유물)'
이라는 이해가 생겨 [당신이 말한 바와 같이 양자가 동일한 것이라는
이해는 생기지 않을 것이기] 때문이다.

(V18.082ab) sambandhagrahaṇaṃ śāstrād iti cen manyase na hi |

---

2) 첫째, 지성은 순수정신이 아니므로 아뜨만과 지성의 관계를 알 수 없다. 둘째, 아뜨만
은 불변이므로 행위가 없고 따라서 양자의 관계를 알 수 없다. 셋째, 성전은 순수정신
이 아닌 지성에 관해서 가르치고 있지 않다.

(V18.082cd) pūrvoktāḥ syus tridhā doṣā graho vā syān mameti ca ‖

83 지성은 보는 자(=아뜨만)가 아니지만, 보는 자(=아뜨만)의 모습을 띠고 현현한다. 그때는 항상 그 [지성]의 뭇 지식도 [지성을 따라서] 현현한다. 뜨겁게 달구어진 철에서 불꽃이 튀기는 것과 같다.

(V18.083ab) adṛśir dṛśirūpeṇa bhāti buddhir yadā sadā |
(V18.083cd) pratyayā api tasyāḥ syus taptāyovisphuliṅgavat ‖

84 세상 사람들에게 있어서 [아뜨만의] 영상 [곧 지성의 뭇 지식]과 그것의 소멸[에 관한 설명]은 궁극적 한계[에서나 드러나는] 보는 자(=아뜨만)를 [설정함으로써만] 가능한 일이지 다른 방식으로는 불가능하다. 그런 경우에 [곧 아뜨만의 영상이 인정될 때에] [지성은 자기 자신을] 그 [아뜨만]으로 이해할 수 있는 것이다.

(V18.084ab) ābhāsas tadabhāvaś ca dṛśeḥ sīmno na cānyathā |
(V18.084cd) lokasya yuktitaḥ syātām tadgrahaś ca tathā sati ‖

85 불이 쇳덩어리에 들어가는 것과 같이 보는 자[도] [지성 속으로] 들어가는 것은 아닌가? [그 문제에 관해서는] 얼굴과, 거울에 비친 [얼굴의] 영상의 실례를 통해서 이미 [제33게송, 제43게송에서] 논박했다.

(V18.085ab) nanv evaṃ dṛśisaṃkrāntir ayaḥpiṇḍe 'gnivad bhavet |
(V18.085cd) mukhābhāsavad ity etad ādarśe tan nirākṛtam ‖

86 검은 쇠가 붉은 [불]의 모습을 띠고 현현한다는 것이 [지성이 아뜨만의 모습을 띠고 현현한다는 것에 대한] 실례라고 [사람들은] 말한다. 그렇지만 실례와 [그 실례를 통해 설명하려는] 주제가 모든 점에서 일치하는 일은 결코 있을 수 없다.

(V18.086ab) kṛṣṇāyo rohitābhāsam ity etad dṛṣṭam ucyate |
(V18.086cd) dṛṣṭadārṣṭāntulyatvaṃ na tu sarvātmanā kvacit ‖

87 그와 마찬가지로 순수정신의 영상을 갖고 있는 마음(=지성)은 마치 순수정신인 듯이 현현한다. [그러나] 거울에 비친 얼굴 모습처럼 영상이 허망한 것이라는 점에 대해서는 이미 언급했다.

(V18.087ab) tathaiva cetanābhāsaṃ cittaṃ caitanyavad bhavet |
(V18.087cd) mukhābhāso yathādarśa ābhāsaś codito mṛṣā ‖

88 마음이 곧 순수정신이라는 [주장]은 성전 말씀이나 논리적 이치에 근거해서 이미 배제된 것이다. [마음이 순수정신이라면] 몸도, 그리고 눈 등도 마찬가지로 [순수정신이라는] 오류에 빠질 것이다.

(V18.088ab) cittaṃ cetanam ity etac chāstrayuktivivarjitam |
(V18.088cd) dehasyāpi prasaṅgaḥ syāc cakṣurādes tathaiva ca ‖

89 그것도 그렇다 치자 [곧 몸도 눈 등도 모두 순수정신이라고 인정하자]고 한다면, 그것은 옳지 않다. 왜냐하면 [그러한 견해는] 유물론자[의 견해]에 속하기 때문이다. 만약에 마음에 [아뜨만의] 영상이 없다면 "나는 보는 자(=아뜨만)이다"라는 지식은 성립할 수 없을 것이다.

(V18.089ab) tad apy astv iti cet tan na lokāyatikasaṃgateḥ |
(V18.089cd) na ca dhīr dṛśir asmīti yady ābhāso na cetasi ‖

90 "나는 순수 존재이다"라는 지식이 없다면 "너는 바로 그것이다"라는 [성전 말씀]도 무의미해질 것이다. [그렇지만] 이 말은 '너희들(=지성)'과 '우리들(=아뜨만)'에 대한 식별지를 갖고 있는 자에게는 의미 있을 것이다.

(V18.090ab) sad asmīti dhiyo 'bhāve vyarthaṃ syāt tat tvam asy api |
(V18.090cd) yuṣmadasmadvivekajñe syād arthavad idaṃ vacaḥ ||

91 의심할 여지 없이 '내 것'이나 '이것'이라는 두 [가지] 지식은 '너희들(=지성)'을 가리키고 있다고 보아야 한다. '나'[라는 지식]은 '우리들(=아뜨만)'을 가리키고, 또 "나는 이것이다"[라는 지식]은 [지성과 아뜨만] 양자를 가리키고 있다고 인정된다.

(V18.091ab) mamedaṃpratyayau jñeyau yuṣmady eva na saṃśayaḥ |
(V18.091cd) aham ity asmadīṣṭaḥ syād ayam asmīti cobhayoḥ ||

92 그것들 [곧 '나', '내 것', '이것'이라는 지식들]은 서로 상관 관계를 가지며 주종(主從) [관계]를 맺고 있음이 인정된다. 그와 마찬가지로 논리적 이치에 따라 수식·피수식의 관계를 맺고 있다고 이해해야 한다.

(V18.092ab) anyonyāpekṣayā teṣāṃ pradhānaguṇateṣyate |
(V18.092cd) viśeṣanaviśeṣyatvaṃ tathā grāhyaṃ hi yuktitaḥ ||

93 '내 것'이니 '이것'이라는 두 [지식]은 모두 [제91게송] 가운데[서 말한 지성]을 수식하는 것이다. '재물을 갖고 있는', '소를 갖고 있는' [등의 말이 그 사람의 몸을 수식하는 말]이듯이, 몸은 자의식의 주체 [곧 지성]을 수식하는 것이다.

(V18.093ab) mamedaṃ dvayam apy etan madhyamasya viśeṣaṇam |
(V18.093cd) dhanī gomān yathā tadvad deho 'haṃkartur eva ca ||

94 지성에 떠오른 그 모든 것과 자의식의 주체(=지성)는 언제나 지켜보는 자(=아뜨만)를 [수식하는 것]이다. 그러므로 아는 자(=아뜨만)는 그 어떤 것과도 접촉하는 일이 없이 언제나 일체만물로 현현한다.

(V18.094ab) buddhyārūḍham sadā sarvaṃ sāhaṃkartrā ca sākṣiṇaḥ |
(V18.094cd) tasmāt sarvāvabhāso jñaḥ kiṃcid apy aspṛśan sadā ||

95 이 모든 [아뜨만을 수식하는] 것들(=아뜨만이 아닌 것)은, 세상 사람들의 지성에 의거해서 말했듯이, [실재에] 반하는 것이다. 즉 [아뜨만과 아뜨만이 아닌 것에 관한] 식별지 없이 지성에만 의지하는 사람들에게는 [그 모든 것이] 존재하겠지만, 식별지를 갖고 있는 사람들에게는 존재하지 않는 것이다.

(V18.095ab) pratilomam idaṃ sarvaṃ yathoktaṃ lokabuddhitaḥ |
(V18.095cd) avivekadhiyām asti nāsti sarvaṃ vivekinām ||

96 '이것'이니 '나'니 하는 말[의 의미를] 규정할 때 [통용되는] 논리적 이치는, 단어와 [그 단어가 가리키는] 지시 대상의 ['이것'이 가리키는 지성이 있으면 반드시 '나'가 가리키는 아뜨만도 있다는] 긍정적 내속 관계와 ['나'가 가리키는 아뜨만이 없으면 반드시 '이것'이 가리키는 지성도 없다는] 부정적 내속 관계, 이 양자이다.

(V18.096ab) anvayavyatirekau hi padārthasya padasya ca |
(V18.096cd) syād etad aham ity atra yuktir evāvadhāraṇe ||

97 [숙면 상태에서 깨어나서] "나는 숙면 상태에서 다른 아무 것도 보지 않았다"고 생각할 때, [그는] 보는 것 자체를 배제하는 것이 아니라 [봄으로써 생기는] 지식을 부정하는 것이다.

(V18.097ab) nādrākṣam aham iti asmin suṣupte 'nyan manāg api |
(V18.097cd) na vārayati dṛṣṭiṃ svāṃ pratyayaṃ tu niṣedhati ||

98 "스스로 빛나는 자", "보는 자[가 보는 것은 없어지지] 않는다"라고

[성전은], 순수정신의 상존성(常存性)과 불변성을 [말하고 있으며], 마찬
가지로 그 [지성의] 지식의 가멸성(可滅性)을 [말하고 있으며], 또한 지
식과 이해(=아뜨만)를 서로 별개의 것으로 구별해서 말하고 있다.

 (V18.098ab) svayaṃjyotir na hi draṣṭur ity evaṃ saṃvido 'sthitām |
 (V18.098cd) kauṭasthyaṃ ca tathā tasyāḥ pratyayasya ca luptatām |
 (V18.098ef) svayam evābravīc chāstraṃ pratyayāvagatī pṛthak ‖

99 이와 같이, 성전과 세상 사람들이 승인하고 있는 바에 따라 문장의
의미를 이해하였을 때, 성전은 그것을 듣는 사람의 미망을 제거하기 위
해서 "너는 바로 그것이다"(『찬도기야 우빠니샤드』 6-8-7)라고 하는 것이다.

 (V18.099ab) evaṃ vijñātavākyārthe śrutilokaprasiddhitaḥ |
 (V18.099cd) śrutis tat tvam asīty āha śrotur mohāpanuttaye ‖

100 [『라마야나』 6-120에서] 범천(梵天) 브라흐마가 ["너는 나라야나신
(神)이다"라고] 말하기만 하고, 다샤라타의 아들(=라마)의 무지를 없애기
위해서, 또 그가 비슈누신이라는 것을 알기 위해서 [행해야 할] 다른 그
어떠한 노력도 말해주지 않았던 것처럼.

 (V18.100ab) brahmā dāśarather yadvad uktaivāpānudat tamaḥ |
 (V18.100cd) tasya viṣṇutvasaṃbodhe na yatnāntaram ūcivān ‖

101 '나'라는 말은, 광명(光明)인 내아(=내재하는 아뜨만)를 [간접적으로]
나타낸다. 그 [간접적인 의미]를 [성전에서는] "그대는 순수 존재이다"
라고 말하고 있는 것이다. 이런 식으로 해서 [이루어진] 그 결과가 해탈
이다.

 (V18.101ab) ahaṃśabdasya yā niṣṭhā jyotiṣi pratyagātmani |

(V18.101cd) saivoktā sad asīty evaṃ phalaṃ tatra vimuktatā ‖

102 [“그대는 순수 존재이다”라는 것을] 듣기만 해서는, 그 결과는 일어나지 않을 것이라고 반문한다면, [나는 다음과 같이 대답한다]. 그 경우에는, 해야 할 의무가 확실히 남아 있을 것이다. [그러나] 아뜨만은 말로 표현되기 전에도 그 자체로 실재한다는 것이 [널리] 인정받고 있다.

(V18.102ab) śrutamātre na cet syāt kāryam tatra bhaved dhruvam |
(V18.102cd) vyavahārāt purāpīṣṭaḥ sadbhāvaḥ svayam ātmanaḥ ‖

103 [“그대는 순수 존재이다”라는 성전 말씀을] 듣는 것과 동시에 올바른 지식이 생기고 [그 결과] 기아 등[의 윤회 생존]이 멈춘다. “그대는 그것이다”등의 성전 말씀[의 의미]에 관해서는, 과거에도 현재도 미래에도 아무런 의심의 여지도 있을 수 없다.

(V18.103ab) aśanāyādinirmuktyai tatkālā jāyate pramā |
(V18.103cd) tattvamasyādivākyārthe triṣu kāleṣv asaṃśayaḥ ‖

104 올바른 인식 자체인 아뜨만은, 본성상 [모든] 장애로부터 자유롭기 때문에, [성전 말씀을 듣는] 바로 그때, 아무런 의심도 없이 자기 자신의 아뜨만에 관해서 올바른 인식이 생길 것이다.

(V18.104ab) pratibandhavihīnatvāt svayaṃ cānubhavātmanaḥ |
(V18.104cd) jāyetaiva pramā tatra svātmany eva na saṃśayaḥ ‖

105 [성전 말씀을 들을 때], “나는 순수 존재 그 자체이다”라고 이해할 것인가, 아니면 “나는 다른 자이다”라고 이해할 것인가. 만약 “[나는] 순수 존재 그 자체이다”라고 [이해한다면], ‘나’라는 말의 일차적 의미는 ‘순수 존재’라고 인정해야 한다.

(V18.105ab) kiṃ sad evāham asmīti kiṃ vānyat pratipadyate |
(V18.105cd) sad eva ced ahaṃśabdaḥ satā mukhyārtha iṣyatām ‖

106 만약, "[나는] 다른 자이다"라고 [이해한다면], "나는 순수 존재이다"라는 이해를 얻는 것은 틀림없이 잘못이다. 그러므로 만약 ['나'라는 말의] 일차적 의미를 이해한다면, ["그대는 그것이다"라는 성전 말씀을 들었을 때에, "나는 순수 존재이다"라는] 이러한 지식과 모순되는 것이 아니다.

(V18.106ab) anyac cet sadahaṃgrāhapratipattir mṛṣaiva sā |
(V18.106cd) tasmān mukhyagrahe nāsti vāraṇāvagater iha ‖

107 [아뜨만의] 영상이 들어 있는 지식과 지식의 주체(=지성)는, 아뜨만을 위해 존재한다. 또 그 양자는 비정신적인 것이기 때문에, [그] 결과(=해탈)는 순수정신에 있는 것으로 상정된다.

(V18.107ab) pratyayī pratyayaś caiva yadābhāsau tadarthatā |
(V18.107cd) tayor acitimattvāc ca caitanye kalpyate phalam ‖

108 [아뜨만은] '불변'이기는 하지만 결과(=해탈)는 [아뜨만에 귀속하는 것이] 타당하다. [왕이 직접 전투를 하지 않더라도] 승리 등[의 결과]는 왕에게 [귀속하는 것이 타당한] 것처럼. 왜냐하면, 그 결과는 행위의 본성도 원인도 아니고, 또한 [지성의] 지식의 본성도 원인도 아니기 때문이다.

(V18.108ab) kūṭasthe 'pi phalaṃ yogyaṃ rājanīva jayādikam |
(V18.108cd) tadanātmatvahetubhyāṃ kriyāyāḥ pratyayasya ca ‖

109 거울에 얼굴이 비칠 때 거울이 얼굴인 것처럼 보이지만 [거울에 비

친] 얼굴의 영상은 [실제로는 실재하지 않고 실재하는 것은] 얼굴이듯이, 마치 아뜨만인 것처럼 보이는 지성이라는 거울에 비친, 아뜨만의 영상이라는 [지성의] 지식은 [실제로는 실재하지 않으며 아뜨만만이 실재한다]. ["나는 브라흐만이다"라는 성전 말씀의 의미는] 그렇게 이해할 때만 의미 있는 말이 된다.

(V18.109ab) ādarśas tu yadābhāso mukhākāraḥ sa eva saḥ |
(V18.109cd) yathaivaṃ pratyayādarśo yacābhāsas tadā hy aham ‖

110 이와 같이 해서만, "나는 순수 존자이다"라는 이해가 생기고, 그렇지 않으면 [곧 영상이라는 매개가 없으면] [그와 같은 이해는 생기지] 않으며, [따라서] "그대는 그것이다"라는 가르침도 매개가 없기 때문에 무의미하게 될 것이다.

(V18.110ab) ity evaṃ pratipattiḥ syāt sad asmīti ca nānyathā |
(V18.110cd) tat tvam ity upadeśo 'pi dvārābhāvād anarthakaḥ ‖

111 이런 식으로 이 가르침이 듣는 사람을 향해 있다면, [그 가르침은] 유용할 것이다. [이 경우에] '지켜보는 자(=아뜨만)'가 듣는 자가 아니라고 한다면, 도대체 누가 듣는 자이겠는가?

(V18.111ab) śrotuḥ syād upadeśaś ced arthavattvaṃ tathā bhavet |
(V18.111cd) adhyakṣasya na ced iṣṭaṃ śrotṛtvaṃ kasya tad bhavet ‖

112 지성이야말로 지켜보는 자와 가까이 있을 때 [듣는 자가 된다]고 생각한다면, [다음과 같이 답한다]. 지켜브는 자는 [지성과 가까이 있다고 해도, 그를 위해서] 어떤 도움도 주지 않는다. 목재로부터 [어떤 도움을 얻으리라고는] 기대할 수 없는 것처럼.

(V18.112ab) adhyakṣasya samīpe syād buddher eveti cen matam |
(V18.112cd) na tatkṛtopakāro 'sti kāṣṭhād yadvan na kalpyate ||

113 만약 지켜보는 자가 지성에 어떤 [도움]을 준다면, [지켜보는 자
는 '불변하는 것'이 아닌] '변화하는 것'이 되어야 할 것이다. 또 성전
등에서 지지하고 있는데, [아뜨만의] 영상[을 상정했다고] 해서 무슨
잘못이 있겠는가?

(V18.113ab) buddhau cet tatkṛtaḥ kaścin nanv evaṃ pariṇāmitā |
(V18.113cd) ābhāse 'pi ca ko doṣaḥ sati śrutyādyanugrahe ||

114 [아뜨만의] 영상[을 인정한다]면, [아뜨만에 있어서] 변화를 [인정
하게] 될 것이라고 한다면, [다음과 같이 답한다]. 그것은 올바르지 않다.
[새끼줄을 보고 뱀으로 착각할 때] 뱀 등이 새끼줄 등에 있는 것처럼 보
이고, [거울에 얼굴이 비칠 때] 얼굴이 거울에 있는 것처럼 보이지만 [실
제로는 실재하는 것이 아니라]고, 앞에서(=제109게송에서) 말했다.

(V18.114ab) ābhāse pariṇāmaś cen na rajjvādinibhatvavat |
(V18.114cd) sarpādeś ca tathāvocam ādarśe ca mukhatvavat ||

115 [반론] 만약 [지성이] 아뜨만인 것처럼 현현하기 위해서는 아뜨만
에 관한 올바른 지식이 있어야 한다면, 이 경우에는, [지성이 아뜨만인
것처럼 현현하려면 아뜨만에 관한 올바른 지식이 필요하고, 아뜨만에
관한 올바른 지식이 있으려면 지성이 아뜨만인 것처럼 현현하는 것이
필요하다고 말하는 것이기 때문에] 순환논법이 된다.
[**대답**] 얼굴 등은 [영상 등과는] 별개라는 것이 입증되었다.
116 [반론] 만약 지켜보는 자가 [그 영상과는] 별개라는 것이 입증되
었다면, 영상은 그 지켜보는 자에 속할 것이다. 왜냐하면 영상이 지켜보

는 자에게 속해야만 [그 영상은] 지켜보는 자와 별개의 것이 되기 때문
이다.

    (V18.115ab) nātmābhāsatvasiddhiś ced ātmano grahaṇāt pṛthak |
    (V18.115cd) mukhādes tu pṛthaksiddhir iha tv anyonyasaṃśrayaḥ ‖
    (V18.116ab) adhyakṣasya pṛthaksiddhāv ābhāsasya tadīyatā |
    (V18.116cd) ābhāsasya tadīyatve hy adhyakṣavyatiriktatā ‖

117 [**대답**] 그것은 옳지 않다. 왜냐하면, [지성의] 지식과 '보는 것(=지
켜보는 자, 아뜨만)', 이 양자는 수면 상태에서는 각각 [별개의 것으로] 확
립되어 있기 때문이다. 수면 상태에서는, 전차(戰車) 등 [외계의 대상을
볼 수 있지만, 실제로는 그것]은 존재하지 않기 때문에, [각성 상태에서
본 전차 등의] 지식이 아뜨만에게 인식되는 것이다.

    (V18.117ab) naivaṃ svapne pṛthaksiddheḥ pratyayasya dṛśes tathā |
    (V18.117cd) rathādes tatra śūnyatvāt pratyayasyātmanā grahaḥ ‖

118 이해(=순수정신, 아뜨만)에 따라서 [지성의] 지식은 [그 외계의] 대
상의 형태를 취한다. 외계의 대상이란, 지식이 생길 때, 지식에 형태를
주는 것이라고 생각된다.

119 외계의 대상은 가장 바라고 있는 것이기 때문에 행위의 대상이다.
그것을 [얻고 싶다는 바람을] 갖고 있는 자는 해야 할 의무를 다 하도
록 명령받는다. 그리고 [외계의 대상의] 형상이 부여될 그 [지성의 지
식]이 여기에서는 '수단'으로 불린다.

120 [지성의 지식은 아뜨만의] 영상으로 편만하지만, 그 [아뜨만]이
'인식 주체'로 불린다. 아뜨만을 알고 있는 자는 이 [외계의 대상, 수단,
인식 주체의] 세 가지를 식별하고, 그 가운데 [어느 것이 아뜨만인가를]
알고 있는 사람이다.

(V18.118ab) avagatyā hi saṃvyāptaḥ pratyayo viṣayākṛtiḥ |
(V18.118cd) jāyate sa yadākāraḥ sa bāhyo viṣayo mataḥ ||
(V18.119ab) karmepsitatamatvāt sa tadvān kārye niyujyate |
(V18.119cd) ākāro yatra cārpyeta karaṇam tad ihocyate ||
(V18.120ab) yadābhāsena saṃvyāptaḥ sa jñāteti nigadyate |
(V18.120cd) trayam etad vivicyātra yo jānāti sa ātmavit ||

121 [지성의] 여러 가지 지식은 '옳다', '의심스럽다', '틀리다'라고 말해지기 때문에 변화하기 쉬운 것이다. 그들 지식 속에 있는 자로서, 이해(=순수정신, 아뜨만)는 유일자이지만 지식에 의해 차별화된다.

(V18.121ab) samyaksaṃśayamithyoktāḥ pratyayā vyabhicāriṇaḥ |
(V18.121cd) ekaivāvagatis teṣu bhedas tu pratyayārpitaḥ ||

122 보석의 [색 등의] 구별은 한정적 첨성의 구별에서 유래하듯이, 이해(=순수정신, 아뜨만)의 부정(不淨)과 변화는 [지성의] 지식에서 유래한다.

(V18.122ab) ādhibhedād yathā bhedo maṇer avagates tathā |
(V18.122cd) aśuddhiḥ pariṇāmaś ca sarvam pratyayasaṃśrayāt ||

123 이 세상에서 여러 가지 지식의 현현과 인식과 확립은 [그 자체가 아닌] 다른 것(=아뜨만)에 근거한다. 왜냐하면 [아뜨만은] 등불과 같이 직접적으로 인식되기 때문이다. 이것은 [뒤 제151게송에서] 말하게 될 추론이다.

(V18.123ab) prathanaṃ grahaṇaṃ siddhiḥ pratyayānām ihānyataḥ |
(V18.123cd) āparokṣyāt tad evoktam anumānaṃ pradīpavat ||

124 어떤 사람이 무지한 사람에게 [아뜨만을] 이해시키고자 할 때, 어떤 인식 수단에 의거해야 하는가? 혹은 인식 수단에 의거하지 않고 [아

뜨만이 아닌 것을] 부정하고 그 이외의 것(=아뜨만)을 남기는 것만으로
충분한가?

(V18.124ab) kim ajñaṃ grāhayet kaścit pramāṇena tu kenacit |
(V18.124cd) vinaiva tu pramāṇena nivṛttyānyasya śeṣataḥ ||

125 이 경우에 인식 수단인 성전에 의해서만 [아뜨만이 아닌 것을] 부
정하는 [방법을 취한다고] 한다면, '지켜보는 자'는 아직 확립되어 있지
않기 때문에 [중관파(中觀派)가 주장하듯이, 아뜨만은] '공(空)'하다는 오
류에 빠질 것이다.

(V18.125ab) śabdenaiva pramāṇena nivṛttiś ced ihocyate |
(V18.125cd) adhyakṣasyāprasiddhatvāc chūnyataiva prasajyate ||

126 만약 "그대는 정신적인 것이다. 어째서 [그대가 몸일 수 있겠는]
가?"라고 [반문]한다면, [다음과 같이 답한다] 그것은 옳지 않다. 왜냐
하면 [정신적인 것이 몸과 다르다는 것은 단순한 부정에 의해서는 확립
되지 않기 때문이다. 정신적인 것은 [다른 어떠한 것과도] 다르다는 것
이 이미 확립되었다면, [지켜보는 자는] 그처럼 다른 것을 배제시켜 나
감으로써 [확립]된다.

(V18.126ab) cetanas tvaṃ kathaṃ deha iti cen nāprasiddhitaḥ |
(V18.126cd) cetanasyānyatāsiddhāv evaṃ syād anyahānataḥ ||

127 [반론] 지켜보는 자는 스스로 존재한다. 왜냐하면 정신적인 것은
직접적으로 인식되기 때문이다. [대답] 그렇다면 [아뜨만에 관해서] 무
지한 자의 이해는 [아뜨만의] 존재를 부정하는 자[의 이해]와 똑같아질
것이다.

(V18.127ab) adhyakṣaḥ svayam asty eva cetanasyāparokṣataḥ |
(V18.127cd) tulya evaṃ prabodhaḥ syād ajñasyāsattvavādinā ||

128 **[반론]** "나는 이것을 알고 있었다"라고 [사람들이 말할 때], 이 세상 사람들이 갖고 있는 기억에 근거해서, [사람들은] 행위 수단, 행위 대상, 행위 주체, 이 모두가 동시에 확립된다고 말하고 있는 것이다.

(V18.128ab) aham ajñāsiṣaṃ cedam iti lokasmṛter iha |
(V18.128cd) karaṇaṃ karma kartā ca siddhās tv ekakṣaṇe kila ||

129 **[대답]** [단지 논의를 진행하기 위해서] 기억이 인식 수단이라고 [인정했다] 하더라도 [실제로는] 신속성 때문에 [행위 수단, 행위 대상, 행위 주체의 확립이] 동시에 이루어지는 것처럼 보일 [뿐이다]. 기억하기 전에는 [행위 수단, 행위 대상, 행위 주체의] 인식이 [동시적이 아니라] 차례대로 생기며, 기억한 후에도 마찬가지로 [차례대로 생기는 것이다].

(V18.129ab) prāmāṇye 'pi smṛteḥ śaighryād yaugapadyaṃ vibhāvyate |
(V18.129cd) krameṇa grahaṇaṃ pūrvaṃ smṛteḥ paścāt tathaiva ca ||

130 "나는 이것(=대상)을 알고 있었다", "나는 나(=주체)를 알고 있었다." [이러한 문례에서는, 행위 대상과 행위 주체의 구별을] 확실히 예상하고 있는 것이며, 구별이 예상되는 경우에 동시성은 없는 것이다.

(V18.130ab) ajñāsiṣam idaṃ māṃ cety apekṣā jāyate dhurvam |
(V18.130cd) viśeṣo 'pekṣyate yatra tatra naivaikakālatā ||

131 [행위 수단, 행위 대상, 행위 주체] 이 세 가지는 [그 가운데 하나만의] 본질을 인식하는 경우에도 [세 가지 모두] 성립하기 때문에, [결과로서 무한소급의 오류에 빠진다]. [행위 주체의] 본질[의 인식과] 관

계된 주체는 수단과 대상의 [본질의 인식에는] 관계하지 않는다.

> (V18.131ab) ātmano grahaṇe cāpi trayāṇām iha saṃbhavāt |
> (V18.131cd) ātmany āsaktakartṛtvaṃ na syāt karaṇakarmaṇaḥ ∥

132 행위 주체의 행위를 통해서 도달하고자 하는 것, 그것이 행위 대상이다. 그러므로 행위 대상은 행위 주체에 의존하고 있는 것이어서 다른 어느 것에도 의존하지 않는다.

> (V18.132ab) vyāptum iṣṭaṃ ca yat karaṇuḥ kriyayā karma tat smṛtam |
> (V18.132cd) ato hi kartṛtantratvaṃ tasyeṣṭaṃ nānyatantratā |

133 [아뜨만에 관해서] 무지한 사람은, 일체의 사물을 성전, 추론, 또는 그 이외의 인식 수단에 의거해서 확립하고, 그렇지 않으면 [확립하지] 않는다.

> (V18.133ab) śabdād vānumiter vāpi pramāṇād vā tato 'nyataḥ |
> (V18.133cd) siddiḥ sarvapadārthānāṃ syād ajñaṃ prati nānyathā ∥

134 [반론] '지켜보는 자'도 인식 수단에 따라 확립하는 것인가, 아니면 [인식 수단] 없이 [확립하는 것인가]. [대답] [지켜보는 자] 자신은 [인식 수단] 없이 확립되지만, 무지한 사람에게는 [그것만으로] 충분치 않다.

> (V18.134ab) adhyakṣasyāpi siddhiḥ syāt pramāṇena vinaiva vā |
> (V18.134cd) vinā svasya prasiddhis tu nājñam praty upayujyate ∥

135 만약 '지켜보는 자' [자체]가 무지하다면, [지켜보는 자를] 알기 위해서는 [그것] 이외의 올바른 인식 근거가 있어야 한다. [지켜보는

자] 이외에 다른 자가 무지하다면, 그것을 알기 위해서 [그것 이외의 올바른 인식 근거가 필요하다는 것은] 확실하다.

(V18.135ab) tasyaivājñatvam iṣṭaṃ cej jñātatve 'nyā mitir bhavet |
(V18.135cd) anyasyaivājñatāyāṃ ca tadvijñāne dhruvā bhavet ||

136 '확립'이란 알게 된 상태인가, 혹은 생기는 것인가, 혹은 기타의 것인가? 만약 [확립이] 알게 된 상태를 [의미한]다면, 그대는 바로 앞에 [제135게송에서] 말한 두 가지 주장을 떠올려야 한다.

(V18.136ab) jñātatā svāmalābho vā siddhiḥ syād anyad eva vā |
(V18.136cd) jñātatve 'nantaroktau tvaṃ pakṣau saṃsmartum arhasi ||

137 만약 확립이 생기는 것이라면, 그것을 위해 [인식 수단을 적용하려는] 노력은 무의미하게 된다. 왜냐하면 사물이 그 자신의 [뭇] 원인에서 [생긴다는 것은] 모든 사람들이 잘 알고 있는 사항이기 때문이다.

(V18.137ab) siddhiḥ syāt svātmalābhaś ced yatnas tatra nirarthakaḥ |
(V18.137cd) sarvalokaprasiddhatvāt svahetubhyas tu vastunaḥ ||

138 그러므로 인식과 인식 대상 등을 [인정하는] 학설에서는, [무엇의] 확립이란 '[그것이 널리] 알려져 있는 상태'라고 말한다. 지켜보는 자와 보이는 것의 '확립'은 알아야 할 대상인 것이지 생겨나는 것은 아니다.

(V18.138ab) jñānajñeyādivāde 'taḥ siddhir jñātatvam ucyate |
(V18.138cd) adhyakṣādhyakṣyayoḥ siddir jñeyatvaṃ nātmalābhatā ||

139 만약 [무엇의] 확립을 [그] 대상, 주체 등이 명확하게 되는 것이라고 가정한다면, [우리는 대답한다]. 명확성이나 불명확성은 [대상, 주

체 등과는] 다른 [지켜보는 자]에게만 속하는 것이어서 [대상, 주체 등의] 각각에 속하는 것은 아니다[라고].

(V18.139ab) spaṣṭatvaṃ karmakartrādeḥ siddhatā yadi kalpyate |
(V18.139cd) spaṣṭatāspaṣṭate syātām anyasyaiva na cātmanaḥ ||

140 시각을 잃은 맹인에게는 항아리가 명확하게 되는 일이 없다. 만약 명확성이 [시각을 잃은] 주체[, 대상] 등에 속한다고 한다면, 시각은 '지켜보는 자'를 주체로 하고 있다.

(V18.140ab) adraṣṭur naiva cāndhasya spaṣṭībhāvo ghaṭasya tu |
(V18.140cd) kartrādeḥ spaṣṭateṣṭā ced draṣṭṛtādhyakṣakartṛkā ||

141 [**유식 학파의 반론**] 지각이 다른 자(=아뜨만)에 의존한다면, 그대(=상까라)[의 입장]에 도대체 무슨 이득이 있는가? [우리 유식학파 사람에게] 말해보라. [만약 그대가, 지각은] 지각 주체에 [의존하는 것으로] 인정받고 있다[고 반론을 제기한다면], [우리는 다음과 같이 대답한다]. 우리[의 학설]에 의하면, 지각 주체도 또한 지각 이외의 그 어떤 것도 아니다.

(V18.141ab) anubhūteḥ kim anyasmin syāt tavāpekṣayā vada |
(V18.141cd) anubhavitarīṣṭā syāt so 'py anubhūtir eva naḥ ||

142 무릇 순수인식의 본질은 구별는 것이지만, 잘못된 견해를 갖고 있는 사람들은 [순수인식이] 인식 대상, 인식 주체, 자의식이라는 구별을 갖고 있는 것처럼 생각한다.

(V18.142ab) "abhinno 'pi hi buddhyātmā viparyāsitadarśanaiḥ |
(V18.142cd) grāhyagrāhakasaṃvittibhedavān iva lakṣyate" ||

143 [인식만이 존재한다고 주장하는 사람들은, 그 인식을 작용이라고, 또는 작용의 원인이라고 한다].

[**대답**] 만약 [유식파가] 지각에 실재성과 가멸성이 있다고 한다면, 지각에는 지각 주체가 있다는 것을 인정해야 한다. 만약 [유식파가 지각에는] 어떠한 속성도 인정되지 않는다고 한다면, [지각에는 실재성과 가멸성이 있다는 자기 자신의] 주장을 포기하게 된다.

> (V18.143ab) bhūtir yeṣāṃ kriyā saiva kārakaṃ saiva cocyate |
> (V18.143cd) sattvaṃ nāśitvam asyāś cet sakartṛtvaṃ tatheṣyatām |
> (V18.143ef) na kaścic ceṣyate dharma iti cet pakṣahānatā ‖

144 [**유식파의 반론**] 실재성 등의 여러 속성들은 비실재성 등의 [속성들을] 배제[하는 것]이 아닌가?

[**대답**] 그 경우조차도 지각에는 가멸성이 없다. 왜냐하면 그대(=불교도) [들의 말]에 의하면 [지각에는] 개별적 특성(=自相)이 있기 때문이다.

> (V18.144ab) nanv astitvādayo dharmā nāstitvādinivṛttayaḥ |
> (V18.144cd) na bhūtes tarhi nāśitvam svālakṣaṇyam hi te ‖

145 [우리 불이일원론학파에서는] 소멸은 개별적 특성에까지 미친다. [그런데 그대에 따르면] 소멸이란 비소멸의 배제이다. 그대에 의하면 [어떤 것이] 소인 것은 [그것에] 소가 아닌 것이 존재하지 않는 것이다. 그러나 그것은 소의 정의로서 성립하지 않는다.

> (V18.145ab) svalakṣaṇāvadhir nāśo nāśo 'nāśanivṛttitā |
> (V18.145cd) agor asattvaṃ gotvaṃ te na tu tad goḥ svalakṣaṇam ‖

146 '찰나'라는 [말]이 가리키는 의미도, 그대에 의하면 [찰나] 이외의 것이 존재하지 않는 것과 다름없다. [**유식파의 반론**] [우리는] 비존재에

대해서는 구별이 없으며 구별은 이름에 의해 일어난다고 인정하고 있다.

> (V18.146ab) kṣaṇavācyo 'pi yo 'rthaḥ syāt so 'py anyābhāva eva te |
> (V18.146cd) bhedābhāve 'py abhāvasya bhedo nāmabhir iṣyate ||

147 [**대답**] 그대의 말에 따르면, 도대체 어떻게 해서 이름이 달라짐에 따라서 한 개[였던 것]이 여러 개가 될 수 있는가? 만약 배제가 [소와 는] 다른 것에 대해서 [일어나는 것]이라고 한다면, 어떻게 이 배제가 소를 뜻할 수 있는가?

> (V18.147ab) nāmabhedair anekatvam ekasya syāt kathaṃ tava |
> (V18.147cd) apoho yadi bhinnānāṃ vṛttis tasya kathaṃ gavi ||

148 그대의 말에 따르면, 자의식(=自證分)에는 특수성이 없기 때문에, 이름이나 보편상 등이 [그것을 구별지우는 것은 아니]듯이, 어떠한 비존재(=부정)도, 어떠한 특수성도, 결코 [소를] 구별지우는 일이 없다.

> (V18.148ab) nābhāvā bhedakāḥ sarve viśeṣā vā kadācana |
> (V18.148cd) nāmajātyādayo yadvat saṃvidas te 'viśeṣataḥ ||

149 만약 그대가 일상적인 경험에서, [인식 수단으로서] 직접 지각 내지 추론을 인정한다면, 필연적으로 그것이 다종다양한 작용과 작용의 원인에 근거해서 일어난다는 것을 인정하지 않으면 안 될 것이다.

> (V18.149ab) pratyakṣam anumānaṃ vā vyavahāre yadīcchasi |
> (V18.149cd) kriyākārakabhedais tad abhyupeyaṃ dhruvaṃ bhavet ||

150 그러므로 파랑이나 노랑 또는 항아리 등은 자의식을 한정하는 것이다. 게다가 또 [그들을] 지각하는 자를 인정해야 할 것이다.

(V18.150ab) tasmān nīlaṃ tathā pītaṃ ghaṭādir vā viśeṣaṇam |
(V18.150cd) saṃvidas tad upetyaṃ syād yena cāpy anubhūyate ॥

151 형색 등[의 외계의 대상]은 지각의 대상이기 때문에, 그것들과는 다른 지각 주체가 존재한다. 그와 마찬가지로, [지성의 지식과는] 별개로 [그] 지식의 [지각 주체]가 존재한다. 왜냐하면 [지각 주체는] 등불처럼 [지식을] 비추는 것이기 때문이다.

(V18.151ab) rūpādīnāṃ yathānyaḥ syād grāhyatvād grāhakas tathā |
(V18.151cd) pratyayasya tathānyaḥ syād vyañjakatvāc ca dīpavat ॥

152 지켜보는 자인 지각과 보이는 대상인 지각 대상 사이에는, 지각 주체와 지각 대상의 관계 이외에 다른 어떤 유형의 관계가 성립할 수 있단 말인가?

(V18.152ab) adhyakṣasya dṛśeḥ kīdṛk sambandhaḥ sambhaviṣyati |
(V18.152cd) adhyakṣeṇa tu dṛśyena muktvānyo draṣṭṛdṛśyatām ॥

153 지켜보는 자의 작용을 물려받아서 '보는 것'이 보이는 대상에 편만하거나, 오히려 항상적인 '지켜보는 자'가 지성에 대해서 어떤 도움을 줄 것이다.

(V18.153ab) adhyakṣeṇa kṛtā dṛṣṭir dṛśyaṃ vyāpnoty atāpi vā |
(V18.153cd) nityādhyakṣakṛtaḥ kaścid upakāro bhaved dhiyām ॥

154 그리고 그 도움이란, 앞에서 [제75, 85, 112~114, 153게송에서] 말한 것처럼, [지성이, 그 자신 안에 있는 지켜보는 자의 영상 때문에] '지켜보는 자'인 것처럼 현현하는 것이다. 그리고 지성은 비추는 것이 되기 때문에, [지성은] 빛 등이 [그 대상에] 편만하는 것처럼 항아리 등[의

외계의 대상]에 편만한다.

(V18.154ab) sa coktas tannibhatvaṃ prāk saṃvyāptiś ca ghaṭādiṣu |
(V18.154cd) yathālokādisaṃvyāptir vyañjakatvād dhyas tathā ||

155 [빛이 항아리에 편만할 때], 항아리가 빛 가운데 있게 되듯이, [지성이 항아리에 편만할 때], 항아리는 지성에 떠오르게 된다. [다시 말해서] 지성이 [대상에] 편만한 [상태]가 [곧] [대상이] 지성에 떠오른 [상태]이다. 지성은 [동시적이 아니라] 차례대로 [대상에] 편만한다.

(V18.155ab) ālokastho ghaṭo yadvad buddhyārūḍho bhavet tathā |
(V18.155cd) dhīvyāptiḥ syād ghaṭāroho dhiyo vyāptau kramo bhavet ||

156 먼저 [지성의] 지식이 [대상에] 편만한다. 그 다음에 아뜨만의 도움이 있다. [그러나] 이 순서는 일체 만믈을 지켜보는 자에게는 해당하지 않는다. 시간, 공간 등의 경우와 같이.

(V18.156ab) pūrvaṃ syāt pratyayavyāptis tato 'nugraha ātmanaḥ |
(V18.156cd) kṛtsnādhyakṣasya so 'yuktaḥ kālākāśādivat kramaḥ ||

157 마음(=지성)과 같이, 여러 가지 행위에 관련된 요소들에 근거해서 어떤 인식 대상은 인식하지 않은 채로 남겨두고 대상을 인식하는 자는 [그 자체가] 변화하는 자이다.

(V18.157ab) viṣayagrahaṇaṃ yasya kāraṇāpekṣayā bhavet |
(V18.157cd) saty eva grāhyaśeṣe ca pariṇāmī sa cittavat ||

158 "나는 지켜보는 자이다"라는 인식은 지성만의 확인일 뿐, 지켜보는 자의 [확인]은 아니다. 왜냐하면 지켜브는 자는 구별이 없고, 자기

자신 이외의 지켜보는 자를 갖고 있지 않기 때문이다.

(V18.158ab) adhyakṣo 'ham iti jñānaṃ buddher eva viniścayaḥ |
(V18.158cd) nādhyakṣasyāviśeṣatvān na tasyāsti paro yataḥ ||

159 ['나'라는 지식의] 주체(=지성)가 "나는 [지켜보는 자이]다"라고, 이와 같이 생각하고, [스스로] 해탈해 있음을 직관한다고 해도, 고락으로부터의 해탈이 '나'라는 지식의 주체에서 일어난다는 것은 이치에 맞지 않는다.

(V18.159ab) kartrā ced aham ity evam anubhūyeta muktatā |
(V18.159cd) sukhaduḥkhavinirmoko nāhaṃkartari yujyate ||

160~161 "[나는] 괴롭다"는 지식은, 몸 등을 '나'라고 잘못 생각하는 데에서 생기는 것이 분명하다. "[나는] 귀걸이를 갖고 있다"는 지식과 같이. "나는 내아(內我)이다"라고 생각하는 지식에 의해서, 곧 [우리의 주장에 의하면] 식별지에 의해서, 식별지가 없는 [지식]이 부정된다. 잘못된 견해에서는, [일체의 것은] 궁극적으로는 비존재가 된다. 왜냐하면, 인식 수단이 인식 수단으로 적용되지 못하기 때문이다.

(V18.160ab) dehādāv abhimānottho duḥkhīti pratyayo dhruvam |
(V18.160cd) kuṇḍalipratyayo yadvat pratyagātmābhimāninā ||
(V18.161ab) bādhyate pratyayeneha vivekenāvivekavān |
(V18.161cd) viparyaye 'sadantaṃ syāt pramāṇasyāpramāṇataḥ ||

162 만약 아뜨만에 불에 탄다든지 칼에 베인다든지 파괴된다든지 하는 일이 있다면, [나는] 괴로움을 경험하겠지만, 그렇지 않으면 [괴로움을 받는 일은] 없다. 왜냐하면 A가 불에 탄다고 해서 B가 괴로움을 경험한다는 일은 결코 없기 때문이다.

(V18.162ab) dāhacchedavināśeṣu duḥkhitvaṃ nānyathātmanaḥ |
(V18.162cd) naiva hy anyasa dāhādāv anyo duḥkhī bhavet kvacit ||

163 촉각도 몸도 없기 때문에, 나(=아뜨만)는 결코 불에 타는 일이 없다.
그러므로 ["나는 괴롭다"라는 지식은, 자기의] 아들이 죽었을 때에 [나
도] 죽었다는 [지식이 생기는] 것처럼, [아뜨만에 관한] 잘못된 이해에
서 생긴다.

(V18.163ab) asparśatvād adehatvān nāhaṃ dāhyo yataḥ sadā |
(V18.163cd) tasmān mithyābhimānottham mṛte putre mṛtir yathā ||

164 "나는 귀걸이를 차고 있다"는 이 [지식]은, 식별지를 갖고 있는 사
람에 의해서 부정된다. 마찬가지로 "[나는] 괴롭다"는 지식은 언제나
"나는 독존자이다"는 지식에 의해 [부정된다].

(V18.164ab) kuṇḍaly aham iti hy etad bādhyetaiva vivekinā |
(V18.164cd) duḥkhīti pratyayas tadvat kevalāhaṃdhiyā sadā ||

165 만약 [아뜨만이] 괴로움을 받고 있다는 것이 확실하다면, 아뜨만은
언제든 괴로움을 받을 수 있는 능력이 있다는 것을 인정해야 한다. [그러
나 사실은 그렇지 않다]. 그래서, "[나는] 괴로움을 받고 있다"[는 지식
은] 잘못된 이해에서 유래한다. 그러한 [잘못된 이해]로 인해 대상(=괴로
움)이 생긴다든지 소멸한다든지 하는 것이다.

(V18.165ab) siddhe duḥkhitva iṣṭaṃ syāt tacchaktitvaṃ sadātmanaḥ |
(V18.165cd) mithyābhimānato duḥkhī tenārthāpādanakṣayaḥ ||

166 [아뜨만에는] 촉각도 운동도 없지만, [사람들은] 촉각이나 운동이
[아뜨만에 있는 것처럼 느낀다]. 마찬가지로 식별지를 갖고 있지 않기 때

문에, 사람들은 정신에 속하는 괴로움을 아뜨만에 속하는 것으로 본다.

(V18.166ab) asparśo 'pi yathā sparśam acalaś calanādi ca |
(V18.166cd) avivekāt tathā duḥkham mānasam cātmanīkṣate ‖

167 '식별지'라는 아뜨만에 관한 올바른 지식에 의해, 괴로움은 운동 등과 같이 [아뜨만에게서] 제거된다. 본성상 식별지를 갖고 있지 않기 때문에, 정신은 본의 아니게 움직인다.

(V18.167ab) vivekātmadhiyā duḥkham nudyate calcanādivat |
(V18.167cd) avivekasvabhāvena mano gacchaty anicchataḥ ‖

168 그때, 괴로움이 경험된다. [그러나] 그 정신이 움직이지 않게 되면, 그 괴로움은 [경험되지] 않는다. 그래서 괴로움이 내아(內我)에 있다고 하는 것은 이치에 맞지 않는다.

(V18.168ab) tadānudṛśyate duḥkham naiścalye naiva tasya tat |
(V18.168cd) pratyagātmani tasmāt tad duḥkham naivopapadyate ‖

169 ["그대는 순수 존재이다"라는 성전 말씀 가운데 두 개의 단어, 즉] '그대'와 '순수 존재'는 동일한 대상을 가리키고 있기 때문에, 이 [문장]은, "말은 검다"는 [문장]과 똑같다. '그대'라는 말은, 괴로움이 없는 자(=브라흐만)를 가리키는 ['순수 존재'라는 말]과 [동격으로] 관계 맺고 있기 때문에, '그대'라는 말은 괴로움이 없는 자를 가리킨다.

(V18.169ab) tvaṃsator tulyanīḍatvān nīlāśvavad idam bhavet |
(V18.169cd) nirduḥkhavācinā yogāt tvaṃśabdasya tadarthatā ‖

170 마찬가지로 ["그대는 그것이다"라는 성전 말씀에서] '그것'이라는

말은 내아를 표시하는 ['그대'라는 말]과 [동격으로] 관계 맺고 있기 때문에, ['그것'이라는 말은 내아를 표시한다]. [앞에 제12장 제3게송에서 언급한 이야기에 나오는] "네가 10번째다"라는 [문장과 마찬가지로], ["그대는 그것이다"라는] 문장은, 내아(=내재하는 아뜨만)를 의미한다.

(V18.170ab) pratyagātmābhihānena tacchaɔdasya yutes tathā |
(V18.170cd) daśamas tvam asīty evaṃ vākyaṃ syāt pratyagātmani ‖

171 ['너'와 '그것'이라는 두 가지 말은], 각각의 의미를 버리는 것이 아니고, [서로] 한정된 의미를 표시하고, 궁극적으로는 내아의 이해에 이른다. 그래서 [이] 의미와는 다른, 모순된 의미는 없다.

(V18.171ab) svārthasya hy aprahāṇena viśiṣṭārthasamarpakau |
(V18.171cd) pratyagātmāvagatyantau nānyo 'rtho 'rthād virodhy ataḥ ‖

172 "[나는 지금 세었던] 아홉 명의[소년들 가운데 포함되어 있다]"라는 지식에 마음을 빼앗겨서 자기 자신이 열 번째 [소년이]라는 사실을 알아차리지 못하고, [누가 열 번째 소년인지] 알고 싶어 한다. 그와 마찬가지로 사람들은 자기의 아뜨만을 [알고 싶어 한다].

(V18.172ab) navabuddhyapahārād dhi svātmānaṃ daśapūraṇam |
(V18.172cd) asaśyañ jñātum evecchet svam ātmānaṃ janas tathā ‖

173 무지에 눈이 묶여 있기 때문에 그 지성이 항상 욕구에 사로잡혀 있는 사람들은 명확히 자기 자신을 '보는 것(=아뜨만)'이라고는 생각하지 않는다. [그 열 번째의 소년이, 자기를] 열 번째 [소년이라고 생각하지 않았던] 것처럼.

(V18.173ab) avidyābaddhacakṣuṣṭvāt kāmāpahṛtadhīḥ sadā |

(V18.173cd) viviktaṃ dṛśim ātmānaṃ nekṣate daśamaṃ yathā ||

174 "네가 열 번째다"라는 [말을 통해서, 소년은 자기 자신이 열 번째의 소년임을 알았던 것처럼], 사람들은 "그대는 그것이다" 등의 성전 말씀으로부터 자기 자신의 아뜨만을 일체의 내관(內官=지성 등)을 지켜보는 자로 [올바르게] 안다.

(V18.174ab) daśamas tvam asīty evaṃ tattvamasyādivākyataḥ |
(V18.174cd) svam ātmānaṃ vijānāti kṛtsnāntaḥkaraṇekṣaṇam ||

175 하나의 문장 가운데, 이 단어는 앞에 오고, 저 단어는 그 다음에 와야 한다는 규칙은, 베다 성전에는 없다. 단어의 문장론적 관계는 [단어의] 의미에 달려 있다.

(V18.175ab) idaṃ pūrvam idaṃ paścāt padaṃ vākye bhaved iti |
(V18.175cd) niyamo naiva vede 'sti padasāṃgatyam arthataḥ ||

176 문장 속 단어의 의미는, 그것을 듣고 있을 때, 일치와 모순의 방법에 의해 상기되기, 그럼으로써 문장의 의미가 이해된다.

(V18.176ab) vākye hi śrūyamāṇānāṃ padānām arthasaṃsmṛtiḥ |
(V18.176cd) anvayavyatirekābhyāṃ tato vākyārthabodhanam ||

177 ["그대는 그것이다"라는] 영원한 문장 속 단어의 의미가, [일치와 모순의 방법에 의해서] 명확해지고, 문장의 의미에 관한 지식이 전달될 때, 그때에는 ["어째서 나는 브라흐만인가" 하는] 질문은 적절하지 않다.

(V18.177ab) yadā nityeṣu vākyeṣu padārthas tu vivicyate |
(V18.177cd) vākyārthajñānasaṃkrāntyai tadā praśno na yujyate ||

178 일치와 모순의 방법이 단어의 의미를 상기하기 위해서 쓰인다. 왜
냐하면, 그 누구도 [단어의 의미를] 상기하지 않고서는 문장의 의미를
알 수 없기 때문이다.

    (V18.178ab) anvayavyatirekoktiḥ padārthasmaraṇāya tu |
    (V18.178cd) smṛtyabhāve na vākyārtho jñātuṃ śakyo hi kenacit ‖

179 "그대는 그것이다" 등의 문장에서, '그대'라는 단어의 의미가 식별
되지 않기 때문에, "나는 항상 해탈해 있다"라는 문장의 의미가 명확해
지지 않는 것이다.

    (V18.179ab) tattvamasyādivākyeṣu tvaṃpadārthāvivekataḥ |
    (V18.179cd) vyajyate naiva vākyārtho nityamukto 'ham ity ataḥ ‖

180 일치와 모순의 방법은, 그 ['그대'라는 단어의 의미를] 식별하기
위해서 쓰이는 것이지 다른 목적을 위한 것은 아니다. 왜냐하면, '그대'
라는 단어의 의미를 식별해낼 때, 마치 손바닥 위에 위르와나무의 열매
와 같이.

181 문장의 의미는 명료해진다. 이와 같이 해서, [문장의 의미는] 독존
자[라는 것이 드러난다]. 왜냐하면, '나'라는 단어의 의미에서 '괴로움을
받는 자' [등의 의미]를 배제하고 나면 [최종적으로] 내아(內我)가 확정
되기 때문이다.

182 이런 까닭에 [위에서 말한] 의미가 가능해지는 것이다. 단어의 의
미와 문장의 의미에 정통한 사람들이, 성전 속에 쓰여 있는 [의미를] 버
리고, 성전 속에 쓰여 있지 않는 [의미로] 이해하는 것은 이치에 맞지
않는다.

    (V18.180ab) anvayavyatirekoktis tadvivekāya nānyathā |

(V18.180cd) tvaṃpadārthaviveke hi pāṇāv arpitavilvavat ǁ
(V18.181ab) vākyārtho vyajyate caivaṃ kevalo 'haṃpadārthataḥ ǀ
(V18.181cd) duḥkhīty etadapohena pratyagātmaviniścayāt ǁ
(V18.182ab) tatraivaṃ sambhavaty arthe śrutahānāśrutārthadhīḥ ǀ
(V18.182cd) naivaṃ kalpayituṃ yuktā padavākyārthakovidaiḥ ǁ

183 [반론] [금조각을 제식에 사용하기 위해서는 그것을 요리해서 정화할 필요가 있지만, 금조각은 요리해도 변화하지 않기 때문에 눈 등을 통한 직접 지각만으로는 정화되었는지 어떤지 알 수 없다]. 금조각 등을 [처리하는] 요리[에 관해서 설명하고 있는 성전의 문장에서 생기는 지식을, 직접 지각 등의 인식 수단이 부정하듯이], 직접 지각 등의 [인식 수단]이 [성전의 문장에서 생기는 "나는 그것이다"라는 지식을] 부정할 것이다.

[대답] [성전의] 문장[에서 생기는 올바른 지식]이, 어떻게 직접 지각 등의 [인식 수단]에서 생기는 잘못된 [지식]에 의해서 부정될 수 있겠는가?

184 [반론] "나는 괴로움을 받고 있다"라는 지식이 있는 한, 설령 [그것이] 직접 지각 등의 [지식 근거]에 의거한 잘못된 지식일지라도, [성전의] 문장으로부터 "[나는] 괴로움이 없다"[라는 지식]은 생기지 않는다. [대답] 그것은 옳지 않다. 예외가 있기 때문에.

(V18.183ab) pratyakṣādīni bādheran kṛṣṇalādiṣu pākavat ǀ
(V18.183cd) akṣajādinibhair etaiḥ kathaṃ syād vākyabādhanam ǁ
(V18.184ab) duḥkhy asmīti sati jñāne nirduḥkhīti na jāyate ǀ
(V18.184cd) pratyakṣādinibhatve 'pi vākyān na vyabhicārataḥ ǁ

185 꿈속에서 불에 탔다든지 칼에 베었다든지 등의 이유로 나는 괴로움을 경험했지만 성전 말씀을 통해서 그 고통에서 벗어났다[고 하자]. 만

약 [꿈속에서처럼] 성전 말씀에 의해서 [괴로움이] 소멸하지 않는다면,
186 그 경우에는, 괴로움이 끝난 [뒤]나 [시작하기] 전에, 그 괴로움은
없는 것이라고 생각해야 한다. 왜냐하면, 괴로움이나 착란이 연속하는
것은, 그 어느 곳에서도 경험되지 않기 때문이다.
187 마치 [소년이, 자기는 다른] 아홉 명[의 소년 가운데 포함되어 있다
는 지식을 부정하고, 자기 자신이] 열 번째 [소년]임을 안 것처럼, "나는
괴로움을 받고 있다"는 이[지식]을 부정함으로써 내아(內我)가 [지고의]
아뜨만임을 알게 되다면 [거기에는] 그 어떤 모순도 없다.

(V18.185ab) svapne duḥkhy aham adyāsaṃ dāhacchedādihetutaḥ |
(V18.185cd) tatkālabhāvibhir vākyair na bādhaḥ kriyate yadi ‖
(V18.186ab) samāptes tarhi duḥkhasya prāk ca tadbādha iṣyatām |
(V18.186cd) na hi duḥkhasya saṃtāno bhrānter vā dṛśyate kvacit ‖
(V18.187ab) pratyagātmana ātmatvaṃ duḥkhy asmīty asya bādhayā |
(V18.187cd) daśamaṃ navam asyeva veca ced aviruddhatā ‖

188 항상 해탈해 있다는 지식은, [성전의] 문장에서 생기고, [그] 이외
의 어느 것에서도 [생기지] 않는다. 문장의 의미도 [문장을 구성하고
있는] 단어의 의미에 대한 상기에 의거해서만 이해된다.

(V18.188ab) nityamuktatvavijñānaṃ vākyād bhavati nānyataḥ |
(V18.188cd) vākyārthasyāpi vijñānaṃ padārthasmṛtipūrvakam ‖

189 일치와 모순의 방법에 의해서 단어의 의미가 확실하게 상기된다.
이와 같이 사람들은 자기 자신(=아뜨만)에는 괴로움이 없으며 행위도 없
다는 것을 이해하게 된다.

(V18.189ab) anvayavyatirekābhyāṃ padārthaḥ smaryate dhruvam |
(V18.189cd) evaṃ nirduḥkham ātmānam akriyaṃ pratipadyate ‖

190 "그대가 열 번째다"라는 이 [문장]에서, [소년에게는 자기 자신이 열 번째의 소년이라는 올바른 지식이 명확해졌] 듯이, "그대는 순수 존재이다" 등의 [문장]에 의해서, 내아에 관한 올바른 지식은 좀더 명확해 진다.

    (V18.190ab) sad evetyādivākyebhyaḥ pramā sphuṭatarā bhavet |
    (V18.190cd) daśamas tvam asīty asmād yathaivam pratyagātmani ||

191 꿈속에서 경험한 일체의 괴로움은 각성에 의해서 소멸하는 것처럼, 자기 자신이 괴로움을 받고 있다는 지식은, 내아는 [지고의] 아뜨만이라는 지식에 의해서, 언제나 [소멸한다].

    (V18.191ab) prabodhena yathā svāpnaṃ sarvaṃ duḥkhaṃ nivartate |
    (V18.191cd) pratyagātmadhiyā tadvad duḥkhitvaṃ sarvadātmanaḥ ||

192 [앞에 제183게송에서 거론한] 금조각 등의 경우에는, 올바른 인식이 생기지 않는다. 왜냐하면, 그 [요리와는] 다른 것을 목표로 하고 있고, 부드럽게 되지 않기 때문이다. 그러나 이것은, "그대는 그것이다"등의 [성전의] 문장에는 해당되지 않는다. 왜냐하면 [이 문장의 경우에는, 금조각 등에 보이는, 요리해도 부드럽게 되지 않는 등의] 모순이 없기 때문이다.

    (V18.192ab) kṛṣṇalādau pramājanma tadanyārthāmṛdutvataḥ |
    (V18.192cd) tattvamasyādivākyeṣu na tv evam avirodhataḥ ||

193 "그대는 그것이다(tat tvam asi)"라는 이 문장의 경우에는, '그것(tat)'과 '~이다(asi)'라는 두 개의 [단어의] 의미는 이미 잘 알려져 있다. [그러나] '그대(tvam)'라는 [단어의] 의미를 상기시켜 주는 실마리가 없기 때문에,

[이] 문장은 올바른 인식을 제공하지 않는 것이다.

(V18.193ab) vākye tat tvam asīty asmⁿñ jñātārthaṃ tadasidvayam |
(V18.193cd) tvamarthasmṛtyasāhāyyād vākyaṃ notpādayet pramām ∥

194 [제169게송에서 말했듯이], '~이다'라는 이 [말]은, '그것'과 '그대'라는 [두 개의 단어]가, 동일한 대상을 표시하고 있다는 것을 뜻한다. '이것'이라는 단어는 내아를 의미하고 있고, 또 '그대'[라는 단어]는 '이것'이라는 단어의 의미를 갖고 있다

(V18.194ab) tattvamos tulyanīḍārtham asīty etat padaṃ bhavet |
(V18.194cd) tacchabdaḥ pratyagātmārthas tacchabdārthas tvamas tathā ∥

195 ['이것'과 '그대'라는] 두 개의 [단어]는, ['그대'는] '괴로움을 받고 있는 자'[를 의미하고] ['이것'은] '내아가 아닌 것'[을 뜻한다]는 지식을 제거할 것이다. 또 이와 같이 해서, [이 두 개의 단어는] 서로, "이것도 아니고, 저것도 아니다"[라는 성전 말씀의 문장]의 의미를 표시할 것이다.

(V18.195ab) duḥkhitvāpratyagātmatvaṃ vārayetām ubhāv api |
(V18.195cd) evaṃ ca netinetyarthaṃ gamayetāṃ parasparam ∥

196 "그대는 그것이다"라는 이 [문장]의 결과가, 이와 같이 이해될 때, 어떻게 해서 이 [문장]이 인식 수단이 아니라 행위에 의존한다고 말할 수 있겠는가?3)

(V18.196ab) evaṃ tat tvam asīty asya gamyamāne phale katham |
(V18.196cd) apramāṇatvam asyodtvā kriyāᵖekṣatvam ucyate ∥

---

3) 운문편 제18장 제9~18게송 참조.

197 처음부터 끝까지 "행위를 하라"라는 이[명령]은, [그 문장과] 모순 된 것이다. 따라서, 인정할 수 없다. 또, [그 일은] 성전 말씀도 아니기 때문에, [그 명령에 따르면] 성전 말씀을 버리게 되고, [성전 말씀은] 무 의미한 것이 된다.

(V18.197ab) tasmād ādyantamadhyeṣu kurv ity etad virodhy ataḥ |
(V18.197cd) na kalpyam aśrutatvāc ca śrutatyāgo 'py anarthakaḥ ∥

198 [반론] 먹는 것에서는 만족감을 느낄 수 있지만 문장에서는 경험 되지 않는다. 문장을 분석하는 것은, 쇠똥에서 우유죽을 만드는 [것과 같은] 것이다.

(V18.198ab) yathānubhūyate tṛptir bhujer vākyān na gamyate |
(V18.198cd) vākyasya vidhṛtis tadvad gośakṛtpāyasīkriyā ∥

199 [대답] 확실히 그와 같이, 아뜨만이 아닌 사물에 관한 문장에서는 간접적인 인식[만]이 생긴다. 그렇지만 내아에 관한 [문장에서는 직접 적인 인식이 생기는 게] 확실하다. [이미, 제12장 제3게송, 제18장 제187 게송에서 말했지만, 10이라는] 수가 ["네가 열 번째란다"라는 문장에서] 얻어진 것처럼.

(V18.199ab) satyam evam anātmārthe vākyāt pārokṣyabodhanam |
(V18.199cd) pratyagātmani na tv evaṃ saṃkhyāprāptivad adhruvam ∥

200 [내아는] "그 자체로 인식된다"와 동의어인 "그 자체를 인식 수단 으로 하고 있다"라고 인정해야 마땅하다. 우리의 견해에 의하면, 자기 자신의 아뜨만의 직관은, '나'라는 지식이 소멸했을 때 확립된다.

(V18.200ab) svasaṃvedyatvaparyāyaḥ svapramāṇaka iṣyatām |

(V18.200cd) nivṛttāv ahamaḥ siddhaḥ svātmano 'nubhavaś ca naḥ ∥

201 괴로움은 지성의 대상이다. [반면] 이들 [지성]은, 보는 것 즉 내 아의 대상으로 인정된다. [그렇다면] 이 보는 것이 괴로움과 관계 맺을 이유가 도대체 어디 있겠는가?

(V18.201ab) buddhīnāṃ viṣayo duḥkhaṃ tā yasya viṣayā matāḥ |
(V18.201cd) kuto 'sya duḥkhasaṃbandho dṛśeḥ syāt pratyagātmanaḥ ∥

202 보는 것(=아뜨만)만은 그 자체로 직관된다. 왜냐하면 직관을 본성으로 하고 있기 때문이다. 그 직관이란, 지성이 '보는 것'의 영상을 담고 생기하는 것이다.

(V18.202ab) dṛśir evānubhūyeta svenaivenubhavātmanā |
(V18.202cd) tadābhāsatayā janma dhiyo syānbhavaḥ smṛtaḥ ∥

203 그대야말로 기아 등에서 자유롭고, [그 자체로] 이미 해탈이 확립되어 있다. [그럼에도 불구하고 아뜨만에 관해서] 그대는 들어야 한다(『브르하드아라니야까 우빠니샤드』 2-4-5 참조). 이 같은 모순된 말이 왜 [성전 속에] 나오는 것일까?

(V18.203ab) aśanāyādinirmuktaḥ siddho mokṣas tvam eva saḥ |
(V18.203cd) śrotavyādi tavety etad viruddhaṃ katham ucyate ∥

204 만약 [해탈은 미래에] 달성될 것이라고 한다면, 그럴지도 모른다. 그때에는, [아뜨만에 관해서 성전 말씀을] 듣는 것 등이 [해탈을 달성하기 위해서 실천]되어야 할 것이다. 그렇다면, 해탈은 무상한 것이 될 것이다. 그렇지 않으면, [그 성전의] 말은 모순된다.

(V18.204ab) setsyatīty eva cet tat syāc chravaṇādi tadā bhavet |
(V18.204cd) mokṣasyānityataivaṃ syād virodhy evānyathā vacaḥ ‖

205 만약 듣는 자와 들어야 할 대상, 이 양자의 구별을 인정한다면, 듣는 것 등을 [해탈을 달성하기 위해서 실천]해야 할 것이다. 그렇다면, [브라흐만과 아뜨만의 동일성이라는] [성전의] 취지와 모순될 것이고, [성전의] 말씀은 일관성을 결여하게 될 것이다.

(V18.205ab) śrotṛśrotavyayorbhedo yadīṣṭaḥ syād bhaved idam |
(V18.205cd) iṣṭārthakopa evaṃ syān na yuktaṃ sarvathā vacaḥ ‖

206 "나는 [그 자체] 이미 해탈이 확립되어 있다"고, 자기 자신을 이와 같이 알고 있으면서도 [또 다시] 행위를 하려고 하는 자가 있다면, 그 사람은 본성적으로 어리석은 자이며, 성전을 배반하는 자이기도 하다.

(V18.206ab) siddho mokṣo 'ham ity evaṃ jñātvātmānaṃ bhaved yadi |
(V18.206cd) cikīṣur yaḥ sa mūḍhātmā śāstraṃ codghāṭayaty api ‖

207 왜냐하면, [그 자체로 해탈이] 확립되어 있는 자에게, 해야 할 의무는 없기 때문이다. 해야 할 의무가 남아 있는 자는 [그것만으로] [해탈이] 확립되어 있는 자는 아니다. 양쪽 [견해]를 [동시에] 지지하는 자는 자기 자신을 기만하는 자이다.

(V18.207ab) na hi siddhasya kartavyaṃ sakāryasya na siddhatā |
(V18.207cd) ubhayālambanaṃ kurvann ātmānaṃ vañcayaty asau ‖

208 [반론] "그대는 [그 자체로] 이미 해탈이 확립되어 있다"고 말함으로써 실재만을 가르치고 있다. [그러나] 듣는 자로서는 [자신이] 그와 같은 자라는 것을 알기 위해서 어떻게 해야 하는가?

209 "나는 행위 주체이고, 괴로운 자이다"라는 것은 직접 지각에 의해서 인식된다. 그러므로 "나는 행위 주체이어서는 안 되고, 괴로운 자이어서는 안 된다"라는 노력이 있어야 한다.

210 "나는 행위 주체이어서는 안 되고, 괴로운 자이어서는 안 된다"는 것을 알기 위해서, 또 [자기 자신이 자신만으로] [해탈이] 확립해 있음을 직관하기 위해서, 성전은 사람들에게 행의 주체라는 것을 반복해서 말하고 있으며, 또한 논증과 같은 [의무]를 행해야 한다고 말하고 있는 것이다.

(V18.208ab) siddho mokṣas tvam ity etad vastumātraṃ pradarśyate |
(V18.208cd) śrotus tathātvavijñāne pravṛttiḥ syāt kathaṃ tv iti ‖
(V18.209ab) kartā duḥkhy aham asmīti pratyakṣenānubhūyate |
(V18.209cd) kartā duḥkhī ca mā bhūvam iti yatno bhavet tataḥ ‖
(V18.210ab) tadvijñānāya yuktyādi kartavyaṃ śrutir abravīt |
(V18.210cd) kartṛtvādyanuvādena siddhatvānubhavāya tu ‖

211 [대답] 한 번 "나는 괴로움이 없고, 행위가 없으며, 욕구도 없고, [그 자체로] 해탈이 확립되어 있다"고 이해하였다면, 어째서 [그것과] 모순된 의미를 받아들일 수 있겠는가?

(V18.211ab) nirduḥkho niṣkriyo 'kāmaḥ siddho mokṣo 'ham ity api |
(V18.211cd) gṛhītvaiva viruddhārtham ādadhyāt katham eva saḥ ‖

212 [반론] "나는 욕구를 갖고 있고 행위를 갖고 있으며, [그 자체로] [해탈이] 확립되어 있지 않다"는 인식이, 나는 그것과는 반대되는 자인데도, 어째서 나에게 있는 것일까? 당신은 그 점을 설명해야 한다.

213 [대답] 질문하는 것은 그 점에 관해서만 타당하다. [그러나] 해탈해 있다는 것을 인식하기 위해서라면, [질문하는 것은 타당하지 않다]. 인식

수단과 모순된 사항이 있을 때 그것만이 질문할 가치가 있는 것이다.

214 "나는 해탈해 있다"라는 이 [인식]은 "그대는 순수 존재이다"라는 [직접 지각 등과는] 다른 인식 수단에서 나온다. "[나는] 괴로움을 받고 있다"라는 [인식]은 직접 지각이라는 잘못된 [인식 수단]에서 나오기 때문에, 질문할 가치가 있다.

215 [사람들이] 무엇을 묻고 알고 싶어 하는지 들어야 한다. [사람들은] 괴로움이 없기를 구하고 있다. 어떻게 하면 나의 이 괴로움을 모두 없앨 수 있을까?

216 질문에 응대해서 [스승은 제자에게] 괴로움을 제거하는 것에 관해서 말해주어야 한다. [이 경우에] 성전은 인식 수단이기 때문에, 자기 자신의 아뜨만에 관한 [성전 말씀]은 의심의 여지가 없다.

217 성전 말씀은 [자기자신의] 아뜨만이 해탈해 있다는 확정적 인식을 갖게 해준다. [성전 말씀은] [인식 수단 중] 그 어떤 것과도 모순되지 않기 때문에, [성전 말씀의 의미는] 그런 것이라고 [스승은] 말해주어야 한다.

(V18.212ab) sakāmaḥ sakriyo 'siddha iti me 'nubhavaḥ katham |
(V18.212cd) ato me viparītasya tad bhavān vaktum arhati ||
(V18.213ab) ihaiva ghaṭate praśno na muktatvānubhūtaye |
(V18.213cd) pramāṇena virodhī yaḥ so 'trārthaḥ praśnam arhati ||
(V18.214ab) aham nirmukta ity eṣa sad asīty anyamānajaḥ |
(V18.214cd) pratyakṣābhāsajanyatvād duḥkhitvam praśnam arhati ||
(V18.215ab) pṛṣṭam ākāṅkṣitam vācyam duḥkhābhāvam abhīpsitam |
(V18.215cd) katham hīdam nivarteta duḥkham sarvātmanā mama ||
(V18.216ab) iti praśnānurūpam yad vācyam duḥkhanivartakam |
(V18.216cd) śruteḥ svātmani nāśaṅkā pramāṇye sati vidyate ||
(V18.217ab) tasmād ātmavimuktatvam pratyāyayati tadvacaḥ |
(V18.217cd) vaktavyam tu tathārtham syād virodhe 'sati kenacit ||

218 앞에서 말한 것과 상치되는 그 어떤 [아뜨만에 관한] 인식도, 아
뜨만에 대해서 성립하지 않는다. 왜냐하면 "[그것은] 인식하고 있다[고
생각하는] 사람들에 의해서 인식되지 않고, [인식하고 있지 않다고 생
각하는 사람들에 의해서 인식된다]"(『께나 우빠니샤드』 2-3), "인식 주체를
[무엇에 의해서 인식할 수 있을까]"(『브르하드아라니야까 우빠니샤드』 2-4-14)
라는 성전 말씀이 있기 때문이다.

(V18.218ab) ito 'nyo 'nubhavaḥ kaścid ātmano nopapadyate |
(V18.218cd) avijñātaṃ vijānatāṃ vijñātāram iti śruteḥ ||

219 '그대'라는 단어의 의미를 식별하기 위해서는, 일체의 행위를 버리
는 것이 수단이 된다. 왜냐하면 "마음이 평정해지고, 감관이 제어되고,
…… [정신 집중하고, 자기 속에 아뜨만을 보고, 일체만물을 아뜨만으로
본다]"(『브르하드아라니야까 우빠니샤드』 4-4-23) 등 [우빠니샤드의] 가르침이
있기 때문이다.

(V18.219ab) tvaṃpadārthavivekāya saṃnyāsaḥ sarvakarmaṇām |
(V18.219cd) sādhanatvaṃ vrajaty eva śānto dāntādiśāsanāt ||

220 자기 자신 속에서 아뜨만을, 곧 '그대'라는 [단어가] 의미하는 '내
아(內我)'를 보아야 한다. 그때, 일체만물을 아뜨만, 곧 [성전의] 문장이
의미하는 '독존자'로 보는 것이다.

(V18.220ab) tvamarthaṃ pratyagātmānaṃ paśyed ātmānam ātmani |
(V18.220cd) vākyārthaṃ tata ātmānaṃ sarvaṃ paśyati kevalam ||

221 "일체만물은 아뜨만이다"라는 문장의 의미가, 인식 수단에 의거해
서 그에게 알려질 때, 그 밖의 다른 인식 수단은 진실이 아닌데, 어떻게

그 사람에게 [무언가의 행위의] 실천을 명령할 수 있겠는가?

(V18.221ab) sarvam ātmeti vākyārthe vijñāte 'sya pramāṇataḥ |
(V18.221cd) asattve hy anyamānasya vidhis taṃ yojayet katham ‖

222 문장의 의미를 알고 난 후에는, 행위의 명령은 있을 수 없다. 왜냐하면, "나는 브라흐만이다", "나는 행위 주체이다"라는 두 개의 모순된 지식은 양립할 수 없기 때문이다.

(V18.222ab) tasmād vākyārthavijñānān nordhvaṃ karmavidhir bhavet |
(V18.222cd) na hi brahmāsmi karteti viruddhe bhavato dhiyau ‖

223 "나는 브라흐만이다"라는 이 올바른 지식은, "[나는] 행위 주체이다", "[나는] 욕구를 갖고 있고, 속박되어 있다"는 [인식]에 의해서 부정되는 일이 없다. [후자는] 잘못된 인식 수단에서 생긴 것이기 때문이다.

(V18.223ab) brahmāsmīti hi vidyeyaṃ naiva karteti bādhyate |
(V18.223cd) sakāmo baddha ity evaṃ pramāṇābhāsajātayā ‖

224 성전에 의거해서, "나는 브라흐만이다. 다른 어떤 자도 아니다"라는 이해가 강고하게 될 때, "몸이 아뜨만이다"와 같은 [잘못된] 지식은 타당성을 잃는다.

(V18.224ab) śāstrād brahmāsmi nānyo 'ham iti buddhir bhaved dṛdhā |
(V18.224cd) yadāyuktā tadaivaṃ dhīr yathā dehātmadhīr iti ‖

225 두려운 상태에서 두려움이 없는 상태에 도달한 사람도, 그 때문에 노력하고 있는 사람도, [그 사람이] 독립적이라면, 또 다시 두려운 상태로 되돌아가고 싶어 하지 않을 것이다.

(V18.225ab) sabhayād abhayaṃ prāptas tadarthaṃ yatate ca yaḥ |
(V18.225cd) sa punaḥ sabhayaṃ gantuṃ svatantraś cen na hīcchati ‖

226 단어의 의미에 관한 무지로부터 눈을 뜨고, 문장의 의미에 대한 직관을 구하는 사람이, [행위를] 버리라는 명령이 내려졌다 하더라도 어떻게 방자한 짓을 할 수 있겠는가?

(V18.226ab) yatheṣṭācaraṇaprāptiḥ saṃnyāsādividhau kutaḥ |
(V18.226cd) padārthājñānabuddhasya vākyārthānubhavārthinaḥ ‖

227 그러므로 앞에서 우리가 말한 그 모든 것은 확립되었다.

(V18.227ab) ataḥ sarvam idaṃ siddhaṃ yat prāg asmābhir īritam ‖

228 관심을 잃게 된 것을 구하기 위해 행위를 하는 자는 아무도 없다. 해탈을 구하는, 삼계(三界)에 대한 관심을 잃어버렸는데 도대체 무엇 때문에 노력하는 일이 있겠는가?

(V18.228ab) yo hi yasmād viraktaḥ syān nāsau tasmai pravartate |
(V18.228cd) lokatrayād viraktvān mumukṣuḥ kim itīhate ‖

229 가령 배고픔으로 괴로워한다고 해도, 독을 먹으려고 하지는 않는다. [하물며] 맛있는 음식으로 [배를 채워] [밥을 먹고자 하는] 욕망이 없어져 버린 사람이, 바보가 아닌 한, [독인 줄] 알면서 [그 독을] 먹으려고 하겠는가?

(V18.229ab) kṣudhayā pīḍyamāno 'pi na viṣaṃ hy attum icchati |
(V18.229cd) miṣṭānnadhvastatṛḍ jānan nāmūḍhas taj jighatsati ‖

230 우리를 위해서, 꿀벌과 같이, 우빠니샤드의 문장의 꽃들로부터, 지
식이라는 최상의 감로의 꿀을 모아준, 유덕한 [나의] 스승님에게 귀의
합니다.

(V18.230ab) vedāntavākyapuṣpebhyo jñāṇāmṛtamadhūttamam |
(V18.230cd) ujjahārālivad yo nas tasmai sadgurave namaḥ ‖

제19장 아뜨만과 지성의 대화

1 지식과 이욕(離欲)을 약으로 삼아 '근원적 욕구'라는 열병을 소멸시키는 치료를 받으면, 욕망이라는 열병에 의한 쇠약에서 생기는 괴로움과 [윤회에 의해 생겨나는] 몇 백이라는 일련의 몸과 결합함으로써 일어나는 괴로움을 맛보는 일은 없다.

(V19.001ab) prayujya tṛṣṇājvaranāśakāraṇaṃ cikitsitaṃ jñānavirāgabheṣajam |
(V19.001cd) na yāti kāmajvarasannipātajāṃ śarīramālāśatayogaduḥkhitām ‖

2 그대(=지성)는, '나', '내 것'이라는 지식과 같은 무의미한 것을 얻으려고 노력하고 있다. 다른 사람들(=상키야 학파)은, 그대의 노력이 남(=뿌루샤)을 위해 도움이 된다고 생각하고 있다. 그대는 실로 대상을 인식할 수 있는 힘이 없고, 나에게는 [대상을 인식할 수 있는 힘은 있지만, 대상을] 얻으려고 하는 욕구가 없다. 그러므로 그대는 적정이라는 것이야

말로 이치에 맞다, 오! 정신(=지성)이여!

(V19.002ab) ahaṃ mameti tvam anartham īhase parārtham icchanti tavānya
īhitam |

(V19.002cd) na te 'rthabodho na hi me 'sti cārthitā tataś ca yuktaḥ śama eva
te manaḥ ‖

3 나는 지고의 영원한 [브라흐만] 이외의 어느 것도 아니며, 항상 자족하고 있기 때문에 나에게는 얻으려고 하는 욕구가 없다. 항상 해탈해 있고, [나의] 이익을 바라는 일은 없다. 오! 정신이여! 그대의 적정을 위해 더한층 노력을 하라.

(V19.003ab) yato na cānyaḥ paramāt sanātanāt sadaiva tṛpto 'ham ato na me
'rthitā |

(V19.003cd) sadaiva muktaś ca na kāmaye hitaṃ yatasva cetaḥ praśamāya te
'dhikam ‖

4 [기갈 등] 일련의 여섯 가지 고통(六苦)[1]의 파도를 뛰어 넘은 자, 바로 그 자가 성전에 의하면, 세계와 우리 모두의 아뜨만이다. 그리고 나는 [그러한 사실을 성전 이외의] 인식 수단을 통해서도 알고 있다. 그러므로 그대의 노력은 헛수고에 지나지 않는다. 오! 정신이여!

(V19.004ab) ṣaḍūrmimālābhyativṛtta eva yaḥ sa eva cātmā jagataś ca naḥ śruteḥ |

(V19.004cd) pramāṇataś cāpi mayā pravedyate mudhaiva tasmāc ca manas
tavehitam ‖

5 그대가 적정하게 될 때, 차별관은 [더 이상] 존재하지 않는다. 그 차

---

1) 생기(生氣)와 관련되는 ① 배고픔과 ② 갈증, 정신과 관련되는 ③ 슬픔과 ④ 어리석음, 몸에 관련되는 ⑤ 늙음, ⑥ 죽음, 이 여섯 가지 고통을 말한다.

별관 때문에 마야(=환력)로 인해서 세상 사람들은 혼미에 빠진다. 왜냐하면, [차별의] 인식은 마야가 생기는 원인이기 때문이다. [차별의] 인식으로부터 자유롭게 되면, 그 누구에게도 마야는 존재하지 않는다.

(V19.005ab) tvayi praśānte na hi sāsti bhedadhīr yato jagan moham upaiti māyayā |
(V19.005cd) graho hi māyāprabhavasya kāraṇaṃ grahād vimoke na hi sāsti kasyacit ||

6 그대의 노력으로 나에게 혼미가 일어나는 것은 아니다. 왜냐하면 나는 본성상 깨달은 자이고 속박이 없으며 불변이기 때문이다. 실로 우리의 본성에는, 시간의 전후에 관계없이 차별은 없다. 그러므로 그대의 노력은 헛수고이다. 오! 정신이여!

(V19.006ab) na me 'sti mohas tava ceṣṭitena hi prabuddhatattvas tv asito hy avikriyaḥ |
(V19.006cd) na pūrvatattvottarabhedatā hi no vṛthaiva tasmāc ca manas tavehitam ||

7 나는 상주하기 때문에, 내가 [나와는] 별개의 다른 자가 되는 일이 없다. 왜냐하면 만약 [내가] 변화하는 일이 있다고 한다면, [나는] 무상한 것이 될 것이기 때문이다. 나는 항상 빛나고 있다. 그러므로 나는 실로 이원성이 없다. 그리고 [나에게] 잘못 상정된 것은 실재하는 것이 아니다. 이상과 같이 확정되어 있다.

(V19.007ab) yataś ca nityo 'ham ato na cānyathā vikārayoge hi bhaved anityatā |
(V19.007cd) sadā prabhāto 'ham ato hi cādvayo vikalpitaṃ cāpy asad ity avasthitam ||

8 이 세상에서 그대는 본성상 무이다. 오! 정신이여! 왜냐하면, 논리적

이치에 따라 따져볼 때, [그대에게는] 존재성이 없기 때문이다. 실재하는 자가 소멸하는 일은 없으며, 실재하지 않는 자가 생겨나는 일은 없기 때문이다(『바가와드기따』 2-16 참조). 그대에게는 [소멸과 생기의] 양자가 있다. 그러므로 그대에게 존재성이 있으리라고는 생각할 수 없다.

> (V19.008ab) abhāvarūpaṃ tvam asīha he mano nirīkṣyamāṇe na hi yuktito 'stitā |
> (V19.008cd) sato hy anāśād asato 'py ajanmato dvayaṃ ca te 'tas tava nāstiteṣ
> yate ‖

9 인식 주체와 인식 대상과 인식, 이 모두는 잘못[된 것]이다. 왜냐하면 그것은 그대가 잘못 상정한 것이기 때문이다. 실로 인식 대상이 인식과 별개의 것이라고는 생각할 수 없는 노릇이다. 마찬가지로 수면 상태에 있는 [아뜨만]은 각성 상태에 있는 [아뜨만]과 별개의 것이 아니다.

> (V19.009ab) draṣṭā ca dṛśyaṃ ca tathā ca darśanaṃ bhramaḥ sa sarvas tava
> kalpito hi saḥ |
> (V19.009cd) dṛśeś ca bhinnaṃ na hi dṛśyam īkṣyate svapan vibodhe ca tathā na
> bhidyate ‖

10 게다가 잘못된 상정은 이원적이다. 왜냐하면 그것은 타고 있는 횃불[을 빠르게 돌릴 때 생기는] 원환 모습과 같이 실재하는 것이 아니기 때문이다. [아뜨만에게는, 시력이나 청력 등과 같은] [인식] 능력의 차별이 없고, [몸이 다르다고 해서] 아뜨만의 [차별이 있는 것은] 아니기 때문에, 성전의 권위에 따라서 [아뜨만에] 이원성이 없다는 것이 입증된다.

> (V19.010ab) vikalpanā cāpi tathādvayā bhaved avastuyogāt tad alātacakravat |
> (V19.010cd) na śaktibhedo 'sti yato na cātmanāṃ tato 'dvayatvaṃ śrutito
> 'vasīyate ‖

11 만일 그대[의 생각]에 따라서, 여러 가지 의식을 갖는 [아뜨만]이 서로 별개의 것이라 한다면, 그것들의 [아뜨만]은 소멸한다. 왜냐하면 [그것들은] 한정된 자이기 때문이다. [또] 경험에 의하면, 구별을 갖고 있는 자는 분명히 [파괴]되기 때문이다. 게다가 모든 사람이 해탈하면, 세계는 소멸한다.

(V19.011ab) mithaś ca bhinnā yadi te h cetanāḥ kṣayas tu teṣāṃ parimāṇ
ayogataḥ |
(V19.011cd) dhruvo bhaved bhedavatāṃ hi dṛṣṭato jagatkṣayaś cāpi
samastamokṣataḥ ‖

12 그 누구도 나(=아뜨만)에게 속하지 않으며, 나도 또한 그 누구에게도 속하지 않는다. 왜냐하면, 나에게는 이원성이 없으며, 잘못 상정된 것은 존재하지 않기 때문이다. 그리고 나[의 존재성]은 잘못 상정된 것이 아니며, 잘못된 상정이 이루어지기 이전에 이미 확립해 있었기 때문이다. 이원성만이 잘못 상정된 것이다.

(V19.012ab) na me 'sti kaścin na ca so 'smi kasyacid yato 'dvayo 'haṃ na hi
cāsti kalpitam |
(V19.012cd) akalpitaś cāsmi purā prasiddhito vikalpanāyā dvayam eva kalpitam ‖

13 더욱이, 불생자(不生者=아뜨만)에 대해서 '존재한다'거나 '별개의 것이다'라고 분별하는 것은 있을 수 없으므로, [아뜨만이] 존재하지 않는다는 것은 결코 있을 수 없는 일이다. 그대의 분별이 일어나는 [원인이 되고 있는 아뜨만]은, [분별이 이루어지기] 이전에 이미 확립되어 있는 것이기 때문에, 그것은 잘못 가탁된 것은 아니다.

(V19.013ab) vikalpanā cāpy abhave na vidyate sad anyad ity evam ato na nāstitā |
(V19.013cd) yataḥ pravṛttā tava cāpi kalparā purā prasiddher na ca tad

vikalpitam ‖

14 그대에게 어떠한 이원성이 있을지라도, 그것은 비존재로 간주된다. [그대가 아뜨만을] 볼 수 없다고 해서 [그것이 아뜨만의] 비존재를 뜻하는 것은 아니다. 고찰이 [결론을 이끌어내는 원인으로서 인정되고 있듯이], 이원성이 없으며 실재하는 [아뜨만이], 존재한다거나 존재하지 않는다고 하는 [등의] 분별의 [원인으로서 인정되어야 한다].

> (V19.014ab) asad dvayaṃ te 'pi hi yad yad īkṣate na dṛṣṭam ity eva na caiva nāstitā |
>
> (V19.014cd) yataḥ pravṛttā sadasadvikalpanā vicāravac cāpi tathādvayaṃ ca sat ‖

15 [아뜨만은, 그대의] 고찰의 원인이기 때문에, 존재하는 [아뜨만]은 [실은 그대에 의해서] 인정된 채 [존재한다고] 상정되고 있다. 만약 그것이 존재하지 않는다면, 고찰을 포기하는 게 되기 때문에, 그대로의 상태에 머문다. 만약 [고찰을 포기하는 일이] 바람직스럽지 않다면, 어떻게 하든 [아뜨만이] 실재한다고 인정하지 않으면 안 된다.

> (V19.015ab) sad abhyupetaṃ bhavatopakalpitaṃ vicārahetor yadi tasya nāstitā |
>
> (V19.015cd) vicārahānāc ca tahaiva saṃsthitaṃ na cet tad iṣṭaṃ nitarāṃ sad iṣyate ‖

16 [**불교도의 반론**] [단지 논의를 위해서], [아뜨만이] 존재한다고 하더라도 그것은 비존재와 같다. 왜냐하면 노새의 뿔과 같[이 전혀 존재하지 않는 것이]기 때문이다. [불교도의 입장에서 보면, 존재의 증거가 되는] 실제적인 작용을 갖고 있지 않기 때문이다.

　[**대답**] 그러나 [그것은 옳지 않다]. 실제적인 작용을 갖고 있지 않다는 것은 존재성의 반증이 될 수는 없기 때문이다. [어떤 것이 존재한다는

것은 그것이 실제적인 작용을 갖고 있다는] 그 [사실]로부터는 [확립되지] 않는다. 반대로 [어떤 것이 실제적인 작용을 갖고 있다고 해서] 다른 식으로 [곧 그것의 존재성을 입증해줄 수는 없는 것이다].

(V19.016ab) asatsamaṃ caiva sad ity apīti ced anarthavattvāt kharaśṛṅgatulyataḥ |

(V19.016cd) anarthavattvaṃ tv asati hy akāraṇam na caiva tasmān na viparyaye 'nyathā ‖

17 게다가 [아뜨만이 실제적인 작용을 갖지 않는다는 당신의 주장은] 아직 입증된 것이 아니다. 왜냐하면 [아뜨만은 바로 그대의] 고찰의 원인이기 때문이다. 또 이원성은, 마야(=환력)로 인해서 그 [아뜨만]으로부터 유출되기 때문이다. [아뜨만의 존재성은], 성전이나 전승서에 근거해서, 혹은 논리적 이치에 근거해서 확립된다. 그렇지 않다면, 이치에 맞지 않는다.

(V19.017ab) asiddhataś cāpi vicārakāraṇād dvayaṃ ca tasmāt prasṛtam hi mā yayā |

(V19.017cd) śruteḥ smṛteś cāpi tathā hi yuktitaḥ prasiddhyatītthaṃ na tu yujyate 'nyathā ‖

18 이원성이 없는 [아뜨만]은 분별과는 그 본질이 다르다. 왜냐하면 [그것을 입증하는] 성전 말씀이 있기 때문이다. 또 분별 이전에 이미 확립되어 있기 때문이다. 마찬가지로 "[아뜨만은] 이것도 아니고 저것도 아니다"라는 이 [성전 말씀에서도] 분별이 부정되고, [부정되지 않고] 남은 자(=아뜨만)가 확립되어 있다.

(V19.018ab) vikalpanāc cāpi vidharmakaṃ śruteḥ purā prasiddheś ca vikalpato 'dvayam |

(V19.018cd) na ceti netīti tathā vikalpitaṃ niṣidhyate 'trāpy avaśeṣasiddhaye ‖

19 이와 같이 [아뜨만은] 분별의 대상이 아니며, 불생·불이·불멸임에도 불구하고, [사람들은 이 아뜨만에 관해서 그것이] 존재한다든지 존재하지 않는다든지 분별하면서 [이 때문에] [동물·인간 등의] 여러 가지 생을 통해서 자기의 마음(=지성)의 마야에서 생기는 태어나고 늙고 죽고 하는 [윤회 생존]으로 나아간다.

> (V19.019ab) akalpite 'py evam ajādvayākṣare vikalpayantaḥ sad asac ca
> janmabhiḥ |
> (V19.019cd) svacittamāyāprabhavaṃ ca te bhavaṃ jarāṃ ca mṛtyuṃ ca niyānti
> saṃtatam ‖

20 [어떤 것이 생기할 때] 그 생기[의 궁극적 원인]은 '생기지 않는 것'이라고 [인정하지 않는다면], [이는] 무한소급의 오류에 빠질 것이다. [바꾸어 말하면], 이 [생기]는 다른 [생기]를 갖고, [그 생기는 또 다시 다른 생기를 갖고……]와 같이 [무한소급의 진행 과정을 밟아나갈] 것이다. 그렇지 않으면 생기는 [결코] 있을 수 없을 것이다. 왜냐하면, [만약 이미 존재하는 자가 생기한다고 한다면], 존재하는 자는 비존재가 되고, [만약 비존재가 생기한다고 한다면], 비존재가 존재하는 자가 될 것이다. 더구나 [생긴다는] 행위가 없다면, [그] 행위 주체도 없다. 그래서 [모든 것이] '불생'이다.

> (V19.020ab) bhavābhavatvaṃ tu na ced avasthitir na tasya cānyas tv iti janma
> nānyathā |
> (V19.020cd) sato hy asattvād asataś ca sattvato na ca kriyā kārakam ity ato
> 'py ajam ‖

21 만약 [생기의] 행위 주체가 행위를 갖지 않은 자이며, 그 이외에 어느 것도 존재하지 않는다고 생각한다면, 확실히 [생기의] 주체가 아닌

것은 없다. [그렇지만 실제로는 행위 주체는 '실재한다'거나 '실재하지 않는다'거나 하는 이원성이] 없는 것이다. 왜냐하면 [만약 행위 주체가 실재한다고 한다면] 그 존재는 특수성을 갖지 않기 때문에 [그것은 일체만물을 창조할 것이]기 때문이다. 또 [만일 그 행위 주체가 실재하지 않는다고 한다면] '존재의 소멸'[로 간주되는] 비존재는 [특수성을 갖고 있지 않기] 때문에, 또한 [위아래로 흔들리는] 저울의 양끝과 같이 [인과 관계를] 결정하기 어렵기 때문에, [그때에도 그것은 일체만물을 창조할 것이다].

> (V19.021ab) akurvad iṣṭaṃ yadi vāsya kārakaṃ na kiṃcid anyan nanu nāsty akārakam |
>
> (V19.021cd) sato viśeṣād asataś ca saccyutau tulāntayor yadvad aniścayān na hi ∥

22 만약 존재가 비존재로 되는 것, 그리고 그 반대인 [비존재가 존재로 되는 것]을 인정하지 않는다면, 존재와 비존재가 [확연히] 결정되어 있을 때 어떻게 생기가 일어날 수 있겠는가? 이 두 가지는 [서로] 구분되어 있다. 그러므로 어느 것도 '생기지 않는 것'이다. 오! 정신이여!

> (V19.022ab) na cet sa iṣṭaḥ sadasadviparyayaḥ kathaṃ bhavaḥ syāt sadasadvyavasthitau |
>
> (V19.022cd) vibhaktam etad dvayam apy avasthitaṃ na janma tasmāc ca mano hi kasyacit ∥

23 그대의 바람에 따라 내가 [그대의] 생기(生起)를 인정했다 해도, 그대의 노력은 무의미하다고 [나는] 선언한다. [나에게는] 손해도 이익도 없다. 왜냐하면 비존재는 자기로부터도 남으로부터도 생기하는 일이 없기 때문이다. 그 [이해 득실]이 있다 해도, [그대의 노력은 무의미하다].

(V19.023ab) athābhyupetyāpi bhavaṃ tavecchato bravīmi nārthas tava ceṣṭitena
me |

(V19.023cd) na hānavṛddhī na yataḥ svato 'sato bhavo 'nyato vā yadi vāstitā
tayoḥ ‖

24 항상된 자는 무상한 자와 결합하는 일이 없다. 항상된 자도 무상한 자도 서로 결합하는 일은 없다. 그러므로 어떤 자가 다른 자에게 무언가의 결과를 가져온다는 것은 불합리하다. 진리 그 자체는 말의 어원 해석의 영역 안에 [포섭되지] 않는다.

(V19.024ab) dhruvā hy anityāś ca na cānyayogino mithaś ca kāryaṃ na ca
teṣu yujyate |

(V19.024cd) ato na kasyāpi hi kiṃcid iṣyate svayaṃ hi tattvaṃ na
niruktigocaram ‖

25 그러므로 현자는 논리적 이치와 성전에 의거해서 [모든 자에게] 평등하고, 항상 빛나고, '존재한다'거나 '존재하지 않는다'거나 하는 식으로 분별되고 있는 이원성으로부터 자유로운 [아뜨만]을 고찰하여, 마치 등불이 [바람에 꺼지는] 것처럼 완전한 니르바나(=열반)로 향한다.

(V19.025ab) samaṃ tu tasmāt satataṃ vibhātavad dvayād vimuktaṃ
sadasadvikalpitāt |

(V19.025cd) nirīkṣya yuktyā śrutitaś ca buddhimān aśeṣanirvāṇam upaiti
dīpavat ‖

26 [아뜨만과 브라흐만은] 서로 별개의 것이 아니라고 알고 있는 사람들에 따르면, 속성이 없고 유일자인 [브라흐만은] [우리가] 알 수 없는 것이고, [브라흐만을 인식 대상으로 생각하는] 궤변을 일삼는 사이비 논리학자에 따르면 [그 브라흐만은] 용이하게 알 수 있는 것이다[『께나

우빠니샤드』 2-3 참조]. [브라흐만의] 속성에 현혹되지 않는 사람은, 속성이 없고 유일자인 [브라흐만]을 이와 같이 고찰하여 결코 혼미에 빠지는 일이 없다. 왜냐하면 [브라흐만의 속성에] 현혹된다는 잘못에서 벗어나 있기 때문이다.

> (V19.026ab) avedyam ekaṃ yad ananyavedināṃ kutārkikāṇāṃ ca suvedyam anyathā |
>
> (V19.026cd) nirīkṣya cettham tv aguṇagraho 'guṇaṃ na yāti mohaṃ grahadoṣ amuktitaḥ ‖

27 이렇게 [아뜨만에 관해서] 아는 것 말고는, [브라흐만의 속성에] 현혹되는 [잘못]을 없앨 수 있는 방도가 없다. [브라흐만의 속성에] 현혹되는 잘못은 바로 무지의 소치이다. 불에서 장작을 빼버리듯, [브라흐만의 속성에] 현혹되는 잘못에서 [무지라는] 원인을 제거하면, [그 사람은] 지고의 적멸로 향해 나아간다.

> (V19.027ab) ato 'nyathā na grahanāśa iṣyate vimohabuddher graha eva kāraṇam |
>
> (V19.027cd) graho 'py ahetur hy analas tv anindhano yathā praśāntiṃ paramām tathā vrajet ‖

28 신들이 [대해를] 휘저어서, 대해에서 감로(甘露: 불사의 영약)를 뽑아내는 것처럼, 일찍이 위대한 스승들이 [베다 성전의 바다를 휘저어서], 베다 성전의 바다에서, 그들이 지고[의 지식]이라고 생각하는 지식을 추려내었다. 이들 여러 스승들께 귀의합니다.

> (V19.028ab) vimathya vedodadhitaḥ samuddhṛtaṃ surair mahābdhes tu yathā mahātmabhiḥ |
>
> (V19.028cd) tathā 'mṛtam jñānam idaṃ hi yaiḥ purā namo gurubhyaḥ param īkṣitaṃ ca yaiḥ ‖

2부

산문편

제1장 제자를 깨우치는 방법

제2장 아뜨만에 관한 올바른 지식

제3장 빠리상키야나(parisakhyna) 수행법

제자를 깨우치는 방법

1 이제 해탈을 원하고, 진리를 확신하며 애타게 구하는 사람들을 위하여, 해탈을 이루는 방법을 어떻게 가르쳐야 할지 해설하겠다.

atha mokṣasādhanopadeśavidhiṃ vyākhyāsyāmo mumukṣūṇāṃ śraddadhānānām arthinām arthāya ‖P1‖

2 '해탈을 이루는 방법'이란 바로 [브라흐간에 대한] 지식(智)을 말한다. [이러한 브라흐만에 대한 지식 외에, 다른] 방법에 따름으로써 얻어지는 그 모든 것—그것은 무상한 것이다—에 물들지 않고, 자식·재산·세상에 대한 욕망을 버리고[1] 출가수행자의 길을 가며,[2] 마음의 평

---

1) 베단따 철학을 배우기 위한 선결 조건으로, 상까라는 『브라흐마쑤뜨라 바시야』(1-1-1)에서 네 가지 항목을 든다. 첫째, 영원한 것과 무상한 것을 잘 구분해서 알 것. 둘째, 현세와 내세에서 이익을 얻으려는 욕구를 버릴 것. 셋째, 마음의 평정·감각 기관의 제어 등의 수단을 몸에 익힐 것. 넷째, 해탈을 구할 것. 이상 네 가지 항목 가운데 첫 번째가

정·감각기관의 제어·자비심 등을 갖추고, 성전(聖典)에서 잘 알려진 제자의 자질을 고루 지녔으며, 청정한 바라문인 자,[3] 율법에 따라 스승의 곁에 머물고, 출생신분·직업·품행·학식·가문을 꼼꼼히 살펴본 제자를 위해서 [브라흐만에 대한 지식을] 충분히 이해할 때까지 설명하고 또 설명해야 할 것이다.

tad idaṃ mokṣasādhanaṃ jñānaṃ sādhanasādhyād anityāt sarvasmād viraktāya tyaktaputravittalokaiṣaṇāya pratipannaparamahaṃsapārivrājyāya śamadamaday ādiyuktāya śāstraprasiddhaśiṣyaguṇasampannāya śucaye brāhmaṇāya vidhivad upasannāya śiṣyāya jātikarmavṛttavidyābhijanaiḥ parīkṣitāya brūyāt punaḥ punar yāvad grahaṇaṃ dṛḍhībhavati ‖ P2 ‖

3 성전(聖典)에서도 "[세상을] 꼼꼼히 살펴본 후에 [바라문은 세상에 무관심해진다. …… 바라문은 이러한 지식을 얻기 위해서 장작을 손에 쥐고, 성전에 정통하며 브라흐만에 안주하고 있는 스승 곁으로 가야 한다. 스승은 …… 제자에게] 브라흐만에 대한 지식을 있는 그대로 [설명한다]"(『문다까 우빠니샤드』 1-2-12~13)라고 말한다. 왜냐하면 [브라흐만에 대한] 지식을 확고하게 지니는 것은 자기 자신의 지극한 행복과 [브라흐만에 관한 지식의] 전수에 도움이 되기 때문이다. 또한 [사람들에게 브라흐만에 대한] 지식을 전수하는 것은, 마치 강을 건너려는 사람들에게 배가

여기서 말하는 '무상한 모든 것에 물들지 않는 것'이다. '자식·재산·세상에 대한 욕망을 버린다'는 것은 두 번째에 해당한다.

2) 바라문의 일생은 네 단계의 생활기(āśrama), 곧 학생기(學生期), 가주기(家住期), 임서기(林棲期), 출가유행기(出家遊行期)로 구분된다. 여기서 '출가수행자'로 번역한 '빠라마함싸(paramahaṃsa)'는 출가유행기에서 가장 높은 단계에 속한다. 상까라 자신 학생기 이후 곧바로 출가유행기로 이행했기 때문에, 학생기 이후의 단계에 관해서는 자유로운 선택에 맡긴다.

3) 출가유행자가 될 수 있는 길을 바라문, 크샤뜨리야, 바이시야 상층 3계급 모두에게 허용할 것인가, 아니면 바라문 계급에게만 허용할 것인가 하는 문제는 법전(法典, dharmaśāstra)에 따라, 사상가에 따라 입장이 다르다. 상까라는 바라문만 출가유행자가 될 수 있다는 입장을 취한다.

도움이 되듯이, 뭇 생명의 이익에 도움이 되기 때문이다.

　[또 다른] 성전에서도 다음과 같이 말한다. 즉

　　"[아버지는 이 브라흐만에 관해서 자기의 장남이나 거기에 버금가는 제자에
　　게 가르쳐야 하지만 다른 사람에게도 가르쳐야 하는 것은 아니다.] 누군가 그
　　에게 큰 물에 둘러싸인, 재물로 그득 찬 이 [전세계]를 준다 하더라도 그는
　　"이 브라흐만은 그것보다 낫다"고 [말해야 한다]."

—『찬도기야 우빠니샤드』 3-11-5〜6

　　"스승을 모시고 있는 사람은 안다."

—『찬도기야 우빠니샤드』 6-14-2

　　"아아! 스승에게서 배운 지식이야말로 제일 효과적이다."

—『찬도기야 우빠니샤드』 4-9-3

　　"스승은 수영코치이다. 스승의 바른 지식은 이 세상에서 '뗏목'으로 불린다."

—『마하바라따』 12-313-23

라고 성전이나 전승서에 나와 있듯이, [스승의 가르침 이외에] 다른 방
법으로는 [브라흐만에 대한] 지식을 얻을 수 없기 때문이다.

　śrutiś ca — "parīkṣya …… tattvato brahmavidyām" iti | dṛḍhagṛhītā hi vidyā
tmanaḥ śreyase santatyai ca bhavati | vidyāsantatiś ca prāṇyanugrahāya bhavati
naur iva nadīṃ titīrṣoḥ | śāstraṃ ca — "yady api asmā imām adbhiḥ parigṛhītā
ṃ dhanasya pūrṇāṃ dadyād etad eva tato bhūyaḥ" iti | anyathā ca jñānaprā
ptyabhāvāt — "ācāryavān puruṣo veda" "ācāryād dhaiva vidyā viditā (sādhiṣṭ
haṃ prāpat)" "ācāryaḥ plāvayitā tasya (samyag jñānaṃ plava ihocyate" ityādiś
rutibhyaḥ smṛtibhyaś ca ‖ P3 ‖

4　여러 정황으로 미루어 보아 제자가 아직 [브라흐만에 대한] 지식을
지니고 있지 않다는 판단이 들 때, [스승은] 그 원인을 성전이나 전승서

에 규정된 대처 수단을 통해서 제거해야 한다. [브라흐만에 대한] 지식을 파악할 수 없게 만드는 원인으로는 ① 악업, ② 나태한 세상살이, ③ 영원한 실재와 무상한 것을 식별하는 방법에 관해서 충분하게 배우지 못한 것, ④ 남의 이목을 지나치게 의식하는 것, ⑤ 카스트 등에 관한 그릇된 생각 등이 있다. [이에 대한 대처 수단으로 성전이나 전승서는] ① 화를 내지 않는 것 등, ② 불살생 등의 도덕적 규제(yama), ③ [브라흐만에 대한] 지식과 모순되지 않는 규정(niyama)4)[을 내세운다].

> śiṣyasya jñānagrahaṇaṃ ca liṅgair buddhvā tadagrahaṇahetūn adharmalaukikapramā
> danityānitya(vastu)-vivekaviṣayāsaṃjātadṛḍhapūrvaśrutatvalokacintāvekṣaṇajā
> tyādyabhimānādīṃs tatpratipakṣaiḥ śrutismṛtivihitair apanayed akrodhādibhir
> ahiṃsādibhiś ca yamair jñānāviruddhaiś ca niyamaiḥ ‖ P4 ‖

5 그리고, [스승은] 지식을 얻는 수단이 되는, 겸손함 등의 미덕을 [제자에게] 익히게 해야 한다.

> amānitvādiguṇaṃ ca jñānopāyaṃ samyag grāhayet ‖ P5 ‖

6 긍정과 부정 양론에 익숙하고 이해력과 기억력이 좋으며, 마음의 평정, 감각기관의 제어, 동정심, 자선심 등을 지니고 전승되어 내려오는 가르침을 잘 알며, 이 세상에서 맛볼 수 있는 또는 전혀 맛볼 수 없는 쾌락에도 집착하는 일이 없고 일체의 제식(祭式)과 제구(祭具)를 내던져버렸으며, 브라흐만을 알고 브라흐만에 안주하는 올바른 생활을 하며, 위선·교만·사기·간계·환술·질투·거짓·아집(我執)·사욕(私慾) 등의 결점

---

4) '야마(yama)', '니야마(niyama)'에 관해서는 각각 『요가 수뜨라』(2-30)와 『요가 수뜨라』(2-31)를 참조할 것. 8단계로 구성된 요가 수행 가운데서 각각 첫 번째, 두 번째에 해당한다. 'yama'는 살생하지 말 것, 진실하게 말할 것, 훔치지 말 것, 사음하지 말 것, 무소유와 같은 실천덕목이며, 'niyama'는 청정, 만족, 고행, 학습, 최고신에 대한 전념 등의 실천덕목을 말한다.

이 없고, 한결같이 남을 이롭게 하기 위해서만 지식을 쓰려고 애쓰는 자, [이러한 자질을 갖춘 자가 스승이다]. 스승은 먼저 아뜨만의 유일성(唯一性)을 깨우쳐주는 [다음과 같은] 성전을 가르쳐야 한다. 즉,

"친애하는 그대여! 태초에 이 우주는 유(有, sat)뿐이었다. 오직 하나뿐이었고 두 번째는 없었다."

—『찬도기야 우빠니샤드』6-2-1

"거기서는 그것 이외의 다른 것은 보지 못한다."

—『찬도기야 우빠니샤드』7-24-1

"아뜨만이야말로 이 모든 것이다."

—『찬도기야 우빠니샤드』7-25-2

"브라흐만이야말로 이 모든 것이다."

—『브르하드아라니아까 우빠니샤드』2-5-1

"태초에 아뜨만은 이 우주였으며 유일자(唯一者)였다."

—『아이따레야 우빠니샤드』1-1-1

"이 모든 것은 그야말로 브라흐만이다."

—『찬도기야 우빠니샤드』3-14-1

ācāryāś cohāpohagrahaṇadhāraṇaśamadamadayānugrahādisampanno labdhāgamo d ṛṣṭādṛṣṭabhogeṣv anāsaktas tyaktasarvakarmasādhano brahmavid brahmaṇi sthito 'bhinnavṛtto dambhadarpakuhakaśāṭhyamāyāmātsaryānṛtāhaṃkāramamatvā didoṣavarjitaḥ kevalaparānugrahaprayojano vidyopayogārthī pūrvam upadiśet — "sad eva somyedam agra āsīd ekam evādvitīyam" "yatra nānyat paśyati" "ātmaivedaṃ sarvam" "brahmaivedaṃ sarvam" "ātmā vā idam eka evāgra āsīt" "sarvaṃ khalv idaṃ brahma" ity(ādyāḥ) ātmaikatvapratipādanaparāḥ śrutīḥ
|| P6 ||

7 이와 같이 가르치고 나서 [다음과 같은] 성전에 따라 브라흐만의 특징을 이해시켜야 한다. 즉,

"악을 떠나 있는, …… 아뜨만, 바로 그 ……"

—『찬도기야 우빠니샤드』 8-7-1

"직접적으로 경험되며 경험을 초월해 있지 않은 브라흐만 ……"

—『브르하드아라니야까 우빠니샤드』 3-4-1; 3-5-1

"기갈을 [초월한] 자 ……"

—『브르하드아라니야까 우빠니샤드』 3-5-1

"그렇지 않다. 그렇지 않다."

—『브르하드아라니야까 우빠니샤드』 2-3-6

"크지도 않고 미세하지도 않으며"

—『브르하드아라니야까 우빠니샤드』 3-8-8

"이것은 그렇지 않다, 그렇지 않다[고 말할 수밖에 없다]."

—『브르하드아라니야까 우빠니샤드』 3-9-26; 4-2-4 etc.

"보이지 않으며, 보는 자이다."

—『브르하드아라니야까 우빠니샤드』 3-8-11

"인식이고 환희이다."

—『브르하드아라니야까 우빠니샤드』 3-9-28

"[브라흐만을] 실재로, 지식으로, 무한자(無限者)로 [아는 자, 그는 ……]"

—『따잇띠리야 우빠니샤드』 2-1

"볼 수 없고, 내 것이 아닌 [브라흐만]에 있어서"

—『따잇띠리야 우빠니샤드』 2-7

"또는 이 [위대하고 태어남이 없는 아뜨만……]"

—『브르하드아라니야까 우빠니샤드』4-4-22

"다시 말해서 [브라흐만은] 숨을 쉬지 않으며, 정신이 없으며, ……"

—『문다까 우빠니샤드』2-1-2

"안팎을 겸비하고 있으며 태어남이 없다."

—『문다까 우빠니샤드』2-1-2

"순수인식 덩어리일 뿐이다."

—『브르하드아라니야까 우빠니샤드』2-4-12

"안도 없고 밖도 없다."

—『브르하드아라니야까 우빠니샤드』2-5-19

"그것은 이미 알려져 있는 것과는 다르며, 아직 알려져 있지 않은 것을 [초월
해 있다]."

—『께나 우빠니샤드』1-4

"실로 허공[과 같아서] 명칭[·형태가 전개된다]."

—『찬도기야 우빠니샤드』8-14-1

8 또한 성전에서 말하는 [브라흐만의] 특징과 모순되지 않는, [다음과
같은] 전승서[의 가르침], 곧 '지고의 아뜨만(paramātman)'은 윤회하는 일
이 없으며 이 세상 모든 것과 다르지 않다고 가르치는 전승서의 가르침
에 따라 [브라흐만의 특징을 이해시켜야 한다]. 즉,

"태어나는 일도 죽는 일도 없다."

—『바가와드기따』2-20

"누구의 죄에 대해서도 [그 과보를] 받지 않는다."

—『바가와드기따』5-15

"[거대한 바람기운이] 언제나 허공 속에 머물러 있듯이 ……"

—『바가와드기따』 9-6

"나는 아뜨만(kṣetrajña 知田者)이라고 알라."

—『바가와드기따』 13-2

"그것은 있다고도 없다고도 말할 수 없다."

—『바가와드기따』 13-12

"시작이 없기 때문에, 속성이 없기 때문에"

—『바가와드기따』 13-31

"존재하는 모든 것 가운데 평등하게 [머물며]"

—『바가와드기따』 13-27

"지고의 뿌루샤는 ['지고의 아뜨만'으로] ……"

—『바가와드기따』 15-17

upadiśya ca grāhayed brahmaṇo lakṣaṇam — "ya ātmāpahatapāpmā" "yat sākṣā
d aparokṣād brahma" "yo 'śanāyāpipāse" "neti neti" "asthūlam anaṇu" "sa eṣa
neti neti" "adṛṣṭaṃ draṣṭṛ" "vijñānam ānandam" "satyaṃ jñānam anantam"
"adṛśye 'nātmye" "sa vā eṣaḥ" "aprāṇo hy amanāḥ" "sabāhyābhyantaro hy
ajaḥ" "vijñānaghana eva" "anantaram abāhyaṃ" "anyad eva tad viditād atho
aviditāt" "ākāśo vai nāma" ityādiśrutibhiḥ ‖ P7 ‖

smṛtibhiś ca — "na jāyate mriyate vā" "nādatte kasyacit pāpam" "yathākāś
asthito nityam" "kṣetrajñāṃ cāpi māṃ viddhi" "na sat tan nāsad ucyate" "anā
ditvān nirguṇatvāt" "samaṃ sarveṣu bhūteṣu" "uttamaḥ puruṣaḥ" ityādibhiḥ
śrutyuktalakṣaṇāviruddhābhiḥ paramātmāsaṃsāritvapratipādanaparābhiḥ tasya
sarveṇānanyatvapratipādanaparābhiś ca ‖ P8 ‖

9 위와 같이 성전과 전승서에 따라 지고의 아뜨만의 특징을 이해한 제

자가 윤회의 대해를 넘어가기를 원한다면 [스승은 그 제자에게] "친애하는 그대여! 당신은 누구입니까?"라고 물어보아야 한다.

<blockquote>
evaṃ śrutismṛtibhir gṛhitaparamātmalakṣaṇaṃ śiṣyaṃ saṃsārasāgarād uttitīrṣum pṛcchet — kas tvam asi somyeti ‖ P9 ‖
</blockquote>

10 제자가 다음과 같이 대답한다면, 즉

[**제자**] : 저는 바라문의 자식으로 이런 저런 집안 출신입니다. 예전에는 학생 또는 가장이었으나 지금은 빠라마함싸(paramahaṃsa)로 출가자입니다. 생사(生死)라는 거대한 상어가 출몰하는 윤회의 대해를 건너가고 싶습니다.

11 스승은 다음과 같이 말해야 할 것이다.

[**스승**] : 친애하는 그대여! 당신이 죽으던 바로 이 세상에서 당신의 육체는 새가 먹어 버리거나 흙으로 돌아갑니다. 당신은 윤회의 대해를 건너가고 싶어합니다만, 그렇다면 당신은 도대체 어떻게 건너갈 수 있겠습니까? 왜냐하면, 이쪽 강변에서 일단 재가 되어 버리면 저쪽 강변으로 건너갈 수는 없기 때문입니다.

<blockquote>
sa yadi brūyāt — brāhmaṇaputro 'donvayo brahmacāry āsaṃ gṛhastho vedānīm asmi paramahaṃsaparivrāṭ saṃsārasāgarāj janmamṛtyumahāgrāhād uttitīrṣur iti ‖ P10 ‖

ācāryo brūyād — ihaiva te somya mṛtasya śarīraṃ vayobhir adyate mṛdbhāvaṃ vāpadyate tatra kathaṃ saṃsārasāgarād uttartum icchasīti | nahi nadyā avare kūle bhasmībhūto nadyāḥ pāraṃ tariṣyasīti ‖ P11 ‖
</blockquote>

12 제자가 다음과 같이 대답한다면, 즉

[**제자**] : 저는 육체와는 별개의 것입니다. 육체는 태어나고 죽으며, 새가

먹어치우고 흙으로 돌아가며, 칼이나 불에 상하고 병에 잘 걸립니다. 저는 제가 저지른 선악의 업 때문에 새가 집으로 들어가듯이 이 육체 안으로 들어왔습니다. 육체가 소멸하면 또 다시 선악의 업으로 인해 다른 육체 안으로 들어가겠지요. 마치 새가, 전에 살던 집이 부서지면 다른 집으로 옮겨가듯이. 이렇게 저는 시작도 없는 윤회의 와중에 있습니다. 제 자신의 업 때문에 신·동물·인간·아귀를 전전하며 한 번 얻은 육체를 차례로 버리면서 되풀이해서 새로운 육체를 획득했습니다. 제 자신의 업 때문에 물레방아같이 그칠 새 없는 생사의 바퀴에 꿰어 돌면서 금생의 육체를 획득하고 나서 저는 윤회의 바퀴를 전전하는 데 지쳐버렸습니다. 윤회의 바퀴를 전전하는 일을 그치기 위해서 저는 당신께 입문한 것입니다. 그렇기 때문에 저는 영원하며 육체와는 별개의 것입니다. 사람들이 걸치는 옷과 같이 육체는 왔다 갔다 합니다.

13 스승은 다음과 같이 말해야 한다.

[**스승**] : 당신이 말한 것은 옳습니다. 당신은 정확하게 보는군요. 그런데 아까는 어떻게 해서 '저는 바라문의 자식으로 이런 저런 집안 출신입니다. 예전에는 학생 또는 가장이었으나 지금은 빠라마함싸로 출가자입니다'와 같이 헛된 말을 했나요?

sa yadi brūyāt — anyo 'haṃ śarīrāt | śarīraṃ tu jāyate mriyate vayobhir adyate mṛdbhāvam āpadyate śastrāgnyādibhiś ca vināśyate vyādhyādhibhiś ca yujyate | tasminn ahaṃ svakṛtadharmādharmavaśāt pakṣī nīḍam iva praviṣṭaḥ punaḥ punaḥ śarīravināśe dharmādharmavaśāc charīrāntaraṃ yāsyāmi pūrvanīḍavināśe pakṣīva nīḍāntaram | evam evāham anādau saṃsāre devatiryaṅmanuṣyanirayasthā neṣu svakarmavaśād upāttam upāttam śarīraṃ tyajan navaṃ navaṃ cānyad upā dadāno janmamaraṇaprabandhacakre ghaṭīyantravat svakarmaṇā bhrāmyamāṇaḥ krameṇedaṃ śarīram āsādya saṃsāracakrabhramaṇād asmān nirviṇṇo bhagavantam upasanno 'smi saṃsāracakrabhramaṇapraśamāyeti | tasmān nitya evāham śarīrā d anyaḥ | śarīrāny āgacchanty apagacchanti ca vāsāṃsīva puruṣasyeti ‖ P12 ‖

ācāryo brūyāt — sādhv avādīḥ samyak paśyasi | katham mṛṣāvādhīḥ brāhman aputro 'donvayo brahmacāry āsam gṛhastho vā idānīm asmi paramahaṃsaparivr āḍ iti ‖ P13 ‖

14 만약에 제자가 "스승님! 제가 어떻게 헛된 말을 했다는 겁니까?"라고 되묻는다면,

15 스승은 제자에게 다음과 같이 대답해야 한다.
[**스승**] : 아뜨만은 카스트·가문·의식(儀式)⁵⁾과 아무런 관련도 없습니다. 그런데도 당신은 '저는 바라문의 자식으로 이런 저런 집안 출신입니다……'와 같이 말합니다. 이는 다양한 카스트·가문·의식을 갖춘 육체를 아뜨만으로 간주하는 일입니다.

sa yadi brūyāt — bhagavan katham aham mṛṣāvādiṣam iti ‖ P14 ‖

tam prati brūyād ācāryaḥ — yatas tvam bhinnajātyanvayasaṃskāram śarīram jātyanvayasaṃskāravarjitasyātmanaḥ pratyajñāsīr brāhmaṇaputro 'donvaya ityā dinā vākyeneti ‖ P15 ‖

16 [**제자**] : 육체는 어떻게 다양한 카스트·가문·의식을 갖추고 있으며, 나(=아뜨만)는 어떻게 카스트·가문·의식을 떠나 있습니까?
17 [**스승**] : 친애하는 그대여! 잘 들어보십시오 이 육체가 어째서 당신 자신(=아뜨만)과 별개의 것으로 다양한 카스트·가문·의식을 갖추고 있는지, 또한 어째서 당신 자신은 카스트·가문·의식을 떠나 있는지에

---

5) 의식(儀式)의 원어는 '삼스까라(saṃskāra)'이다. 일반적으로는 '통과의례'로 번역되기도 하듯이, 힌두교도라면 일생 동안 많은 의식을 치뤄야 한다. 법전에 따라서는 40가지나 되는 의식을 규정한 것도 있으나 흔히 탄생식, 입문식 등 16가지 정도가 거론된다.

관해서"라고 말한 뒤, 제자에게 다음과 같이 상기시켜 주어야 한다. 즉, "친애하는 그대여! 당신은 기억해내는 게 좋습니다. 당신은 이미 '친애하는 그대여! [태초에] 이 우주는 유(有, sat)뿐이었다'(『찬도기야 우빠니샤드』 6-2-1) 등, 성전과 전승서에 따라, 지고의 아뜨만 곧 만유의 아뜨만이 앞에서 말한 바와 같이 ['카스트·가문·의식을 떠나 있다'는] 특징을 지니고 있음을 배웠습니다. 또한 성전과 전승서에 따라 [그 이외의] 지고의 아뜨만의 특징도 배웠습니다.

sa yadi pṛcchet — kathaṃ bhinnajātyanvayasaṃskāraṃ śarīraṃ kathaṃ vāhaṃ jātyanvayasaṃskāravarjita iti ‖ P16 ‖

ācāryo brūyāt — śṛṇu somya yathedaṃ śarīraṃ tvatto bhinnaṃ bhinnajā tyanvayasaṃskāraṃ tvaṃ ca jātyanvayasaṃskāravarjita ity uktvā taṃ smārayet — smartum arhasi somya paramātmānaṃ sarvātmānaṃ yathoktalakṣaṇaṃ śrā vito 'si "sad eva somyedaṃ" ityādi(bhiḥ) śrutibhiḥ smṛtibhiś ca | lakṣaṇaṃ ca tasya śrutibhiḥ smṛtibhiś ca ‖ P17 ‖

18 '지고의 아뜨만'의 특징을 기억해낸 제자에게 [스승은] 다음과 같이 말해야 한다.

[**스승**] : 이 [지고의 아뜨만]은 '허공'으로 불립니다. '명칭·형태(nāmarū pa)'[6]와는 다른 별개의 것이며, 육체가 없고 크기가 없는 등의 특징을 지니고 있습니다. 또한 죄악이 근접하지 못하는 등의 특징을 지니고 있으며, 윤회에 관련된 이 모든 속성에 젖는 일이 없습니다.

"직접적으로 경험되며 경험을 초월해 있지 않은 브라흐만……, 그것은 일체

---

6) '명칭·형태(nāmarūpa)'는 무어라고 규정할 수 없는, 혼돈 상태의, 아직 전개되지 않은 상태의, 우주의 근본 질료인(質料因)을 뜻한다. 이는 샹까라 특유의 용법이다. 후대의 불이일원론 학파는 '무지(無知, avidyā)' 또는 '마야(māyā, 幻影)'를 우주의 질료인으로 상정한다.

만물에 내재하는 네 아뜨만이다."

─『브르하드아라니야까 우빠니샤드』3-4-1

"보이지 않으며, 보는 자이다. 들리지 않으며 듣는 자이다. 생각되지 않으며
생각하는 자이다. 인식되지 않으며 인식하는 자이다."

─『브르하드아라니야까 우빠니샤드』3-7-23

이 [지고의 아뜨만]은 영원한 인식을 자신의 본성으로 삼고 있으며,

"안도 없고 밖도 없다."

─『브르하드아라니야까 우빠니샤드』2-5-19

"인식덩어리일 뿐이다."

─『브르하드아라니야까 우빠니샤드』2-4-12

[지고의 아뜨만은] 허공과 같이 온 누리에 존재하며 무한한 힘을 지
니고 있습니다. 만물의 아뜨만이고 굶주림 등에서 벗어나 있으며, 생멸
하는 일이 없습니다. [지고의 아뜨만은] 불가사의한 힘을 지니고 있기
때문에 단지 존재하는 것만으로도 아직 전개되지 않은 상태의 명칭·형
태를 전개하는 자입니다. 본질적으로 세계의 씨앗인 [아직 전개되지 않
은 상태의] 명칭·형태는 자신의 아뜨만과는 다른 특징을 지니고 있고
자신의 아뜨만 안에 머물며, '이것'이라고도 '이것이 아닌 다른 것'이라
고도 딱 꼬집어 표현할 수 없으며, 스스로 체험할 수 있을 뿐입니다.

labdhaparamātmalakṣaṇasmṛtaye brūyāt ─ yo 'sāv ākāśanāmā nāmarūpābhyā
m arthāntarabhūto 'śarīro 'sthūlādilakṣaṇo 'pahatapāpmatvādilakṣaṇaś ca sarvaiḥ
saṃsāradharmair anāgandhitaḥ "yat sākṣād aparokṣād brahma ······ eṣa ta ātmā
sarvāntaraḥ" "adṛṣṭo draṣṭā aśrutaḥ śrotā amato mantā avijñāto vijñātā"
nityavijñānasvarūpo 'nantaro 'bāhyaḥ "vijñānaghana eva" paripūrṇa ākāśavat
anantaśaktiḥ ātmā sarvasya aśanāyādivarjitaḥ āvirbhāvatirobhāvavarjitaś ca svā

tmavilakṣaṇayor nāmarūpayor jagadbījabhūtayoḥ svātmasthayoḥ tattvānyatvā
bhyām anirvacanīyayoḥ svasaṃvedyayoḥ sadbhāvamātreṇācintyaśaktitvād vyā
kartāvyākṛtayoḥ ‖ P18 ‖

19 [스승] : 아직 전개되지 않은 상태의 명칭·형태는 바로 이 아뜨만
에서 전개되면서 '허공'이라는 명칭·형태7)를 취하게 됩니다. 이 '허공'
이라는 원소는 이와 같이 지고의 아뜨만에서 생겨난 것인데, 이는 마치
깨끗한 물에서 더러운 포말이 생겨나는 것과 같습니다.8) 포말은 물과
똑같지도 않지만 완전히 다른 것도 아닙니다. 왜냐하면 물을 떠나서 따
로 포말이 있는 것은 아니기 때문입니다. 그렇지만 물은 청정한 것으로,
본질적으로 더러운 포말과는 다른 것입니다. 이상과 같이 지고의 아뜨
만은 청정하고 투명한 것으로, '포말'로 비유되는 명칭·형태와는 다른
것이며, 명칭·형태와는 그 특징이 다릅니다. 명칭·형태는 원래는 전개
되지 않은 상태로 있었지만 [지고의 아뜨만으로부터] 전개되면서 '포
말'로 비유되는 '허공'이라는 명칭·형태를 취하게 되는 것입니다.

te nāmarūpe 'vyākṛte sati vyākriyamāṇe tasmād etasmād ātmana ākāśanāmākṛ
tī saṃvṛtte | tac cākāśākhyaṃ bhūtam anena prakāreṇa paramātmanaḥ sambhū
taṃ prasannāt salilān malam iva phenam | na salilaṃ na ca salilād atyantabhinna
ṃ phenaṃ | salilavyatirekeṇādarśanāt | salilaṃ tu svaccham anyat phenān malar
ūpāt | evaṃ paramātmā nāmarūpābhyām anyaḥ phenasthānīyābhyāṃ śuddhaḥ
prasannas tadvilakṣaṇaḥ | te nāmarūpe 'vyākṛte satī vyākriyamāṇe phenasthā
nīye ākāśanāmākṛtī saṃvṛtte ‖ P19 ‖

20 [스승] : 명칭·형태는 전개되면서 점차로 커지는데, 허공에서 바람
으로, 바람에서 불로, 불에서 물로, 다시 물에서 땅으로 됩니다. 이러한

---

7) 여기에서 '명칭·형태'는 혼돈 상태의 명칭·형태가 이미 전개되어 생긴, 변화 과정
중의 명칭·형태를 뜻한다.
8) 유사한 구절이 『브라흐마 쑤뜨라』(2-3-1~7); 『따이띠리야 우빠니샤드』(1-1-1)에도 보
인다.

순서로 즉 앞의 원소가 뒤에 오는 원소 속으로 들어가는 순서로, 마지막
땅까지 오대 원소가 생겨난 것입니다. 땅이 오대 원소의 성질을 갖추고
있는 것도 이 때문입니다. 그리하여 땅에서 쌀이나 보리 등, 오대 원소
로 이루어진 식물이 생깁니다. 이러한 식물을 먹으면 거기에서 여자와
남자의 육체에 관련된 피나 정액이 생깁니다. 이 두 가지는 무지(無知)에
얽매인 애욕(愛慾)으로 인해 생겨나, 성전의 진언(眞言)을 읊음으로써 정
화되며, 적당한 때에 자궁 안에 부어넣어집니다. 이것은 다시 자궁의 태
액이 스며듦에 따라 성장하여 태아로 되며 9개월이나 10개월 지나 분만
됩니다.

> tato 'pi sthūlabhāvam āpadyamāne nāmarūpe vyākriyamāne vāyubhāvam āpadyete
> tato 'py agnibhāvam agner abhāvam tataḥ pṛthvībhāvam ity evamkrameṇa pū
> rvapūrvo(ttaro)ttarānupraveśena pañcamahābhūtāni pṛthivyantāny utpannāni | tataḥ
> pañcamahābhūtaguṇaviśiṣṭā pṛth(i)vī | pṛth(i)vyāś ca pañcātmakyo vrīhiyavādyā
> oṣadhayo jāyante | tābhyo bhakṣitābhyo lohitam śukram ca strīpumsaśarīrasam
> bandhi jāyate | tad ubhayam ṛtukāle 'vidyāprayuktakāmakhajanirmathanodbhūtam
> mantrasamskṛtam garbhāśaye niṣicyate | tat svayonirasānupraveśena vivardhamāna
> m garbhībhūtam daśame navame vā māsi sañjāyate ‖ P20 ‖

21 [스승] : 이 태아가 분만되어 명칭·형태를 얻게 되면 탄생식(誕生式)
때 성전의 진언으로 정화됩니다. 그 후 입문식(入門式)[9]을 겪으며 '학생
(brahmacārin)'이란 이름을 얻습니다. 결혼식을 치르며 '가장(gṛhastha)'이란
이름을 얻고, 그 후에 숲에서 살기 위한 의식을 치르며 '고행자(tāpasa)'란
이름을 얻는 것도 바로 이 육체이며, 제사 행위의 중지를 위한 의식을

---

9) '입문식(upanayana)'은 '두번째 탄생'이라 부를 정도로 힌두교도들이 중시하는 의식이
   다. 흔히 바라문 계급은 8살 때, 크샤뜨리야 계급은 11살 때, 바이시야 계급은 12살 때
   이 의식을 치르는데, 이 의식을 치름으로써 상층 3계급은 재생족(再生族, dvija)이 되면
   서, 평생 일생족(一生族)으로 머무는 하위 계급 슈드라와 완전하게 구별된다. 입문식을
   치른 후 상층 3계급은 '성스러운 실'을 왼쪽 어깨에서 오른쪽 허리로 비스듬하게 걸치
   게 된다.

치르며 '출가자(parivrāj)'란 이름을 얻는 것도 바로 이 육체입니다. 이와 같이 육체는 당신과는 별개의 것으로, 다양한 카스트·가문·의식을 지니고 있습니다.

taj jātaṃ labdhanāmākṛtikaṃ jātakarmādibhir mantrasaṃskṛtaṃ punar upanayanasaṃskārayogena brahmacārisaṃjñaṃ bhavati | tad eva śarīraṃ patnīsaṃyogasaṃskārayogena gṛhasthasaṃjñaṃ bhavati | tad eva vanasthasaṃ skāreṇa tāpasasaṃjñaṃ bhavati | tadeva kriyāvinivṛttinimittasaṃskāreṇa parivr āṭsaṃjñaṃ bhavati | ity evaṃ tvatto bhinnaṃ bhinnajātyanvayasaṃskāram ś arīram ‖ P21 ‖

22 [**스승**] : 정신이나 감각기관도 "친애하는 그대여! 정신은 밥에서 생기며"(『찬도기야 우빠니샤드』 6-5-4) 등등, 성전에서 말하는 바와 같이, 그 본질은 명칭·형태입니다.

manaś cendriyāṇi ca nāmarūpātmakāny eva "annamayaṃ hi somya manaḥ" ityā diśrutibhyaḥ ‖ P22 ‖

23 [**스승**] : 내가 어떻게 해서 다양한 카스트·가문·의식을 떠나 있는지, 이 점에 관해서 잘 들어보십시오. 명칭·형태의 전개자로서 명칭·형태와는 별개의 특질을 지닌 것, 바로 그(=지고의 아뜨만)는 명칭·형태를 전개하면서 그와 동시에 이 육체를 만들어낸 뒤, 그 자신 [각종] 의식 규정에서 벗어나 있지만, 명칭·형태 속으로 들어갑니다. 남이 그[의 모습]을 볼 수는 없으나 그 자신은 보고 있는 자이며, 마찬가지로 남이 [그의 소리를] 들을 수는 없으나 그 자신은 듣고 있는 자이며, 남이 [그에 관해서] 생각할 수는 없으나 그 자신은 생각하고 있는 자이며, 남이 [그를] 식별해낼 수는 없으나 그 자신은 식별하고 있는 자입니다(『브르하드아라니야까 우빠니샤드』 3-7-23 참조).

"모든 형태를 곰곰이 따져보고 이름 지은 뒤, 말을 건네며 앉아 있는 현자
……."

—『따잇띠리야 아라니야까』 3-12-7

"그 [모든 것]을 만들어낸 뒤, 그는 바로 그 안으로 들어갔다."

—『따잇띠리야 우빠니샤드』 2-6-1

"속으로 들어간, 뭇 생명의 지배자"

—『따잇띠리야 우빠니샤드』 3-11-1

"그는 이 속으로 들어갔다."

—『브르하드아라니야까 우빠니샤드』 1-4-7

"그는 네 아뜨만이다."

—『브르하드아라니야까 우빠니샤드』 3-4-1; 3-5-1

"그는 바로 이 정수리를 열어제친 뒤 그 문으로 들어갔다."

—『아이따레야 우빠니샤드』 1-3-12

"만유 가운데 숨어 있는 이 아뜨만"

—『까타 우빠니샤드』 3-12

"그 신격(神格)은 '자, [이제] 이 세 신격(=물, 불, 음식) [안으로 들어가자]'고
생각했다."

—『찬도기야 우빠니샤드』 6-3-2

"육체 가운데 있으면서 육체가 없는 자"

—『까타 우빠니샤드』 2-22

등등, 이와 같은 뜻을 가리키는 성전이 수천 가지나 됩니다.

katham cāham bhinnajātyanvayasaṃskāravarj̣ta ity etac chṛnu | yo 'sau nāmarū
payor vyākartā nāmarūpadharmavilakṣaṇaḥ sa eva nāmarūpe vyākurvan sṛṣṭ

vedaṃ śarīraṃ svayaṃ saṃskāradharmavarjito nāmarūpa iha praviṣṭo 'nyair
adṛṣṭaḥ svayaṃ paśyaṃs tathā 'śrutaḥ śṛṇvann amato manvāno 'vijñāto vijāna
ṃ — "sarvāṇi rūpāṇi vicitya dhīro nāmāni kṛtvābhivadan yad āste" iti | asminn
arthe śrutayaḥ sahasraśaḥ "tat sṛṣṭvā tad evānuprāviśat" "antaḥ praviṣṭaḥ śāstā
janānāṃ" "sa eṣa iha praviṣṭaḥ" "eṣa ta ātmā" "sa etam eva sīmānaṃ vidā
ryaitayā dvārā prāpadyata" "eṣa sarveṣu bhūteṣu gūḍho 'tmā" "seyaṃ devataikṣ
ata hantāham imās tisro devatāḥ" "aśarīraṃ śarīreṣu" ityādyāḥ ‖ P23 ‖

24 **[스승]** : 전승서에서도 다음과 같이 전하고 있습니다.

"아뜨만이야말로 모든 신격이다."

—『마누법전』 12-119

"아홉 개의 성문이 있는 도시(=육체) 안에 생명(=아뜨만)이 ……"

—『바가와드기따』 5-13

"그리고 내가 아뜨만이기도 하다는 것을 알고 있어라."

—『바가와드기따』 13-2

"만유 가운데 평등하게 [존재한다]."

—『바가와드기따』 13-27

"방관자이며 동의인(同意人) ……"

—『바가와드기따』 13-22

"그렇지만 최고의 뿌루샤는 다르다."

—『바가와드기따』 15-17

이러한 [성전 및 전승서의 말에] 근거해서, 당신이 다양한 카스트·
가문·의식을 떠나 있다는 것이 입증됩니다.

smṛtayo 'pi "ātmaiva devatāḥ sarvāḥ" "navadvāre pure dehī" "kṣetrajñaṃ cāpi mām viddhi" "samaṃ sarveṣu bhūteṣu" "upadraṣṭānumantā ca" "uttamaḥ puru

ṣas tv anyaḥ" ityādyāḥ | tasmāj jātyanvayasaṃskāravarjitas tvam iti siddham

‖ P24 ‖

25 제자가[10] 다음과 같이 묻는다면, 즉

[**제자**] : 저와 [아뜨만은] 다릅니다. 저는 무지하고 고락을 느끼며, 구속받고 윤회하는 존재입니다. 그 [아뜨만]은 저와 본질이 달라서 윤회하는 일이 없으며 신입니다. 저는 공양물이나 공물을 바치고 경배를 올림으로써, 또는 계급마다 생활기마다 규정된 의식을 통해, 그 신[=아뜨만]을 숭배합니다. 그렇게 해서 저는 윤회의 대해에서 벗어나고 싶어합니다. 저 같은 자가 대체 어떻게 그 신과 똑같단 말입니까?

sa yadi brūyāt — anya evāham ajñaḥ sukhī duḥkhī baddhaḥ saṃsārī anyo 'sau

madvilakṣaṇo 'saṃsārī devaḥ tam ahaṃ baly-upahāranamaskārādibhir varṇāś

ramakarmabhiś cārādhya saṃsārasāgarād uttitīrṣur asmi katham ahaṃ sa eveti

‖ P25 ‖

26 스승은 이렇게 대답해야 한다.

[**스승**] : 친애하는 그대여, 당신은 그렇게 단정해서는 안 됩니다. 왜냐하면 [아뜨만과 나를] 서로 다른 것으로 보는 견해는 금지되어 있기 때문입니다. 서로 다른 것으로 인정하는 일이 어떤 식으로 금지되어 있는가 하면, 다음과 같이 곧

"나와 그[=아뜨만]가 별개라고 생각하는 자는 아직 모르는 자이다."

—『브르하드아라니야까 우빠니샤드』 1-4-10

"브라흐만은 아뜨만과 별개라고 알고 있는 자, 바로 그 자를 브라흐만은 쫓아

---

10) 이 제자는 자기 자신이 브라흐만이라는 점을 깨닫지 못하고 비인격적 브라흐만을 인격신으로 여기고 있다.

냈다."

—『브르하드아라니야까 우빠니샤드』 2-4-6

"이 세상에서 다른 것만을 보는 자는 죽음에서 죽음으로 전전할 뿐이다."

—『브르하드아라니야까 우빠니샤드』 4-4-19

등등, [성전에 나와 있기 때문입니다].

ācāryo brūyāt — naivaṃ somya pratipattum arhasi pratiṣiddhatvād bhedapratipatteḥ | kathaṃ pratiṣiddhā bhedapratipattir ity ata āha — "anyo 'sāv anyo 'ham asmīti na sa veda" brahma taṃ parādād "yo 'nyatrātmano brahma veda" "mṛtyoḥ sa mṛtyum āpnoti ya iha nāneva paśyati" ityevamādyāḥ ‖ P26 ‖

27 [스승] : 바로 이러한 성전들이 모두, [아뜨만과 나를] 서로 다른 것으로 보는 견해 때문에 윤회한다고 말하고 있습니다.

etā eva śrutayo bhedapratipatteḥ saṃsāragamanaṃ darśayanti ‖ P27 ‖

28 [스승] : [아뜨만과 내가] 서로 다른 것이 아니라고 보는 견해로 인해 해탈을 이룬다고 수천 가지 [성전이] 말하고 있습니다. 한 예로 [성전에서는]

"그는 아뜨만이다. 너는 그이다."

—『찬도기야 우빠니샤드』 6-8-7

라고 [내가] 최고의 아뜨만(=브라흐만)임을 규정하고 있으며,

"스승을 모시고 있는 사람은 알고 있다."

—『찬도기야 우빠니샤드』 6-14-2

라고 말한 뒤,

"[아뜨만과 내가 서로 다르다고 보는 무지의 속박에서 벗어나지 못하는 한]
그는 바로 그만큼 오랫동안 [이 세상에 머무를 것이다]."

—『찬도기야 우빠니샤드』 6-14-2

라고, [아뜨만과 내가] 서로 다른 것이 아님을 앎으로써 해탈을 이룬다
고 말하고 있습니다. 또한 도둑이 아닌 자는 [뜨겁게 달군 도끼 위에 세
워 놓아도] 불에 타지 않는다는 예증이 있듯이, 진실을 좇는 자에게는
윤회가 없다고 말하고 있습니다. [다른 한편] 도둑놈은 불에 탄다는 예
증이 있듯이, [아뜨만과 내가] 서로 다른 것이라고 봄으로써 진실이 아
닌 것을 좇는 자는 윤회한다고 말하고 있습니다.

> abhedapratipatteś ca mokṣaṃ darśayanti sahasraśaḥ — "sa ātmā tat tvam asi"
> iti paramātmabhāvaṃ vidhāya "ācāryavān puruṣo veda" ity uktvā "tasya tāvad
> eva ciraṃ" iti mokṣaṃ darśayanty abhedavijñānād eva satyasandhasyātaskarasyeva
> dāhādyabhāvadṛṣṭāntena saṃsārābhāvaṃ darśayanti bhedadarśanād asatyā
> bhisandhasya saṃsāragamanaṃ darśayanti taskarasyeva dāhādidṛṣṭāntena ‖ P28 ‖

29 [스승] : 또 [성전에서는]

"그것들은 이 세상에서는 호랑이 또는 [사자, …… 또는 모기이지만, 이것이
된다]."

—『찬도기야 우빠니샤드』 6-9-3

등등, [아뜨만과 내가] 서로 다른 것이 아니라는 관점에 서서

"그는 '스스로 다스리는 자(svarāj)'가 된다."

—『찬도기야 우빠니샤드』 7-25-2

고 말하고 있습니다. 그리고 나서 베다를 존숭하는 모든 학파에서는,

"그런데 이와 다르게 알고 있는 사람들은 다른 사람에게 종속된 자 곧 멸망하

기 쉬운 속인들이 된다."

—『찬도기야 우빠니샤드』 7-25-2

라고, 그와는 정반대되는 차별적 관점으로 인해 윤회하게 된다고 말하고 있습니다. 그러므로 당신이 "저는 이러이러한 가문에 속하는 바라문 자손입니다. 저는 윤회하는 존재로, 지고의 아뜨만과는 본질이 다릅니다"라고 말한 것은 잘못입니다.

"ta iha vyāghro vā" ityādinā cābhedadarśanāt "(sa) svarāḍ bhavati" ity uktvā tadviparītena bhedadarśanena saṃsāragamanaṃ darśayanti — "atha ye 'nyathāto vidur anyarājānas te kṣayyalokā bhavanti" iti pratiśākham | tasmān mṛṣaivāvā dīḥ — brāhmaṇaputro 'donvayaḥ saṃsārī paramātmavilakṣaṇa iti ‖ P29 ‖

30 [스승] : 그 때문에 [나와 지고의 아뜨만을] 별개의 것으로 보는 시각은 금지되어 있습니다. 제식을 행하는 것은 서로 별개의 것으로 보는 시각에 속한 일입니다. 게다가 성스러운 실[11]과 같은 것은 제식을 행하기 위한 수단입니다. 따라서 [나와] 지고의 아뜨만이 동일함을 이해한다면, 제식을 행하거나 제식의 수단을 사용하는 일은 금지된 것임을 알아야 합니다. 왜냐하면 여러 가지 제식을 행하고 성스러운 실과 같은 제식의 수단을 사용하는 일은 윤회하는 자의 일일 뿐, [나와] 지고의 아뜨만이 동일하다고 보는 자의 일은 아니기 때문입니다. [나와 지고의 아뜨만이] 별개의 것이라고 보는 시각 때문에 [내가] 지고의 아뜨만과 달라지는 것입니다.

---

11) 성스러운 실(yajñopavīta)는 세 가닥의 실을 수레바퀴 모양으로 꼬아 만든 것으로 왼쪽 어깨로부터 오른 쪽 허리로 비스듬히 걸친다. 바라문은 비단을, 크샤뜨리야는 마를, 와이샤는 털실을 쓴다. 배꼽까지 닿을 정도로 길어야 하고, 또 바라문 처녀가 실을 짜내고 바라문이 그 실을 꼬아야 한다고 한다. 입문식 때 스승이 학생에게 이 성스러운 실을 걸쳐준다. 규정에 따르면, 스승·연배자·손님을 대할 때, 성화(聖火)를 다룰 때, 베다 학습을 할 때, 반드시 이 성스러운 실을 걸치고 있어야 한다.

tasmāt pratiṣiddhatvāt bhedadarśanasya bhedaviṣayatvāc ca karmopādānasya
karmasādhanatvāc ca yajñopavītādeḥ karmasādhanopādānasya paramātm
ābhedapratipattyā pratiṣedhaḥ kṛto vediːavyaḥ | karmaṇāṃ tatsādhanānāṃ ca
yajñopavītādīnāṃ paramātmābhedapratipattiviruddhatvāt | saṃsāriṇo hi karmā
ṇi vidhīyante tatsādhanāni ca yajñopavītādīni na paramātmano 'bhedadarśinaḥ
| bhedadarśanamātreṇa ca tato 'nyatvam ǁ P30 ǁ

31 [**스승**] : 만약에 제식이 꼭 행해야 하는 것이며 소홀히 해서는 안
되는 것이라면, [성전에서]

"그것은 아뜨만이다. 너는 그것이다."
—『찬도기야 우빠니샤드』 6-8-7 etc.

등등의 말은 하지 않았을 것입니다. 곧 지고의 아뜨만은 제식과 그 수
단 나아가 제식의 구성 요소인 계급이나 생활기 등과 아무런 관계도
없으며, 나와 동일한 것으로 보아야 한다고 말하지는 않았을 것입니다.
더욱이

"이것은 브라흐만을 아는 이의, 영원한 위대함이다. [그 위대함은 행위로 인해
늘어나거나 줄어드는 일이 없다]."
—『브르하드아라니야까 우빠니샤드』 4-4-23

"선이 따라붙는 일도 없으며 악이 따라붙는 일도 없다."
—『브르하드아라니야까 우빠니샤드』 4-3-22

"그곳에서는 도둑놈도 도둑놈이 아니다."
—『브르하드아라니야까 우빠니샤드』 4-3-22

등등, 별개의 것이라고 보는 시각을 비판하지 않았을 것입니다.

yadi ca karmāṇi kartavyāni na nivartayiṣitāni karmasādhanāsambandhinaḥ

karmanimittajātyāśramādyasambandhinaś ca paramātmana ātmanaivābhedapratipattiṃ
nāvakṣyat "sa ātmā tat tvam asi" ityevamādibhir niścitarūpair vākyair
bhedapratipattinindāṃ ca nābhyadhāsyat "eṣa nityo mahimā brāhmaṇasya"
"ananvāgataṃ puṇyenānanvāgataṃ pāpena" "atra steno 'stena" ityādinā ∥ P31 ∥

32 [**스승**] : 제식이나 제식의 수단인 성스러운 실 등을 전부 버리는 것
이 바람직한 일이 아니라면, [성전은] [지고의 아뜨만이] 본래 제식과
아무런 관계도 없으며, 제식의 구성 요소인 사성제도(四姓制度) 등과도
본래 아무런 관계도 없다고 말하지 않았을 것입니다. 그러므로 해탈을
구하는 이는 제식이나 그 수단을 모두 버려야 합니다. [제식이나 그 수
단을 존중하는 일은 내 자신이] 지고의 아뜨만과 동일한 것이라고 보는
시각과 모순되기 때문입니다. 내 자신 [곧 지고의 아뜨만]은 성전에서
말하고 있듯이 그러한 특징을 지니고 있기 때문에 다름 아닌 최고자라
고 이해해야 합니다.

karmāsambandharūpatvaṃ karmanimittavarṇādyasambandharūpatāṃ (ca) nā
bhyadhāsyat karmāṇi (ca) karmasādhanāni (ca) yajñopavītādīni yady aparityā
jayiṣitāni | tasmāt sasādhanaṃ karma parityaktavyaṃ mumukṣuṇā paramātmā
bhedadarśanavirodhāt | ātmā ca para eveti pratipattavyo yathāśrutyuktalakṣaṇaḥ
∥ P32 ∥

33 만약에 제자가 다음과 같이 묻는다면 곧,
[**제자**] : 스승님, 저는 몸이 불에 타거나 베이거나 할 때 뚜렷이 고통을
자각합니다. 또한 기갈로 인해 생기는 고통도 뚜렷이 자각합니다. 그런
데 지고의 아뜨만에 관해서 성전이나 전승서에서는,

"악에 물들지 않고 늙는 일이 없으며, 죽지 않고 슬픔이 없으며, 기갈로부터
자유롭다."
─『찬도기야 우빠니샤드』 8-1-5

라고, 윤회에 관련된 속성을 일절 지니고 있지 않은 것으로 말하고 있습니다. 제가 지고의 아뜨만과 본질상 다르고 윤회에 관련된 속성을 수많이 갖고 있는데 어찌해서 지고의 아뜨만을 제 자신[과 동일한 것]으로 이해할 수 있으며, 윤회하는 저를 지고의 아뜨만으로 간주할 수 있단 말입니까? 그런 일은 불을 차가운 것으로 이해하는 것과 똑같지 않습니까? 제가 윤회의 상태에 있기는 하지만 하늘나라에 태어나게 하거나[12] 궁극적 행복(niḥśreyasa=해탈)으로 인도하는 일체의 수단을 써 볼 자격은 있습니다. 하늘나라에 태어나게 하거나 궁극적 행복으로 인도하는 수단인 제식이나, 성스러운 실과 같은 제식의 수단을 어떻게 완전히 떨쳐버릴 수 있단 말입니까?

sa yadi brūyāt — bhagavan dahyamāne chidyamāne vā dehe pratyakṣā vedanā aśanāyādinimittaṃ ca pratyakṣaṃ duḥkhaṃ mama | paraś cātmā "apahatapāpm ā vijaro vimṛtyur viśoko vijighatso 'pipāsaṇ" sarvasaṃsāradharmavivarjitaḥ śrū yate sarvaśrutiṣu smṛtiṣu ca | kathaṃ tadvilakṣaṇo 'nekasaṃsāradharmasaṃ yuktaḥ paramātmānam ātmatvena māṃ ca saṃsāriṇaṃ paramātmatvenāgnim iva śītatvena pratipadyeyam | saṃsāri ca san sarvābhyudayaniḥśreyasasādhane 'dhikṛto 'bhyudayaniḥśreyasasādhanāni karmāṇi tatsādhananāni ca yajñopavītā dīni kathaṃ parityajeyam iti ‖ P33 ‖

34 스승은 이렇게 대답해야 한다.

[**스승**] : 당신은 '나는 몸이 불에 타거나 베이거나 할 때 뚜렷이 고통을 자각한다'고 말했지만, 이는 옳지 않습니다.

[**제자**] : 왜 그렇습니까?

[**스승**] : 지각하는 자에게 있어서 몸은, 불에 타거나 잘린 나무나 마찬가지로 지각 대상입니다. 고통에 관해서 보면, 불에 타거나 베이거나 할

---

12) 하늘나라에 태어나는 것(abhyudaya)은 브라흐만에 대한 숭배로 얻어지는 결과이지만, 샹까라는 윤회 생존에 속한다고 보았다.

때 생기는 고통은 [지각] 대상인 몸에서 자각되는 것이기 때문에 그 고
통은 불에 타거나 [베이거나 하는 일이 일어나는] 장소와 똑같은 장소
에 있기 마련입니다. 사람들은 불에 타거나 칼에 베이거나 하는 곳을 불
에 타거나 [베이거나 할 때 생기는] 고통[이 있는] 장소로 가리킵니다.
그렇지만 불에 타거나 [베이거나 하는] 것을 지각하는 자에게 고통이
있다고는 지적하지 않습니다.

[제자] : 어떻게 가리킨단 말입니까?

[스승] : '어디가 아프냐'고 물을 때 사람들은 '머리가 아파', '배가 아파'
라고 대답하고는 불에 타거나 하는 장소를 [고통이 있는] 곳으로 지적
합니다. 그렇지만 지각하는 자를 [고통이 있는 곳으로] 지적하지는 않
습니다. 만약에 고통이 아니면 불에 타거나 베이거나 하는 고통의 원인
이 지각하는 자에게 있다고 한다면, [사람들이 불에 타거나 베이거나
하는] 장소로 [몸을 가리키]듯이, 고통이 있는 곳으로 [지각하는 자를]
지적할 것입니다.

> tam prati brūyāt — yad avoco dahyamāne chidyamāne vā dehe pratyakṣā
> vedanopalabhyate mameti tad asat | kasmāt | dahyamāne chidyamāna iva vṛkṣa
> upalabdhur upalabhyamāne karmaṇi śarīre dāhacchedavedanāyā upalabhyamā
> natvād dāhādisamānāśrayaiva vedanā | yatra hi dāhaḥ chedo vā kriyate tatraiva
> vyapadiśati dāhādivedanāṃ loko na dāhādyupalabdharīti | katham | kva te
> vedaneti pṛṣṭaḥ śirasi me vedanorasy udara iti yatra dāhādis tatra vyapadiśati
> nopalabdharīti | yady upalabdhari vedanā syād vedanānimittaṃvā dāhacchedādi
> vedanāśrayatvenopadiśed dāhādyāśrayavat ‖ P34 ‖

35 [스승] : 게다가 [지각하는 자 안에 고통이 있다고 한다면] [고통]
그 자체는, 눈 안의 색깔·형태나 마찬가지로, 지각되지 않을 것입니다.
고통은 불에 타거나 베이거나 하는 일이 일어나는 바로 그 장소에 있는
것으로 지각됩니다. 그러므로 고통은 불에 타는 [몸과] 마찬가지로 [지

각] 대상입니다. 또한 고통은 본성상 생기는 것이기 때문에 쌀로 밥을 지을 때처럼 ['어디에서'라는] 생기는 장소가 있습니다. 고통에 대한 인상도 고통과 동일한 장소에서 생깁니다. [고통에 대한 인상은 고통을] 상기하는 것과 동시에 지각되기 때문입니다. 고통 및 고통의 원인에 대한 혐오감도 바로 [고통에 대한] 인상과 동일한 장소에서 생깁니다. 그러므로 다음과 같은 말이 있습니다.

> "탐욕과 혐오는 색깔·형태와 똑같은 의지처(=통각 기능)를 지닌다. 지각되는 공포도 통각 기능을 의지처로 삼는다. 그러므로 인식 주체는 항상 청정하며 공포가 없다."
>
> —『우빠데샤 사하스리』 1-15-13

svayaṃ ca nopalabhyeta cakṣurgatarūpavat | tasmād dāhacchedādisamānāś rayatvenopalabhyamānatvād dāhādivat karmabhūtaiva vedanā | bhāvarūpatvāc ca sāśrayā taṇḍulapākavat | vedanāsamānāśraya eva tatsaṃskāraḥ | smṛtisamā nakāla evopalabhyamānatvāt | vedanāviṣayas tannimittaviṣayaś ca dveṣo 'pi sa mskārasamānāśraya eva | tathā coktaṃ — "rūpasaṃskāratulyādhi rāgadveṣau bhayaṃ ca yat | gṛhyate dhīśrayaṃ tasmāj jñātā śuddho 'bhayaḥ sadā" ǁ P35 ǁ

36 [**제자**] : 그렇다면 색깔·형태와 같은 것들에 대한 인상 등은 도대체 어떤 것을 의지처로 삼고 있습니까?

[**스승**] : 욕망이 있는 곳입니다.

[**제자**] : 그 욕망 등은 도대체 어디에 있습니까?

[**스승**] : "욕망, 사유, 의혹, [신앙, 불신, 견고, 불견고, 부끄러움, 사려, 공포, 이 모든 것은 다름 아닌 지성이다]"(『브르하드아라니야까 우빠니샤드』 1-5-3)라는 성전의 말에 따르면, 바로 지성 안에 있습니다. 색깔·형태와 같은 것들에 대한 인상도 바로 그 안에 있습니다.

"색깔·형태는 어디에 있는가. 마음속에 있다"(『브르하드아라니야까 우빠니샤드』3-9-20)라고 성전에서 말하고 있기 때문입니다.

> "그의 마음에 깃들어 있는 욕망"
>> —『브르하드아라니야까 우빠니샤드』4-4-7;『까타 우빠니샤드』6-14

> "왜냐하면 그는 [마음속 모든 슬픔을] 초월했기 때문이다."
>> —『브르하드아라니야까 우빠니샤드』4-3-22

> "왜냐하면 이 [뿌루샤]는 집착이 없기 때문이다."
>> —『브르하드아라니야까 우빠니샤드』4-3-16

> "욕망을 초월하고 [악을 버리고 공포가 없는 것], 이것이 그의 [본성]이다."
>> —『브르하드아라니야까 우빠니샤드』4-3-21

등등, 성전에서 말하고 있으며, 또 전승서에서도

> "그는 변함이 없는 자라고 불린다."
>> —『바가와드기따』2-25

> "시작이 없는 자이기 때문에, 속성이 없는 자이기 때문에"
>> —『바가와드기따』13-31

> "욕망, 증오 등은, 대상인 몸의 속성일 뿐 아뜨만의 속성은 아니다."
>> —『바가와드기따』13-6

라고 기술하여, 부정(不淨)은 대상에게만 있을 뿐 아뜨만에 있는 것은 아니라고 합니다.

kimāśrayaḥ punā rūpādisaṃskārādaya iti | ucyate | yatra kāmādayaḥ | kva punas te kāmādayaḥ | "kāmaḥ sañkalpo vicikitsā" ityādiśruter buddhāv eva | tatraiva rūpādisaṃskārādayo 'pi "kasmin nu rūpāṇi pratiṣṭhitānīti hṛdaye" iti

śruteḥ | "kāmā ye 'sya hṛdi śritāḥ" "tīrṇo hi" "asaṅgo hy ayaṃ" "tad vā asyaitad
aticchandāḥ" ityādiśrutiśatebhyaḥ "avikāryo 'yam ucyate" "anāditvān nirguṇatvā
t" ityādi — icchādveṣādi ca kṣetrasyaiva viṣayasya dharmo nātmana iti — smṛ
tibhyaś ca karmasthaivāśuddhir nātmasthā iti | P36 ||

37 [스승] : 그러므로 당신은 색깔·형태를 비롯한 [대상]에 대한 인상
따위 부정(不淨)한 것과는 아무런 관계도 없으니 지고의 아뜨만과 본성
상 별개의 것이 아닙니다. 이와 같이 직접 지각[과 같은 올바른 인식 수
단]과도 상충되지 않기 때문에 "나는 지고의 아뜨만이다"라고 이해하는
게 옳습니다. 다음과 같은 성전이 그 근거가 됩니다.

"그는 '나는 브라흐만이'라고 자기 자신을 알았다."
　　　　　　　　　　　　　　　　—『브르하드아라니야까 우빠니샤드』1-4-10

"다만 동일한 것으로 보아야 한다."
　　　　　　　　　　　　　　　　—『브르하드아라니야까 우빠니샤드』4-4-20

"나는 저 밑에 있다. [나는 저 위에 있다]."
　　　　　　　　　　　　　　　　—『찬도기야 우빠니샤드』7-25-1

"사람은 모든 것을 아뜨만으로 보아야 한다."
　　　　　　　　　　　　　　　　—『브르하드아라니야까 우빠니샤드』4-4-23

"그렇지만 그 사람에게 있어서 모든 것이 아뜨만이 되었을 때 [그는 무엇으로
도대체 무엇을 냄새맡을 수 있겠는가]."
　　　　　　　　　　　　　　　　—『브르하드아라니야까 우빠니샤드』2-4-14

"이 아뜨만이야말로 모든 것이다."
　　　　　　　　　　　　　　　　—『브르하드아라니야까 우빠니샤드』2-4-6

"이것은 부분이 없다."
　　　　　　　　　　　　　　　　—『쁘라쉬나 우빠니샤드』6-5

"[이 브라흐만은] 안도 없고 밖도 없다."

—『브르하드아라니야까 우빠니샤드』 2-5-19

"안팎을 껴안고 있으며 불생(不生)이다."

—『문다까 우빠니샤드』 2-2-12

"[그는 바로 이 정수리를 열어젖히고] 이 문으로 들어갔다."

—『아이따레야 우빠니샤드』 1-3-12

"[이 모든 것은] 예지(叡智)의 별칭이다."

—『아이따레야 우빠니샤드』 3-1-2

"[브라흐만은] 실재이고 앎이며 무한한 것이다."

—『따잇띠리야 우빠니샤드』 2-1

"이 [아뜨만]으로부터 [허공이] 생겼다."

—『따잇띠리야 우빠니샤드』 2-1

"이 [만물을] 만들어낸 후 그는 바로 그 안으로 들어갔다."

—『따잇띠리야 우빠니샤드』 2-6-1

"유일한 신은 만물 가운데 숨어 있다."

—『쉬웨따쉬와따라 우빠니샤드』 6-11

"몸 가운데 있으며 몸이 없다."

—『까타 우빠니샤드』 2-22

"그는 태어나는 일도 죽는 일도 없다."

—『까타 우빠니샤드』 2-18

"[사람들은] 꿈꾸는 상태와 각성 상태 [양자를 경험하지만 현자(賢者)는 그를
생각하여 슬픔에 젖는 일이 없다]."

—『까타 우빠니샤드』 4-4

"그것이 내 아뜨만임을 알아야 한다."

—『까우씨따끼 우빠니샤드』3-8

"그렇지만 [아뜨만에서] 만물을 [보고, 만물에서 아뜨만을 보는 자는 그것에
위축될 필요가 없다."

—『이샤 우빠니샤드』6

"그것은 움직인다. 그것은 움직이지 않는다."

—『이샤 우빠니샤드』5

"웨나(Vena)는 그것을 보고 있으면서 [만물을 안다]."

—『마하나라야나 우빠니샤드』2-3

"그것은 바로 불이다."

—『따잇띠리야 아라니야까』10-1-2

"나는 예전에 마누(manu)였다. 나는 예전에 태양이었다."

—『브르하드아라니야까 우빠니샤드』1-4-10; 『리그베다』4-26-1

"[태초에] 친애하는 그대여, 이 우주는 순수 존재만 있었다."

—『찬도기야 우빠니샤드』6-2-1

"그것은 진실이다. 그것은 아뜨만이다. 너는 그것이다."

—『찬도기야 우빠니샤드』6-8-7

38 [스승] : 또한 다음과 같은 전승서의 기술에 따라서, 당신이 유일한
아뜨만이고 지고의 브라흐만이며, 윤회의 속성을 일절 갖고 있지 않다
는 것이 확정되어 있습니다.

"생물은 모두 가슴 안에 머무는 자의 몸이다."

—『아빠스땀바 다르마샤스뜨라』1-8-22-4

“오직 아뜨만만 만물의 신이다.”

—『마누법전』 12-119

“[아뜨만은] 아홉 개의 문이 달린 성 가운데 [지배자로서 편안하게 앉아 있다].”

—『바가와드기따』 5-13

“[지고의 자존자는] 만물 가운데 골고루 머문다.”

—『바가와드기따』 13-27

“현자는 학식과 계를 갖춘 [바라문에게서도, 소나 코끼리, 개 및 천민에게서도 같은 것을 본다].”

—『바가와드기따』 5-18

“차별적인 것 가운데 무차별적인 것”

—『바가와드기따』 18-20

“와수데와(Vasudeva)는 만물이다.”

—『바가와드기따』 7-19

ato rūpādisaṃskārādyaśuddhisambandhābhāvān na parasmād ātmano vilakṣaṇ as tvam iti pratyakṣādivirodhābhāvād yuktaṃ para evātmāham iti pratipattuṃ — “tad ātmānam evāved (ahaṃ brahmāsmi)” “ekadhaivānudraṣṭavyaṃ” “aham evādhastāt” “ātmaivādhastāt” “sarvam ātmānaṃ paśyet” “yatra tv asya sarvam ātmaiva” “idaṃ sarvaṃ yad ayam ātmā” “sa eṣo (’kalaḥ)” “anantaram abāhyaṃ” “sabāhyābhyantaro hy ajaḥ” “brahmaivedaṃ” “etayā dvārā prāpadyata” “prajñānasya nāmadheyāni” “satyaṃ jñānam anantaṃ brahma” “tasmād vā” “tat sṛṣṭvā tad evānuprāviśat” “eko devaḥ sarvabhūteṣu gūḍhaḥ” “aśarīraṃ śarīreṣu” “na jāyate mriyate” “svapnāntaṃ jāgaritāntaṃ” “sa ma ātmeti vidyāt” “yas tu sarvāṇi bhūtāni” “tad ejati tan naijati” “venas tat paśyan” “tad evāgniḥ” “ahaṃ manur abhavaṃ sūryaś ca” “antaḥ praviṣṭaḥ śāstā janānāṃ” “sad eva somya” “tat satyaṃ sa ātmā tat tvam asi” ityādiśrutibhyaḥ ‖ P37 ‖

smṛtibhyaś ca — "pūḥ prāṇinaḥ …… guhāśayasya" "ātmaiva devatāḥ" "navadvāre pure" "samaṃ sarveṣu bhūteṣu" "v dyāvinayasampanne" "avibhaktam vibhakteṣu" "vāsudevaḥ sarvam" ityādibhyaḥ eka evātmā paraṃ brahma (sarva)saṃsāradharmavinirmuktas tvam iti siddham ‖ P38 ‖

39 제자가 다음과 같이 묻는다면, 즉

[제자] : 스승님, 아뜨만이 "안도 없고 밖도 없으며"(『브르하드아라니야까 우빠니샤드』 4-5-13), "안팎을 껴안고 있고 불생(不生)이며"(『문다까 우빠니샤드』 2-2-12), 마치 소금 덩어리 같이 "완전히 예지뿐"(『브르하드아라니야까 우빠니샤드』 4-5-13)이라서 온갖 형태를 벗어나 허공처럼 변함 없다면, 행위의 목적이나 수단 그리고 주체를 실제로 경험하거나 또 성전에서 그렇게 말하고 있는 것은 대체 어떻게 된 일입니까? 이러한 일은 성전이나 전승서 그리고 세상 사람들이 익히 알고 있는 바이고, 수많은 사람들이 달리 생각할 텐데요?

sa yadi brūyāt — yadi bhagavan "anantaro 'bāhyaḥ" "sabāhyābhyantaro hy ajaḥ" "kṛtsnaḥ prajñānaghana eva" saindhavaghanavad ātmā sarvamūrtibhedavarjita ākāśavad ekarasaḥ kim idaṃ dṛśyate śrūyate vā sādhyaṃ sādhanam (vā) sā dhakaś ceti śrutismṛtilokaprasiddhaṃ vādiśatavipratipattiviṣaya iti ‖ P39 ‖

40 스승은 이렇게 대답해야 한다.

[스승] : 행위의 목적이나 수단 그리고 주체를 실제로 경험하거나 또 성전에서 그렇게 말하고 있지만, 이는 모두 무지의 소치입니다. 궁극적 진리의 입장[13])에서 보면 아뜨만은 유일자이지만, 무지에 뿌리박은 견해에

---

13) 샹까라는 궁극적 진리의 입장(paramārthāvasthā)과 일상적 진리의 입장(vyavahārāvasthā)이라는 두 개의 차원을 구별한다. 이 두 개념을 통해 그는 서로 모순되는 우빠니샤드 사이에 해석상의 회통을 꾀하고, 다른 한 편 일상적 진리와 자신이 말하는 궁극적 진리 사이에 가로놓여 있는 모순을 설명한다. 이러한 두 차원의 진리 설정은 불교의 진속이 제설(眞俗二諦說)에 기원한 것으로, 샹까라의 스승을 통해서 베단따 학설에 도입된 것이다. 샹까라와 불교의 관계를 살펴볼 수 있는 좋은 소재이다.

서 보면 [아뜨만은] 다수인 것처럼 보입니다. 그것은 마치 달이 [실제로는 하나이지만] 비문증(飛蚊症)에 걸린 사람의 눈으로 보면 여러 개로 보이는 것과 마찬가지입니다.

> "별개의 것인 것처럼 보이는 바로 그것에 대해서"
> —『브르하드아라니야까 우빠니샤드』4-3-31

> "이원적(二元的)인 것처럼 존재하는 바로 그것에 대해서 서로가 별개의 것으로 본다."
> —『브르하드아라니야까 우빠니샤드』2-4-14

> "[이 세상에 다종다양한 것이 있는 것처럼 보는 자는] 죽음에서 죽음으로 전전한다."
> —『브르하드아라니야까 우빠니샤드』4-4-19

> "그런데 타자(他者)를 보고 듣고 식별해내는 자는 소인이다. …… 소인은 사멸하기 마련이다."
> —『찬도기야 우빠니샤드』7-24-1

> "다양한 형상은 언어로 인한 것이고 이름[뿐]이며"
> —『찬도기야 우빠니샤드』6-1-4

> "허상이다."
> "나와 그와는 별개라고 [생각한 나머지 아뜨만 이외의 신을 숭배하는 사람은 아직 알지 못하는 자이다]."
> —『브르하드아라니야까 우빠니샤드』1-4-10

라고 [성전에서 말하듯이], [나와 지고의 아뜨만을] 별개로 보는 견해를 비난하는 것은 당연한 일이기 때문에, 이원성(二元性)은 무지의 소치입니다. 성전에서는 또한 [아뜨만의] 유일성에 관해서 다음과 같은 규정을 내리고 있습니다.

"유일자만 있을 뿐 두 번째 것은 존재하지 않는다."
—『찬도기야 우빠니샤드』 6-2-1

"[만물이 자기 자신의 아뜨만이 되었을 때] 바로 그 사람에게 있어서"
—『브르하드아라니야까 우빠니샤드』 2-4-14

"[유일성을 보는 이에게 있어서] 무슨 어리석음이 있을 것이며 무슨 슬픔이
있겠는가!"
—『이샤 우빠니샤드』 7

ācāryo brūyāt — avidyākṛtam etad yad idaṃ dṛśyate śrūyate vā paramārthatas
tv eka evātmā avidyādṛṣṭer anekavad avabhāsate timiradṛṣṭyānekacandravat
| "yatra vānyad iva syāt" "yatra hi dvaitam iva bhavati tad itara itaraṃ paśyati"
"mṛtyoḥ sa mṛtyum āpnoti" "atha yatrānyat paśyaty anyac chṛṇoty anyad vijānā
ti tad alpaṃ ⋯⋯ atha yad alpaṃ tan martyam" it "vācārambhaṇaṃ vikāro nā
madheyam" ("anṛtam") "anyo 'sāv anyo 'ham" iti bhedadarśananindopapatter
avidyākṛtam dvaitaṃ "ekam evādvitīyam" "yatra tv asya" "ko mohaḥ kaḥ śoka
ḥ" ityādyekatvavidhiśrutibhyaś ceti ‖ P40 ‖

41 **[제자]** : 스승님, 그러면 성전에서는 대체 무엇 때문에 행위의 목적
이나 수단 등과 같은 구별을 말하며, [세상의] 생성과 소멸을 말합니까?

yady evaṃ bhagavan kimarthaṃ śrutyā sādhyasādhanādibheda ucyate utpattiḥ
pralayaś ceti ‖ P41 ‖

42 **[스승]** : 무지를 지닌 자는, 신체 등과 같은 차별상을 취해서, 아뜨
만이 애증에 얽혀 있는 것으로 생각합니다. 그는 어떻게 원하는 것을 얻
을까 어떻게 원치 않는 것을 버릴까 바라지만 원하는 것을 얻는 수단과
원치 않는 것을 버리는 수단을 구분해낼 저간이 없습니다. 성전은 그러
한 무지를 서서히 제거해 갑니다만, 행위의 목적이나 수단이 서로 별개
라고 규정하고 있지는 않습니다. 그렇게 서로 별개라고 보는 견해야말

로 원치 않는 윤회이기 때문입니다. [성전은 세상의] 생성과 소멸을 같
은 것으로 보는 견해의 타당성을 제시함으로써, 서로 별개라고 보는 견
해 곧 윤회의 뿌리인 무지를 뿌리 채 뽑아버립니다.

> atrocyate — avidyāvata upāttaśarīrādibhedasyeṣṭāniṣṭayoginam ātmānaṃ
> manyamānasya sādhanair eveṣṭāniṣṭaprāptiparihāropāyavivekam ajānata iṣṭ
> aprāptiṃ cāniṣṭaparihāraṃ cecchataḥ śanais tadviṣayam ajñānaṃ nivartayati
> śāstraṃ na sādhyasādhanādibhedaṃ vidhatte | aniṣṭarūpaḥ saṃsāro hi sa iti
> tad bhedadṛṣṭim evāvidyāṃ saṃsāramūlam unmūlayati utpattipralayā
> dyekatvopapattipradarśanena ‖ P42 ‖

43 [스승] : 무지가 뿌리 채 뽑혀나갈 때, 성전이나 전승서에서 말하는
이치에 따라 아뜨만은 "안도 없고 밖도 없으며"(『브르하드아라니야까 우빠니
샤드』4-5-13), "안팎을 껴안고 있고 불생(不生)이며"(『문다까 우빠니샤드』2-2-12),
마치 소금 덩어리 같이 "완전히 예지뿐"(『브르하드아라니야까 우빠니샤드』
4-5-13)이어서 온갖 형태를 벗어나 허공처럼 가득 찬 것이 됩니다. 그리하
여 최고의 진리를 보는 이에게는 아뜨만을 유일자로 보는 지혜가 확립됩
니다. [아뜨만은] 행위의 목적과 행위의 수단, [세상의] 생성과 소멸 등과
같은 차별[적 견해]에 따른 극히 조그만 불순한 냄새조차도 성립하지 않
습니다.

> avidyāyām unmūltitāyām śrutismṛtinyāyebhyaḥ "anantaram abāhyaṃ" "sabāhy
> ābhyantaro hy ajaḥ" saidhavaghanavat "prajñānaghana eva" ekarasa ātmā ākāś
> avat paripūrṇa ity atraivaikā prajñā pratiṣṭhitā paramārthadarśino bhavati na
> sādhyasādhanotpattipralayādibhedenāśuddhigandho 'py upapadyate ‖ P43 ‖

44 [스승] : 그리고 이 지고의 진리를 인식하기를 원하는 이는, [자신
의] 계급·생활기 등이 [지고의 아뜨만에 속한다고 보는] 그릇된 견해
에서 생기는 다섯 가지 유형의 원망, 곧 자식·재물·[삼]계 등에 대한

원망을 버려야 합니다. 이와 같은 그릇된 견해는 올바른 이해와 모순되기 때문에 [나와 지고의 아뜨만이 별개의 것이라는] 차별적 견해를 금지하기 위한 이치는 타당한 것입니다. 성전과 이치에 따라 유일한 아뜨만은 윤회하지 않는다는 이해가 생길 때, 그것과 모순되는 이해는 존재하지 않기 때문입니다. 불을 차갑다고 지각하는 일은 없고, 몸이 불생불멸이라고 이해하는 일은 없기 때문입니다. 이 때문에 모든 제식 및 성스러운 실 등의 제식의 수단은 무지의 소치이기 때문에, 지고의 진리에 대한 직관에 안주해 있는 이로서는 버려야 할 것들입니다.

tac caitat paramārthadarśanaṃ pratipattum icchatā varṇāśramādyabhimānakṛtap āñktarūpaputravittalokaiṣaṇādibhyo vyutthāraṃ kartavyam | samyakpratyayavirodhāt tadabhimānasya bhedadarśanapratiṣedhārthopapattiś copapadyate | na hy ekasminn ātmany asaṃsāritvabuddhau śāstranyāyotpāditāyāṃ tadviparītā buddhir bhavati | na hy agnau śitatvabuddhiḥ, śarīre vājarāmaraṇabuddhiḥ | tasmād avidyākā ryatvāt sarvakarmaṇāṃ tatsādhanānāṃ ca yajñopavītādīnāṃ paramārthadarśani ṣṭhena tyāgaḥ kartavyaḥ ∥ P44 ∥

제 2 장
아뜨만에 관한 올바른 지식

45 온화하게 앉아 브라흐만의 [정관(靜觀)에] 몰입해 있는 바라문에게, 한 제자가 규칙에서 정한 대로 다가와서 다음과 같이 물었다. 그 제자는 생사 윤회에 지쳐 해탈을 구하고 있었다.

[**제자**] : 스승님, 저는 어떻게 하면 윤회에서 해탈할 수 있습니까? 저는 몸과 감각기관과 그 대상을 의식하고 있습니다. 저는 각성 상태에서 고통을 느끼며, 꿈꾸는 상태에서도 고통을 느낍니다. 숙면 상태에서나 멈추지만 그 후 다시 고통을 느낍니다. 이는 도대체 제 본성입니까? 아니면 다른 것을 본성으로 삼고 있으면서 무언가 다른 원인에 의한 것입니까? 만약 제 본성이라면 저는 해탈할 가망이 없습니다. 제 자신의 본성에서 벗어날 수 없기 때문입니다. 만약에 무언가 다른 원인에 의한 것이라면 그 원인을 제거할 때 해탈에 도달할 수 있으리라고 생각합니다.

sukham āsīnaṃ brāhmaṇaṃ brahmaniṣṭhaṃ kaścid brahmacārī janmamaraṇalak

ṣaṇāt saṃsārān nirviṇṇo mumukṣur vidhivad upasannaḥ papraccha — bhagavan
katham ahaṃ saṃsārān mokṣiṣye | śarīrendriyaviṣayavedanāvān jāgarite duḥ
kham anubhavāmi tathā svapne 'nubhavāmi punaḥ punaḥ suṣuptipratipattyā viś
ramya | kim ayam eva mama svabhāvaḥ kiṃ vānyasvabhāvasya sato naimittika
iti | yadi svabhāvo na me mokṣāśā svabhāvasyāvarjanīyatvāt | atha naimittiko
nimittaparihāre syān mokṣopapattiḥ ‖ P45 ‖

46 [스승] : 당신은 잘 들으십시오 그것은 당신의 본성이 아니고 어떤
원인에 의한 것입니다.

taṃ gurur uvāca — śṛṇu vatsa na tavāyaṃ svabhāvaḥ | naimittikaḥ ‖ P46 ‖

47 그와 같은 말을 듣고 제자는 다음과 같이 물었다.
[제자] : 그 원인은 대체 무엇입니까? 무엇이 그 원인을 제거할 수 있습
니까? 제 본성은 대체 무어란 말입니까? 그 원인이 제거되면 그 원인으
로 말미암아 생긴 것도 존재하지 않게 됩니다. 환자가, 병의 원인이 제
거될 때, 원래의 건강을 되찾듯이, 저는 제 자신의 본성으로 되돌아가고
싶습니다.

ity uktaḥ śiṣya uvāca — kiṃ nimittaṃ kiṃ vā tasya nivartakam ko vā mama
svabhāvaḥ yasmin nimitte nivartite naimittikābhāvaḥ roganimittanivṛttāv iva
rogī svabhāvaṃ pratipadyeyeti ‖ P47 ‖

48 [스승] : 그 원인은 무지이고, 무지를 제거하는 것은 지혜입니다. 무
지를 제거하면 윤회의 원인이 없어지기 때문에 당신은 생사 윤회에서
해탈하여 꿈꿀 때나 깨어 있을 때나 고통을 느끼지 않게 됩니다.

gurur uvāca — avidyā nimittaṃ vidyā tasyā nivartikā avidyāyāṃ nivṛttāyāṃ
tannimittābhāvān mokṣyase janmamaraṇalakṣaṇāt saṃsārāt svapnajāgradduḥ

kham ca nānubhaviṣyasīti ‖ P48 ‖

49 [제자] : 그 무지란 대체 무엇입니까? 무엇에 대한 무지입니까? 또한 지혜로 인해 자신의 본성으로 되돌아간다고 하지만 그 지혜란 대체 무엇입니까?[1]

śiṣya uvāca — kā sāvidyā kiṃviṣayā vā vidyā ca kāvidyānivartikā yayā svabhā vaṃ pratipadyeyeti ‖ P49 ‖

50 [스승] : 당신은 지고의 아뜨만이며 윤회하지 않습니다. 그런데도 "나는 윤회하고 있다"고 말하며 정반대로 이해하고 있습니다. 또한 행위자가 아닌데도 "나는 행위자이다"라고 하고, 경험 당사자가 아닌데도 "나는 경험 당사자이다"라고 하며, 실재하는데도 "나는 존재하지 않는다"[2]라고 [정반대로 생각하고 있습니다]. 그런 것이 무지입니다.

gurur uvāca — tvaṃ paramātmānam santam asaṃsāriṇam saṃsāry aham asmīti viparītam pratipadyase akartāram santam karteti abhoktāram santam bhokteti vidyamānam cāvidyamānam iti iyam avidyā ‖ P50 ‖

51 [제자] : 제가 존재한다고 해도 지고의 아뜨만은 아닙니다. 제 본성은 [지고의 아뜨만이 아니고], 행위를 하거나 경험을 하는 것 등의 일을

---

1) 샹까라의 사상은 그의 후계자들 사이에 커다란 논란거리를 제공한다. 특히 무지와 불이일원론(不二一元論)의 껄끄러운 관계는, 무지의 대상(viṣaya)과 무지의 의지처(āśraya)에 관한 논란을 야기했다. 『바가와드 기따』(4-34)에 대한 주석에서, 샹까라는 제자가 스승에게 물어야 할 질문을 네 가지로 정리한다. ① 어떻게 속박이 생기는가? ② 어떻게 해탈이 일어나는가? ③ 지혜란 무엇인가? ④ 무지란 무엇인가? 이 네 가지 문제는 샹까라 사상의 중심적 과제이다.

2) 'avidyā(無明)'은 'vidyā(明智)'에 부정을 의미하는 접두사 a-를 붙여 만든 명사이다. 그런데 여기서 샹까라는 '존재한다'를 의미하는 동사(vid)의 현재분사 'vidyamāna'에 부정을 의미하는 접두사 a-를 붙인 형태로 'avidyā'를 해석하고 있다. 이는 '무지'에 대한 일종의 통속적 어원 해석으로 볼 수 있다.

특징으로 하는 윤회입니다. 지각 등 인식 수단을 통해 이 같은 사실을 인식할 수 있기 때문입니다. 또, 원인이 무지인 것도 아닙니다. 무지는 제 자신의 아뜨만을 대상으로 삼을 수 없기 때문입니다. '무지'란 어떤 것(x)의 성질을 다른 것(y)에 가탁(假託)하는 것입니다.[3] 예를 들어 누구나 알고 있는 은을 마찬가지로 누구나 알고 있는 진주조개에 가탁하거나, 누구나 알고 있는 사람을 [마찬가지로 누구나 알고 있는] 나무줄기에 가탁하거나 또는 그 반대로 누구나 알그 있는 나무줄기를 누구나 알고 있는 사람에게 가탁하는 경우와 같은 것이 [무지입니다]. 하지만 잘 알지 못하는 것을 누구나 알고 있는 것에 가탁하거나, 또는 누구나 알고 있는 것을 잘 알지 못하는 것에 가탁하는 일은 없습니다. 아뜨만은 잘 알지 못하는 것이기 때문에 아뜨만이 아닌 것을 아뜨만에 가탁하는 일은 있을 수 없습니다. 또 아뜨만은 잘 알지 못하는 것이기 때문에 아뜨만을 아뜨만이 아닌 것에 가탁하는 일도 있을 수 없습니다.

śiṣya uvāca — yady apy ahaṃ vidyamānas tathāpi na paramātmā | kartṛ tvabhoktṛtvalakṣaṇaḥ saṃsāro mama svabhāvaḥ pratyakṣādibhiḥ pramāṇair anubhūyamānatvāt | nāvidyānimittaḥ avidyāyāḥ svātmaviṣayatvānupapatteḥ | avidyā nāmānyasminn anyadharmādhyāropaṇā | yathā prasiddhaṃ rajataṃ prasiddhāyāṃ śuktikāyāṃ yathā prasiddhaṃ puruṣaṃ sthāṇāv adhyāropayati prasiddhaṃ vā sthāṇuṃ puruṣe | nāprasiddhaṃ prasiddhe prasiddhaṃ vā prasiddhe | na cātmany anātmānam adhyāropayati ātmano'prasiddhatvāt | tathā tmānam anātmani ātmano 'prasiddhatvād eva ‖ P51 ‖

52 [스승] : 그렇지 않습니다. 예외가 있기 때문입니다. 누구나 알고 있는 것을 반드시 누구나 알고 있는 것에만 가탁한다고 한정할 수는 없습

---

3) 이것은 샹까라 특유의, 무지에 관한 정의이다. 샹까라는 『브라흐마 쑤뜨라 註解』의 서론에서, '가탁(adhyāsa)'을 '이전에 지각된 A가 상기의 형태로 B로 현현하는 것'으로 정의하고, 이 가탁을 '무지'라고 정의한다. 따라서 샹까라가 그리고 있는 무지는, 아뜨만과 아뜨만이 아닌 것 사이에 이루어지는 '상호 가탁'이다.

니다. [누구나 알고 있는 것을 잘 알지 못하는] 아뜨만에 가탁하는 일이
실제로 일어나고 있으니까 말입니다. "나는 피부색이 희다", "나는 피부
색이 검다"고 말하는 것은, 몸의 성질을 자아의식(ahaṃpratyaya)[4]의 대상인
아뜨만에 가탁하는 일입니다. "나는 이 [몸]이다"라고 말하는 것은, 자
아의식의 대상인 아뜨만을 몸에 가탁하는 일입니다.

> taṃ gurur uvāca ─ na vyabhicārāt | na hi vatsa prasiddhaṃ prasiddha evādhyā
> ropayatīti niyantuṃ śakyam | ātmany adhyāropaṇadarśanāt | gauro'haṃ kṛṣṇo
> 'ham iti dehadharmasyāhaṃpratyayaviṣaya ātmany ahaṃpratyayaviṣayasya ca
> dehe 'yam aham asmīti ∥ P52 ∥

53 [제자] : 그 경우에 아뜨만은 자아의식의 대상으로서 누구나 알고
있는 것입니다. 몸도 또한 '이것'으로서 [누구나 알고 있는 것입니다].
그렇기 때문에 나무줄기와 사람, 진주조개와 은의 경우처럼, 누구나 알
고 있는 몸과 누구나 알고 있는 아뜨만의 상호 가탁일 뿐입니다. 그렇다
면, 조금 전에 스승님께서 "누구나 알고 있는 것을 반드시 누구나 알고
있는 것에만 가탁한다고 한정할 수는 없다"고 하셨는데, 무언가 특별한
이유가 있는 겁니까?

> śiṣya āha ─ prasiddha eva tarhy ātmāhaṃpratyayaviṣayatayā dehaś cāyam iti
> | tatraivaṃ sati prasiddhayor eva dehātmanor itaretarādhyāropaṇā(t) sthāṇupuru
> ṣayoḥ śuktikārajatayor iva | tatra kaṃ viśeṣam āśritya bhagavatoktaṃ
> prasiddhayor itaretarādhyāropaṇeti niyantuṃ na śakyata iti ∥ P53 ∥

---

4) 아뜨만의 본성인 순수정신(caitanya)이 비정신적인 지성에 가탁될 때 지성은 아뜨만의
형태를 취해 '순수정신과 유사한 것'이 된다. 그때 '나는 보는 자(=아뜨만)이다' 라는
관념이 통각 기능에서 일어난다. 이 관념이 '자아의식(ahaṃpratyaya)'이다. 아뜨만은 본
래 그 무엇의 대상도 되지 않지만, 자아의식이 있다고 하는 것은 아뜨만의 존재성을 간
접적으로 보여주는 것이 되기 때문에, 이러한 뜻에서 아뜨만은 자아의식의 대상이라고
말해지는 것이다.

54 [스승] : 잘 들어 보십시오. 몸과 아뜨만은 틀림없이 누구나 알고 있는 것입니다. 하지만 [몸과 아뜨만은] 나무줄기와 사람의 경우처럼 그렇게 세상 사람 모두가 명료한 인식의 대상으로서 알고 있는 것은 아닙니다.

[제자] : 그렇다면 어떻게 알고 있단 말입니까?

[스승] : 언제나 모호한 인식의 대상으로서 알고 있을 뿐입니다. 왜냐하면 그 누구나 "이것은 몸이다", "이것은 아뜨만이다"와 같이, 명료한 인식의 대상으로서 몸과 아뜨만을 파악하고 있지 않기 때문입니다. 바로 이런 이유 때문에, 사람들은 "아뜨만은 이런 것이다", "아뜨만은 이런 것이 아니다" 등, 아뜨만과 아뜨만이 아닌 것에 관해서 [명료하게 구분하지 못하고] 대단히 혼란스러워 합니다. 이러한 특별한 이유 때문에 나는 "그렇게 한정할 수는 없다"고 말한 것입니다.

> gurur uvāca — śṛṇu | satyaṃ prasiddhau dehātmānau na tu sthāṇupuruṣāv iva viviktapratyayaviṣayatayā sarvalokaprasiddhau | kathaṃ tarhi | nityam eva nirantarāviviktapratyayaviṣayatayā | na hy ayaṃ deho 'yam ātmeti viviktābhyāṃ pratyayābhyāṃ dehātmānau gṛhṇāti yataḥ kaścit | ata eva hi momuhyate loka ātmānātmaviṣaye evam ātmā naivam ātmeti | imaṃ viśeṣam āśrityāvocaṃ naivaṃ śakyam iti ‖ P54 ‖

55 [제자] : 무지로 인해 어떤 것(x)에 가탁된 다른 것(y)이 x에 실재하지 않는다고 하는, 그러한 일을 경험하지 않습니까? 예를 들어, [진주조개에 가탁된] 은(銀)은 진주조개에 [실재하지 않고, 노끈에 가탁된] 뱀은 노끈에 [실재하지 않으며, 허공에 가탁된] 땅 먼지는 허공에 [실재하지 않는 것과] 같습니다. 이와 마찬가지로 몸과 아뜨만 이 양자도 언제나 모호한 인식으로서 서로 가탁이 이루어진다면, 몸은 아뜨만에, 그리고 아뜨만은 몸에 실재하지 않게 될 것입니다. 진주조개 등에 무지로 인해 가탁된 은 등이 언제나 전혀 실재하는 일이 없고, 또 그 역도 그런 것처

럼 말입니다. 몸과 아뜨만도 마찬가지로 무지로 인해 서로에게 가탁되는 것이 틀림없습니다. 그렇다면 몸도 아뜨만도 실재하지 않는다는 오류에 빠질 것입니다. 그렇지만 그것은 허무론자(vaināśika=불교도)의 주장이기 때문에 받아들일 수 없습니다. 서로가 서로에게 가탁하는 일이 없이, 몸[만] 무지로 인해 아뜨만에게 가탁된다고 한다면 아뜨만은 실재하지만 몸은 아뜨만에 실재하지 않는다는 오류에 빠질 것입니다. 그렇지만 그러한 일은 직접 지각 [등 인식 수단]과 모순되기 때문에 받아들일 수 없습니다. 따라서 몸과 아뜨만 [이 양자]가 무지로 인해 서로가 서로에게 가탁된다는 일은 있을 수 없습니다.

[**스승**] : 그러한 경우에 [몸과 아뜨만은] 대체 어떤 관계가 있습니까?

[**제자**] : [집에서 항상 결합해 있는] 대나무와 기둥[의 관계]처럼 [몸과 아뜨만은] 언제나 결합해 있습니다.

nanv avidyādhyāropitaṃ (yatra) yat tad asat (tatra) dṛṣṭaṃ yathā rajataṃ śuktik āyāṃ sthānau puruṣaḥ rajjvāṃ sarpaḥ ākāśe talamalinatvam ityādi | tathā dehā tmanor api nityam eva nirantarāviviktapratyayatayetaretarādhyāropaṇā kṛtā syāt tad itaretarayor nityam evāsattvaṃ syāt | yathā śuktikādiṣv avidyādhyāropitānā ṃ rajatādīnāṃ nityam evātyantāsattvaṃ tadviparītānāṃ ca viparīteṣu tadvad dehātmanor avidyayaivetaretarādhyāropaṇā kṛtā syāt | tatraivaṃ sati dehātmanor asattvaṃ prasajyeta | tac cāniṣṭaṃ vaināśikapakṣatvāt | atha tadviparyayeṇa deha ātmany avidyayā-dhyāropitaḥ degasyātmani sati asattvaṃ prasajyeta | tac cāniṣṭaṃ pratyakṣādivirodhāt | tasmād dehātmānau nāvidyayetaretarasminn adhyāropitau | kathaṃ tarhi | vaṃśastambhavan nityasaṃyuktau ‖ P55 ‖

56 [**스승**] : 그렇지 않습니다. [당신 말대로라면 아뜨만은] 무상하고 다른 것을 위해서 존재한다는 오류에 빠지기 때문입니다. 즉 [당신 말대로 몸과 아뜨만이 결합해 있다면] 결합해 있는 것이기 때문에 대나무와 기둥이 그런 것처럼 [아뜨만은] 다른 것을 위해서 존재하고 무상한

것이 됩니다. 게다가 다른 사람들이 몸과 결합해 있다고 생각하는 아뜨
만도, [결국은] 결합해 있는 것이기 때문에 다른 것을 위해서 존재합니
다. [따라서] 우선 지고의 [아뜨만]은 몸과 결합해 있지 않고 [몸과는]
별개의 것이며, 항상 존재하고 있다는 것이 입증됩니다.

na | anityatvaparārthatvaprasaṅgāt | saṃhatatvāt (parārthatvam anityatvaṃ ca)
vaṃśastambhādivad eva | kiṃ ca yas tu parair dehena saṃhataḥ ātmā sa saṃ
hatatvāt parārthaḥ | tenāsaṃhataḥ paro 'nyo nityaḥ siddhas tāvat ‖ P56 ‖

57 [**제자**] : 아뜨만은 [몸과] 결합해 있는 것이 아니라고 해도, 몸과 다
름없다고 간주해서 몸에 가탁해 버리기 때문에, [아뜨만은] 실재하지 않
고 무상한 것이라고 하는 논리적 결함이 생깁니다. 그런 경우에는 [스승
님의 의견도] 몸에는 아뜨만이 없다고 하는 허무론자(=불교도)의 주장과
똑같아지는 논리적 결함이 생기지 않습니까?

tasyāsaṃhatasya dehe dehamātratayādhyāropitatvenāsattvānityatvādidoṣaprasa
ṅgo bhavati | tatra nirātmako deha iti vaināśikapakṣaprāptidoṣaḥ syāt ‖ P57 ‖

58 [**스승**] : 그것은 옳지 않습니다. 아뜨만은 허공과 같아 본성상 [그
어떤 것과도] 결합하지 않는다고 인정하고 있기 때문입니다. 아뜨만이
그 어떤 것과도 결합해 있지 않다고 해도, [그것이] 몸 등의 만물이 아
뜨만을 지니고 있지 않다는 것을 [뜻하지는] 않습니다. 허공이 만물과
결합해 있지 않지만 그렇다고 해서 만물이 허공을 지니고 있지 않다는
것을 [뜻하지는] 않는 것과 같습니다. 따라서 허무론자의 주장과 똑같
아진다는 논리적 결함은 생기지 않습니다.

na | svata evātmana ākāśasyevāsaṃhatatvābhyupagamāt | sarveṇāsaṃhataḥ sann
ātmeti na nirātmako dehādiḥ sarvaḥ syāt | yathā cākāśaṃ sarveṇāsaṃhatam
iti sarvaṃ na nirākāśaṃ bhavati evam | tasmān na vaināśikapakṣaprāptidoṣaḥ

59 [**스승**] : 게다가 [당신은 앞에서, 아뜨만은 실재하지만] 몸은 아뜨만 안에 실재하지 않는 경우에, 그러한 일은 직접 지각[등 인식 수단]과 모순된다고 말했습니다. 그렇지만 그것은 옳지 않습니다. 왜냐하면 몸이 아뜨만 안에 실재한다는 것은 직접 지각[등 인식 수단]에 의해서 인식되지 않기 때문입니다. 즉 항아리 안에 들어 있는 대추, 우유 안에 들어 있는 기(=버터를 녹인 것), 깨 안에 들어 있는 기름, 벽 안에 들어 있는 문양, 이런 것 같이 아뜨만 안에 들어 있는 몸인 직접 지각[등 인식 수단]에 의해서 인식되지 않기 때문입니다. 따라서 직접 지각 등과 모순된다[고 말할 수는] 없습니다.

yat punar uktaṃ dehasyātmany asattve pratyakṣādivirodhaḥ syād iti ǀ tan na ǀ pratyakṣādibhir ātmani dehasya sattvānupalabdheḥ ǀ na hy ātmani kuṇḍe badaraṃ kṣire sarpiḥ tile tailaṃ bhittau citram iva ca pratyakṣādibhir deha upalabhyate ǀ tasmān na pratyakṣādivirodhaḥ ‖ P59 ‖

60 [**제자**] : 그렇다면 직접 지각 등 [인식 수단]으로 알 수 없는 아뜨만에 몸을 가탁하거나, 아니면 몸에 아뜨만을 가탁하거나 하는 일이 어떻게 일어날 수 있단 말입니까?

kathaṃ tarhi pratyakṣādyaprasiddhātmani dehādhyāropaṇā dehe cātmāropaṇā ‖ P60 ‖

61 [**스승**] : 그것은 별로 어려운 일이 아닙니다. 아뜨만은 본성상 잘 알려져 있으니까요. 반드시 우연히 알고 있는 것에만 가탁이 일어나고, 언제나 잘 알고 있는 것에는 가탁이 일어나지 않는다는 제한은 없기 때문입니다. 땅의 먼지를 허공에 가탁하는 일을 경험할 수 있지 않습니까?

nāyaṃ doṣaḥ | svabhāva(pra)siddhatvād ātmanaḥ | na hi kādācitkasiddhāv evā dhyāropaṇā na nityasiddhāv iti niyantuṃ śakyam ākāśe talamalādyadhyāropaṇ adarśanāt || P61 ||

62 [**제자**] : 스승님, 몸과 아뜨만 사이에 일어나는 상호 가탁은 몸[·감각기관] 등의 집합체에 의해서 이루어지는 것입니까 아니면 아뜨만에 의해서 이루어지는 것입니까?[5]

kiṃ bhagavn dehātmanor itaretarādhyāropaṇā dehādisaṃghātakṛtāthavātmakṛ teti || P62 ||

63 [**스승**] : 만약 몸[·감각기관] 등의 집합체에 의해서 이루어지는 것이라고 한다면 어떤 문제점이 있습니까? 만약 아뜨만에 의해서 이루어지는 것이라고 한다면 [어떤 문제점이 있습니까?]

gurur uvāca — yadi dehādisaṃghātakṛtā yadi vātmakṛtā kiṃ tava syāt || P63 ||

64 [**제자**] : 만약에 제가 몸 등의 집합체에 지나지 않다고 한다면, 그 경우에 저는 정신적인 것이 아니기 때문에 다른 것을 위해서 존재하고 있다는 말이 됩니다. 따라서 제가 몸과 아뜨만 양자를 서로 가탁하는 일은 있을 수 없습니다. 만약에 제가 지고의 아뜨만이고 [몸 등의] 집합체와는 별개의 것이라고 한다면, 저는 정신적인 것이기 때문에 제 자신을 목적으로 삼고 있다는 말이 됩니다. 따라서 정신적인 제가 아뜨만에 대

---

5) 여기서는 상호 가탁을 하는 주체, 곧 무지의 의지처가 몸 등의 물질적인 집합체인가 아니면 아뜨만인가 하는 문제가 대두된다. 샹까라에 의하면, 몸과 같이 아뜨만이 아닌 것은 모두 무지의 결과이며 실재하지 않는 것이다. 이와 같은 것이 무지의 의지처가 되는 것은 불가능하다. 한편으로 아뜨만은 본래 순수정신이기 때문에 이 역시 무지의 의지처가 될 수 없다. 따라서 무지의 의지처를 둘러싼 문제는 논리적으로 곤란한 문제를 야기한다. 샹까라 본인은 그 의지처가 구체적으로 무엇인지 밝히고 있지 않다. 샹까라의 직제자 가운데 한사람인 쉬레쉬와라는, 무지의 의지처가 아뜨만이라고 주장한다.

해서 모든 일의 화근(禍根)인 가탁을 행하는 게 됩니다.

ity uktaḥ śiṣya āha — yady ahaṃ dehādisaṃghātamātraḥ tato mamācetanatvāt parārthatvam iti na matkṛtā dehātmanor itaretarādhyāropaṇā | athāhamātmā paro 'nyaḥ saṃghātāt citimattvāt svārtha iti mayaiva citimatātmany adhyāropaṇā kriyate sarvānarthabījabhūtā ‖ P64 ‖

65 [**스승**] : 잘못된 가탁이 화근이 됨을 당신이 알고 있다면 그러한 일을 해서는 안 됩니다.[6]

ity ukto gurur uvāca — anarthabījabhūtāṃ cet mithyādhyāropaṇāṃ jānīṣe mā kārṣīs tarhi ‖ P65 ‖

66 [**제자**] : 스승님, 저는 [잘못된 가탁을] 피할 수 없습니다. 다른 무언가가 저로 하여금 그러한 일을 하도록 부리고 있습니다. 저는 자율적이지 못합니다.

naiva bhagavan śaknomi na kartum | anyena kenacit prayukto 'haṃ na svatantra iti ‖ P66 ‖

67 [**스승**] : 그러한 경우에 당신은 정신적인 것이 아니기 때문에 당신 자신을 목적으로 삼고 있는 자가 아닙니다. 자율적이 아닌 당신에게 [잘못된 가탁을] 시키는 것은 자기 자신을 목적으로 삼고 있는 것뿐입니다. 당신은 [몸 등의] 집합체에 지나지 않군요.

na tarhy acitimattvāt svārthas tvam | yena prayukto 'svatantraḥ pravartase sa

---

6) 무지의 의지처에 관한, 이와 같은 논의 방식은 샹까라의 독특한 대화방식 가운데 하나이다. 샹까라는 제자가 무엇을 알고 싶어하는지 알고 있으면서도 그에게 직접적인 답변을 하지 않고 오히려 그 질문이 무슨 뜻인지 캐물음으로써 문제 자체를 소멸시키려고 한다.

citimān svārthaḥ saṃghāta eva tvam ‖ P67 ‖

68 [**제자**] : 제가 정신적인 것이 아니라고 한다면, 고락의 경험이나 스승님이 말씀하시는 것을 제가 어떻게 인식할 수 있단 말입니까?

yady acetano 'ham katham sukhaduḥkhavedanām bhavaduktaṃ ca jānāmi ‖ P68 ‖

69 [**스승**] : 당신은 고락의 경험이나 내가 말한 것과 별개의 것입니까 아니면 동일한 것입니까?

gurur uvāca — kiṃ sukhaduḥkhavedanāyā maduktāc cānyas tvaṃ kiṃ vānanya eveti ‖ P69 ‖

70 [**제자**] : 틀림없이 저는 [그 양자와] 동일한 것은 아닙니다.
[**스승**] : 왜 그렇지요?
[**제자**] : 저는 그 양자를, 마치 항아리 등과 같이, 인식 대상으로서 인식하기 때문입니다. 만약에 제가 [그 양자와] 동일한 것이라고 한다면, 저는 그 양자를 인식할 수 없을 것입니다. 그러나 저는 [그 양자를] 인식합니다. [따라서 저는 그 양자와] 별개의 것입니다. [제가 그 양자와] 동일한 것이라면, 고락의 경험이 변화하는 것도 자기 자신을 목적으로 삼는 것이 되며, 또한 스승님이 말씀하신 것도 그러하겠지요. 그렇지만 그 양자가 자기 자신을 목적으로 삼고 있다는 것은 합리적이지 않습니다. 백단(白檀)[향]에서 생기는 쾌감과 가시에서 생기는 고통은, 백단[향]이나 가시를 위해서 있는 것은 아니기 때문입니다. 항아리가 쓰이는 것은 항아리를 위해서 그런 것이 아니기 때문입니다. 따라서 백단[향] 등은 그것을 인식하는 자, 곧 저에게 도움이 되는 것입니다. 저는 백단향 등과는 별개의 것으로, 지성(buddhi)에 의해 포착된 모든 대상을 인식하기 때문입니다.

śiṣya uvāca — nāhaṃ tāvad ananyaḥ | kasmāt | yasmāt tadubhayaṃ karmabhū
taṃ ghaṭādim iva jānāmi | yady ananyo 'haṃ tena tadubhayaṃ na jānīyāṃ kiṃ
tu jānāmi tasmād anyaḥ | sukhaduḥkhavedanāvikriyā ca svārthaiva prāpnoti
tvaduktaṃ ca syāt ananyatve na ca tayoḥ svārthatā yuktā | na hi candanakaṇṭ
akakṛte sukhaduḥkhe canndanakaṇṭakārthe ghaṭopayogo vā ghaṭārthaḥ | tasmā
t tadvijñātur mama candanādikṛto 'rthaḥ | ahaṃ hi tato 'nyaḥ samastam arthaṃ
jānāmi buddhyārūḍham ‖ P70 ‖

71 [**스승**] : 그 경우에는 당신은 정신적인 것인 까닭에 자기 자신을 목
적으로 하는 것이며, 타자로 인해 [잘못 가탁]되는 일은 없습니다. 정신
적인 것이 타자에 의존한다든지, 타자로 인해 [잘못 가탁]된다든지 하
는 일은 없습니다. 왜냐하면 두개의 등불처럼 [두개의 정신적인 것은]
평등한 까닭에, [어떤] 정신적인 것이 [다른] 정신적인 것을 위해 존재
한다고 하는 것은 불합리하기 때문입니다. 또 정신적인 것이 비정신적
인 것을 위해 존재한다고 하는 일도 없습니다. 비정신적인 것은 실로 비
정신적인 것인 까닭에 그것이 자기 자신을 위해 관계한다고 하는 것은
불합리하기 때문입니다. 더구나, 두개의 비정신적인 것이 서로를 위해
존재한다고 하는 일도 경험상 있을 수 없습니다. 나무와 벽이 서로를 위
해 [있다]는 일은 없기 때문입니다.

tam gurur uvāca — evaṃ tarhi svārthas tvaṃ citimattvān na pareṇa prayujyase
| na hi citimān pratantraḥ pareṇa prayujyate citimataś citimadarthatvānupapatteḥ
samatvāt prakāśayor iva | nāpy acitimadarthatvaṃ citimato bhavati acitimato
'citimattvād eva svārthasaṃbandhānupapatteḥ | nāpy acitimator anyonyārthatva
ṃ dṛṣṭam | na hi kāṣṭhakuḍye 'nyonyārthaṃ kurvāte ‖ P71 ‖

72 [**제자**] : 하인과 그 주인은 정신적인 것이라는 점에 있어 마찬가지
입니다. 그런데도 양자가 서로를 위해 존재하는 일이 경험상 있지 않습
니까?

73 [**스승**] : 그렇지는 않습니다. 불이 열과 빛을 [본성으로서] 지니고 있듯 당신은 정신성을 [본성으로서] 지니고 있다는 점을 말하고자 했기 때문입니다. 그래서 [그 의미에서] '두개의 등불처럼'이라고 실례를 들었던 것입니다. 그런 까닭에 당신은 자기 자신의 본성으로 인해, 곧 불의 열과 빛에 해당하는 불변·상주의 정신성으로 인해 당신의 지성으로 올라오는 일체의 것을 지각합니다. 이와 같이 당신이, 아뜨만은 항상 무차별하다고 하는 점을 승인한다면, '저는 숙면 상태에서는 멈추지만 각성 상태와 꿈꾸는 상태에서는 반복해서 고통을 느낍니다. 이것은 저의 본성일까요? 아니면 무언가 다른 원인에 의해 일어난 것일까요?' 라고, 당신은 무엇 때문에 그렇게 말합니까? [이제] 그러한 미혹은 없어졌습니까 아니면 없어지지 않았습니까?

naivam agner uṣṇaprakāśavat tava citimattvasya vivakṣitatvāt | darśitaś ca dṛṣṭ āntaḥ prakāśayor iveti | tatraivaṃ sati svabuddhyārūḍham eva sarvam upalabhase 'gnyuṣṇaprakāśatulyena kūṭasthanityacaitanyasvarūpeṇa | yadi caivam ātmanaḥ sarvadā nirviśeṣatvam abhyupagacchasi | kim ity ūcivān suṣupte viś ramya viśramya jāgratsvapnayor duḥkham anubhavāmi | kim ayam eva mama svabhāvaḥ kiṃ vā naimittika iti ca | kim asau vyāmoha 'pagataḥ kiṃ vā na ∥ P73 ∥

74 [**제자**] : 스승님! 스승님 덕분에 미혹은 없어졌습니다. 그러나 제가 불변한다는 점에 대해서는 의문이 남습니다.
[**스승**] : 어떻게 말입니까?
[**제자**] : 음성 등 [외계의 대상]은 그 자체만으로 온전히 존재하는 것은 아닙니다. 비정신적인 것이기 때문입니다. 그것들은 음성 등 [외계 대상의] 형상을 지닌 관념이 생김으로써 [확립됩니다]. [그런데] 이들 관념

은 서로 동시에 공존할 수 없는 속성과 파랑·노랑 등 [외계 대상의]
형상을 지니고 있기 때문에, 그 자체만으로 온전히 존재할 수 없기 때문
입니다. 따라서 [관념은] 외계의 [대상의] 형상을 원인으로 하고 있다
고 이해되며, 그 때문에 [관념은] 외계의 [대상의] 형상을 지닌 것으로
서 확립되어집니다.

이와 마찬가지로 자아의식의 의지처 [곧 지성]의 변형인 관념도 [타
자와] 결합해 있습니다. 따라서 [관념은] 비정신적인 것임이 이치에 합
당합니다. 그 때문에, 곧 [관념이] 자기를 목적으로 하고 있다고 하는
것은 불가능하기 때문에, 자기와 본성을 달리 하는 인식 주체의 인식 대
상으로서 [관념이] 확립됩니다. [그 점에서 관념은] 음성 등 [외계의
대상]과 완전히 같습니다. 만약 [제가 다른 어떤 것과도] 결합해 있지
않다고 한다면, [저는] 정신성을 본성으로 삼고 있습니다. 따라서 저는
제 자신을 목적으로 하고 있습니다. 그런데도 저는 파랑·노랑 등 [외
계 대상의] 형상을 지닌 뭇 관념을 지각하는 주체이기 때문에 변화합니
다. [그 때문에 제가] 불변한다는 점에 대해서는 의문이 남습니다.

ity uktaḥ śiṣya uvāca — bhagavan apagatas tvatprasādād vyāmohaḥ kiṁ tu
mama kūṭasthatāyāṁ saṁśayaḥ | katham | śabdādīnāṁ svataḥsiddhir nāsti
acetanatvāt | śabdādyākārapratyayotpattes tu teṣam | pratyayānām itaretaravyāvṛ
ttaviśeṣaṇānāṁ nīlapītādyākāravatāṁ svataḥsiddhyasambhavāt | tasmād bāhyā
kāraṇimittatvaṁ gamyata iti bāhyākāravacchabdādyākāratvasiddhiḥ | tathā pratyay
ānāmapy ahampratyayālambanavastubhedānāṁ saṁhatatvād acaitanyopapatteḥ
svārthatvāsambhavāt svarūpavyatiriktagrāhakagrāhyatvena siddhiḥ śabdādivad
eva | asaṁhatatve sati caitanyātmakatvāt svārtho 'py ahaṁ pratyayānāṁ nīlapītā
dyākārāṇām upalabdheti vikriyāvān eva kūṭastha iti saṁśayaḥ ‖ P74 ‖

75 [스승] : 당신의 의문은 이치에 맞지 않습니다. [당신은] 이들 관념
을 필히 남김없이 지각하는 자이기 때문에 [당신은] 변화하지 않습니

다. 그 때문에 [당신이] 불변한다는 사실이 입증됩니다. 그러나 당신은 분명 이 긍정적 결론의 근거, 곧 정신의 움직임을 남김없이 지각한다는 사실을 [당신이 불변한다고 하는 점에 관한] 의문이 일어나는 이유라고 말했습니다. 이것이 [당신의 의문이 이치에 맞지 않는] 까닭입니다. 만약 당신이 변화한다고 한다면, 정신이 그 대상을, 감각기관이 그 대상을 [남김없이 지각한다는 사실이 있을 수 없는] 것처럼, [당신이] 자기 자신의 대상인 정신의 움직임을 남김없이 지각하는 일은 없을 것이며, 또 당신 곧 [지고의] 아뜨만이 자기 대상의 일부[조차] 지각하는 일도 없을 것입니다. 그 때문에 당신은 불변합니다.

tam gurur uvāca — na yuktas tava saṃśayaḥ | yatas teṣām pratyayānām niyamenāśeṣata upalabdher evāpariṇāmitvāt kūṭasthatvasiddhau niścayahetum evāśeṣacittapracāropalabdhiṃ saṃśayahetum āttha | yadi hi tava pariṇāmitvaṃ syāt aśeṣasvaviṣayacittapracāropalabdhir na syāt cittasyeva svaviṣaye yathā cendriyāṇāṃ svaviṣayeṣu | na ca tathātmanas tava svaviṣayaikadeśopalabdhiḥ | ataḥ kūṭasthataiva taveti ‖ P75 ‖

76 [제자] : '지각'이란, 동사의 어근이 의미하는 것,[7] 곧 변화에 지나지 않습니다. 지각하는 주체의 본성이 불변한다는 점은 [이 사실과] 모순됩니다.

tatrāha — upalabdhir nāma dhātvartho vikriyaiva upalabdhuḥ kūṭasth(ātm)atā ceti viruddham ‖ P76 ‖

77 [스승] : 그렇지 않습니다. '지각'[이라는 말]이 어근의 의미 곧 변화를 표현한다는 것은 비유적 용법이기 때문입니다. 지성 가운데 그 어

---

7) 동사의 어근이 갖는 갖가지 의미에 관해서는 인도의 문법가 사이에 여러 가지 의견이 있으나, 여기서는 '움직임'으로 보고 있다.

떠한 관념도 동사의 어근이 의미하는 바이고 변화를 본성으로 하고 있지만, 결과적으로는 아뜨만의 지각이 현현(顯現)하는 것이기 때문에, 그 때문에 '지각'이라는 말로 비유적으로 표현할 뿐이기 때문입니다. 한 예로, '단절'이라는 행위는 결국 [단절 대상의] 분리이기 때문에, [본래 정지의 상태를 의미하는 '단절'이라는 말이] 어근이 의미하는 [단절 동작]으로서 비유적으로 쓰이고 있는 것과 같습니다.

na | dhātvarthavikṛiyāyām upalabdhyupacārāt | yo hi bauddhaḥ pratyayaḥ sa dhātvartho vikriyātmaka ātmana upalabdhyābhāsaphalāvasāna ity upalabdhiśabdenopacaryate | yathā chidikriyā dvaidhībhāvaphalāvasāneti dhātvarthatvenopacaryate tadvat ‖ P77 ‖

78 [**제자**] : 스승님, 그 실례로는 제가 불변함을 설명할 수 없을 것 같습니다.

[**스승**] : 어째서 그렇지요?

[**제자**] : 단절 대상의 변화로 끝나는 '단절'이, 비유적으로 어근이 의미하는 [단절 동작]으로서 쓰입니다. 그와 마찬가지로 지성의 관념도 역시 어근이 의미하는 바이고 '지각'이라는 말로 비유적으로 나타나며, 결국 아뜨만의 지각이 변화한 것이라고 한다면, [스승님께서 말씀하신 실례로는] 아뜨만이 불변함을 설명하는 것이 불가능합니다.

ity uktaḥ śiṣya āha —nanu bhagavan mama kūṭasthatvapratipādanaṃ praty asamartho dṛṣṭāntaḥ | katham | chidiḥ chedyavikriyāvasānopacaryate yathā dhātvarthatvena tathopalabdhiśabdopacarito 'pi dhātvartho bauddhapratyaya ātmana upalabdjhivikriyāvasānaś cen nātmanaḥ kūṭasthatāṃ pratipādayituṃ samarthaḥ ‖ P78 ‖

79 [**스승**] : 만약 지각과 지각 주체 간에 구별이 있다면 당신이 말하는 것은 맞을 것입니다. 그러나 지각 주체는 상존하는 지각과 다르지 않습

니다. 논리학자의 주장과 같이, 지각과 지각 주체는 별개의 것이[8] 라고
하는 것은 [올바르지] 않습니다.

gurur uvāca — satyaṃ evaṃ syāt yady upalabdhyupalabdhror viśeṣaḥ |
nityopalabdhimātra eva hi upalabdhā | na tu tārkikasamaya ivānyopalabdhir anya
upalabdhā ca ‖ P79 ‖

80 [제자] : 그렇다면 어떻게 어근이 의미하는 [동작]이 결과적으로 지
각이 됩니까?

nanūpalabdhiphalāvasāno dhātvarthaḥ katham iti ‖ P80 ‖

81 [스승] : 잘 들어 보십시오 [지성의 관념은, 아뜨만의] 지각이 결과
적으로는 [마치 지각 주체인] 것처럼 나타난 것이라고 [나는] 말했습니
다. 당신은 그것을 듣지 않았습니까? 나는 [지성의 관념이] 결과적으로
는 아뜨만에 변화가 생긴 것이라고는 말하지 않았습니다.

ucyate — śrnu upalabdhyābhāsaphalāvasāna ity uktaṃ kiṃ na śrutaṃ tvayā |
na tv ātmano vikriyotpādanāvasāna iti mayoktam ‖ P81 ‖

82 [제자] : 그렇다면, 제가 불변한다면 저는 저의 대상인 정신의 움직
임을 남김없이 지각하는 주체라고 왜 말씀하셨습니까?

śiṣya āha — kathaṃ tarhi kūṭasthe mayy aśeṣasvaviṣayacittapracāropalabdhṛ
tvam ity āttha ‖ P82 ‖

---

8) 빠니니 문법학자를 말한다. 산스크리트 문법학자는 문장에서 주어와 동사를 엄격하
게 구별하기 때문에, 이를 각각 행위자와 행위에 배속시켜 이 양자를 전혀 별개의 것으
로 구별한다. 같은 맥락에서 니야야·와이쉐시까 학파도 '지각'을 아뜨만의 속성으로
인정하면서, 동시에 아뜨만과는 별개의 실체로 인정한다.

83 [스승] : 나는 진리만을 말했습니다. 나는 [당신이] 틀림없이 [지성의 작용을 남김없이 지각하는 주체라고 하는] 진리에 입각해서, 당신은 불변한다고 말했던 것입니다.

taṃ gurur uvāca — satyam evāvocaṃ tenaiva kūṭasthatām abruvaṃ tava ‖ P83 ‖

84 [제자] : 스승님! 만약 그렇다면, 저는 불변·상존하는 지각을 본성으로 하고 있는데 [다른 한편으로] 음성 등 [외계 대상]의 형상을 지닌 지성의 관념이 생기며, 게다가 그것이 결과적으로는 저의 본성인 지각이 [마치 지각 주체인] 것처럼 나타난 것이라고 한다면, 그 경우에 저에게는 도대체 어떤 잘못이 있는 것입니까?

yady evaṃ bhagavan kūṭasthanityopalabdhisvarūpe mayi śabdādyākā rabauddhapratyayeṣu matsvarūpopalabdhyābhāsaphalāvasānavatsūtpadyamāneṣu kas tv aparādho mama ‖ P84 ‖

85 [스승] : [당신이 말하는 것은] 옳습니다. [당신에게는] 어떠한 잘못도 없습니다. 그러나 나는 오로지 무지가 잘못이라고 앞에서 말했습니다.

satyaṃ nāsty aparādhaḥ kiṃ tv avidyāmātras tu aparādha iti prāg evāvocam ‖ P85 ‖

86 [제자] : 스승님! 만약 숙면 상태에 있는 경우와 같이 저에게 변화가 존재하지 않는다면 어떻게 [제가] 꿈꾸는 상태와 각성 상태[를 경험하는] 것입니까?"

yadi bhagavan suṣupta iva mama vikriyā nāsti kathaṃ svapnajāgarite ‖ P86 ‖

87 [**스승**] : 그런데 당신은 [꿈꾸는 상태와 각성 상태 양자를] 항상 지각하고 있습니까?

tam gurur uvāca — kim tv anubhūyete tvayā sa(n)tatam ‖ P87 ‖

88 [**제자**] : 확실히 저는 [양자를] 지각합니다. 그러나 단속적(斷續的)이어서 항상 [지각하고 있다]고는 말할 수 없습니다.

bādham anubhavāmi kim tv vicchidya vicchidya na tu santatam ‖ P88 ‖

89 [**스승**] : 그 양자는 우연적인 것으로 당신의 본성이 아닙니다. 만약 [양자가] 당신의 본성이라면 [당신의] 본성 곧 정신성과 동일하게 그 자체만으로 온전히 존재하며 당연히 연속할 것입니다. 꿈꾸는 상태와 각성 상태는 당신의 본성이 아닙니다. 의복 등과 같이 떨어져 나가기 때문입니다. 본성이 그 본성의 소유자로부터 떨어져 나간다고 하는 것은 경험상 있을 수 없습니다. 그러나 꿈꾸는 상태와 각성 상태는 정신성만의 상태로부터 떨어져 나갑니다. 만약 숙면 상태에서 자기 자신의 본성이 떨어져 나간다면 '내 본성은 소멸하고 말았다'라든가 아니면 '[내 본성은] 존재하지 않는'다고 하여 필시 [그의 존재는] 부인될 것입니다. 왜냐하면, 우연적이어서 자기의 본성이 아닌 속성은 양측의 성질[곧 멸할 수 있음(可滅性)과 비존재성]을 지니고 있음이 경험되기 때문입니다. 마치 재산과 의류 등이 소멸함이 경험되며 꿈 또는 착란 중에 얻어진 것은 실재하지 않음이 경험되듯이.

(tam) gurur uvāca — āgantuke tv ete na tavātmabhūte | yadi tavātmabhūte caitanyasvarūpavat svataḥsiddhe santate eva syātām | kim ca svapnajāgarite na tavātmabhūte vyabhicāritvāt vastrādivat | na hi yasya yat svarūpaṃ tat tadvyabhicāri dṛṣṭam | svapnajāgarite tu caitanyamātratvād vyabhicarataḥ | suṣupte cet

svarūpaṃ vyabhicaret tan naṣṭaṃ nāstīti vā bādhyam eva syāt āgantukānām
ataddharmāṇām ubhayātmakatvadarśanāt yathā dhanavastrādīnāṃ nāśo dṛṣṭaḥ
svapnabhrāntilabdhānāṃ tv abhāvo dṛṣṭaḥ ‖ P89 ‖

90 [제자] : 스승님! [만약] 그렇다면 꿈꾸는 상태와 각성 상태에 있는
경우와 달리 숙면 상태에서는 [저는 그 어떤 것도] 지각하지 못하기 때
문에 저의 본성 곧 정신성도 우연적인 것이 되겠죠? 저의 본성은 정신
성이 아닌 것이 되겠죠?

nanv evaṃ bhagavan caitanyasvarūpam apy āgantukaṃ prāptaṃ svapnajā
garitayor iva suṣupte 'nupalabdheḥ | acaitanyasvarūpo vā syām aham ‖ P90 ‖

91 [스승] : 그렇지 않습니다. 잘 생각해 보십시오. 그것은 불합리하기
때문입니다. 당신이 자기의 본성 곧 정신성을 우연적인 것으로 여긴다
면 그렇게 여겨보십시오. 우리들은 물론이고 타자 곧 비정신적인 것도,
예컨대 1세기가 걸린다 하더라도, 그 점을 합리적으로 설명하는 것은
불가능합니다. 그와 같은 본성은 [타자와] 결합하여 있기 때문에, 어떤
사람도 [그것이] 타자를 위해 존재함, 다수임, 멸할 수 있음을 합리적으
로 부정하는 것은 불가능합니다. 우리들이 이미 앞에서 말했듯이, 자기
자신을 목적으로 삼지 않는 것이 그것 자체만으로 온전히 존재한다는
일은 있을 수 없기 때문입니다. 그러나 정신성을 본성으로 하는 아뜨만
은 그것 자체만으로 온전히 존재합니다. 따라서 다른 어떤 것에도 의존
하고 있지 않음을 그 어떤 사람도 부정할 수 없는 노릇입니다. 왜냐하면
[아뜨만은 어떤 사람으로부터도] 떨어져 나가는 일이 없기 때문입니다.

na paśya tadanupapatteḥ | caitanyasvarūpaṃ ced āgantukaṃ paśyasi paśya |
naitad varśaśatenāpy upapattyā kalpayituṃ śaknumo vayam anyo vācaitanyo 'pi
| (tasya) saṃhatatvāt pārārthyam anekatvaṃ nāśitvaṃ ca na kenacid upapattyā
vārayituṃ śakyam | asvārthasya svataḥsiddhyabhāvād ity avocāma | caitanyasvarū

pasya tv ātmanaḥ svataḥsiddher anyānapekṣatvaṃ na kenacid vārayituṃ śakyam
avyabhicārāt ‖ P91 ‖

92　[**제자**] : 그러나 '저는 숙면 상태어서는 [그 어떤 것도] 보고 있지
않습니다'라고 말해서, 저는 이미 [아뜨만이] 떨어져 나간다고 지적하
지 않았습니까?"

nanu vyabhicāro darśito mayā suṣupte ɲa paśyāmīti ‖ P92 ‖

93　[**스승**] : 그것은 올바르지 않습니다. 모순되기 때문입니다.
[**제자**] : 어떻게 모순되지요?
[**스승**] : 당신은 보고 있는데 '나는 [그 어떤 것도] 보지 못한다'라고 말
하는 것은 모순된 말입니다.
[**제자**] : 스승님! 저는 숙면 상태에서 결코 정신성도, 다른 어떤 것도 본
적이 없기 때문입니다.
[**스승**] : 그렇다면, 당신은 숙면 상태에서 보고 있는 것입니다. 당신은
보이는 대상[의 존재]를 부정하고 있을 뿐, [당신이] 보고 있음을 부정
하고 있는 것은 아닙니다. 당신이 보는 것, 그것이 정신성이라고 나는
말했습니다. 당신은 그 [항상] 존재하는 것에 기반하여 '[나는] 그 어떤
것도 보지 못했다'고 말하여 [보이는 대상의 존재를] 부정하지만, 그것
이 '보는 것'이고 당신의 정신성입니다. 그렇다면, [당신의 정신성은]
결코 떨어져 나감이 없기 때문에 [정신성의] 불변 · 항상성은 저절로 확
립해 있어 [그 확립을 위한] 어떠한 인식 수단도 필요로 하지 않습니다.
인식 주체는 스스로 확립해 있기는 해도 [그것과는] 별개인 인식 대상
을 식별하기 위해서는 인식 수단을 필요로 합니다. 상존적 식별은 그것
과는 별개의, 식별을 본성으로 하지 않는 것을 식별하기 위해 필요한 것
이지만, 그것은 실로 불변 · 상존하는 것으로서 본성상 스스로 빛나는

것입니다. 상존적 식별은, 그 자신이 인식 근거이며 식별 주체라는 점을 식별하기 위해서, 그 어떤 인식 근거도 필요로 하지 않습니다. 그 [인식 근거라는 성질과 인식 주체라는 성질, 이] 두 성질을 본성으로 하고 있기 때문입니다. 예를 들면, 철과 물 등에 있는 빛과 열은 철과 물 등의 본성은 아니기 때문에 다른 것 곧 불과 태양 등을 필요로 하지만, 불과 태양 등의 [빛과 열은] 항상 그것들의 본성이기 때문에 다른 것을 필요로 하지 않는 것과 마찬가지입니다.

na | vyāhatatvāt | kathaṃ vyāghātaḥ | paśyatas tava na paśyāmīti vyāhataṃ vacanam | na hi kadācid bhagavan suṣupte mayā caitanyam anyad vā kiṃcid dṛṣṭam | paśyaṃs tarhi suṣupte tvam | yasmād dṛṣṭam eva pratiṣedhasi na dṛṣṭim | yā tava dṛṣṭis tac caitanyam iti mayoktam | yayā tvaṃ vidyamānayā na kiṃcid dṛṣṭam iti pratiṣedhasi sā dṛṣṭis tac caitanyam | tarhi sarvatrā vyabhicārāt kūṭasthanityatvam siddhaṃ svata eva na pramāṇāpekṣam | svataḥ siddhasya hi pramātur anyasya prameyasya paricchittim prati pramāṇāpekṣā | yā tv anyā nityā paricchittir apekṣyate 'nyasyāparicchittirūpasya paricchedāya sā hi nityaiva kūṭasthā svayaṃjyotiḥsvabhāvā | ātmani pramāṇatve pramātṛtve vā na tāṃ prati pramāṇāpekṣā tatsvabhāvatvāt | yathā prakāśanam uṣṇatvam vā lohodakādiṣu parato 'pekṣyate 'gnyādityādibhyaḥ atatsvabhāvatvāt nāgnyā dityādīnāṃ tadapekṣā sarvadā tatsvabhāvatvāt ‖ P93 ‖

94 [스승] : 만약 [당신이] '[직접 지각, 추론 등의 지식 근거로부터 얻어진] 경험적 지식은 그것이 무상한 경우에만 존재할 수 있으며 상존하는 경우에는 존재할 수 없겠죠'라고 [말]한다면,

anityatva eva pramā syān na nityatva iti cet ‖ P94 ‖

95 [스승] : 그것은 올바르지 않습니다. 이해에 대해서, 상존하는 것과 무상한 것을 구별하는 것은 불합리하기 때문입니다. 이해가 경험적 지

식이라고 한다면, 무상한 이해가 경험적 지식이며 상존적 [이해는] 그렇지는 않다고 하는 식의 구별은 생각할 수 없기 때문입니다.

na | avagater nityatvānityatvayor viśeṣānupapatteḥ | na hy avagateḥ pramātve
'nityāvagatiḥ pramā na nityeti viśeṣo 'vagamyate ∥ P95 ∥

96 [**스승**] : 만약 [당신이] '[경험적 지식이] 상존적 [이해]인 경우에
는 지식 주체는 [어떠한 지식 근거도] 필요로 하지 않는다. 하지만 [경
험적 지식이] 무상한 [이해]인 경우에는 [지식 주체의] 노력을 통해 매
개되어 있기 때문에 [지식 주체는] 이해를 필요로 하고 있다는 구별이
있습니다'라고 말한다면,

niyāyāṃ pramātur apekṣābhāvaḥ | anityāyāṃ tu yatnāntaritatvād avagatir apek
ṣyata iti viśeṣaḥ syād iti cet ∥ P96 ∥

97 [**스승**] : 그 경우에는 지식 주체 자체는 지식 근거를 필요로 하지
않기 때문에 스스로 온전히 존재한다는 것이 입증됩니다.

siddhā tarhy ātmanaḥ pramātuḥ svataḥsiddhiḥ pramāṇanirapekṣatayaiveti ∥ P97 ∥

98 [**스승**] : 만약 [당신이] '[이해 또는 경험적 지식이] 존재하지 않는
다 하더라도 [지식 주체는] 상존하기 때문에 [어떠한 지식 근거도] 필
요로 하지 않는다'라고 말한다면, 그것은 올바르지 않습니다. 왜냐하면
이해는 [지식 주체] 자체 속에만 존재하고 있기 때문입니다. 당신의 반
론은 이와 같이 배척됩니다.

abhāve 'py apekṣābhāvaḥ nityatvād iti cet | na | avagater evātmani sadbhāvād
iti parihṛtam etat ∥ P98 ∥

99 [스승] : 만약 지식 주체가 확립되는 데에 지식 근거가 필요하다면 알고자 하는 욕구는 모두 무엇에 속합니까? 알고자 하는 욕구를 지닌 것, 그것이야말로 지식 주체임을 인정하고 있습니다. 더욱이 위와 같은 알고자 하는 욕구의 대상은 지식의 대상으로 지식 주체는 아닙니다. 만약 [알고자 하는 욕구의] 대상이 지식 주체인 경우에는, 결과로서 지식 주체와 그 욕구에 관하여 무한소급이 일어나기 때문입니다. 곧 이 지식 주체에 대해서는 그것과는 별개의 지식 주체가, 그 지식 주체에 대해서는 또 별개의 지식 주체가 있다고 하는 식으로, [알고자 하는] 욕구의 대상이 지식 주체인 경우에는 이와 같이 [무한소급이] 됩니다.

또 지식 주체 자체는 [그 어떤 것을 통해서도] 매개됨이 없기 때문에 지식의 대상이 되는 것은 불합리합니다. 이 세상에서 지식의 대상은 지식 주체의 욕구·기억·노력·지식 근거의 발생을 매개로 하여 확립됩니다. 이런 식으로가 아니라면 지식의 대상에 관한 이해는 있을 수 없기 때문입니다. 더욱이 누구도 지식 주체 자체가 자기 자신의 욕구 등 어느 것을 통해 매개된다고 생각할 수 없습니다. 또 기억의 대상은 기억해야 할 대상으로 기억 주체는 아닙니다. 마찬가지로 욕구의 대상은 욕구하는 대상으로 욕구 주체는 아닙니다. 그 양자의 대상이 기억 주체와 욕구 주체라고 한다면, 앞서와 같이 무한소급이 됨을 피할 수 없기 때문입니다.

pramātuś cet pramāṇāpekṣāsiddhiḥ kasya pramitsā syāt | yasya pramitsā sa eva pramātābhyupagamyate | tadīyā ca pramitsā prameyaviṣayaiva na pramātṛviṣayā | pramātṛviṣayatve 'navasthāprasaṅgāt pramātus tadicchāyāś ca tasyāpy anyaḥ pramātā tasyāpy anya iti | evam evecchāyāḥ pramātṛviṣayatve | pramātur ā tmano 'vyavahitatvāc ca prameyatvānupapattiḥ | loke hi prameyaṃ nāma pramātur icchāsmṛtiprayatnapramāṇajanmavyavahitaṃ siddhyati nānyathāvagatiḥ prameyavi ṣayā dṛṣṭā | na ca pramātuḥ pramātā svasya svayam eva kenacid vyavahitaḥ kalpayituṃ śakya icchādīnām anyatamenāpi | smṛtiś ca smartavyaviṣayā na smartṛ viṣayā | tathecchāyā iṣṭaviṣayatvam eva necchāvadviṣayatvam | smartricchā vadviṣayatve 'pi hy ubhayor anavasthā pūrvavad aparihāryā syāt ‖ P99 ‖

100 [**스승**] : 만약 [당신이] '지식 주체에 관한 이해가 생기지 않은 경우에는 지식 주체를 이해하는 일은 없을 텐데요?'라고 말한다면,

nanu pramātṛviṣayāvagatyanutpattāv anavagata eva pramātā syād iti cet ‖ P100 ‖

101 [**스승**] : 그것은 올바르지 않습니다. 이해 주체의 이해 대상은 이해되어야 할 대상이기 때문입니다. 만약 그 대상이 이해 주체라면 전과 같이 무한소급이 될 것입니다. 더구나 아뜨만에 있는 이해 곧 불변·상존하는 아뜨만의 빛은 불과 태양 등에 있는 열과 빛처럼 타자에 의존함 없이 확립되어 있다고 하는 것은 전에 이미 입증했습니다. 만약 자기 자신의 아뜨만에 있는 이해 곧 정신성이라는 아뜨만의 빛이 무상하다면, 아뜨만이 자기 자신을 목적으로 삼고 있다고 하는 것은 이치에 맞지 않을 겁니다. 게다가 우리들이 앞에서 말했듯이, 몸과 감각기관[의 집합체]처럼 [타자와] 결합해 있기 때문에 타자를 위해 존재하고 결점을 갖추고 있다는 말이 될 것입니다.

[**제자**] : [앞에서] 어떻게 말씀하셨지요?

[**스승**] : 자기 자신의 아뜨만에 있는 정신성 곧 아뜨만의 빛(=이해)이 무상하다면 기억 등을 통해 매개되기 때문에 [타자와] 결합해 있습니다. 그 때문에 그 정신성의 빛은 그 발생 전과 멸한 후에는 아뜨만 중에 존재하지 않게 되는 까닭에 시각 등과 같이 [타자와] 결합해 있게 되며 따라서 타자를 위해 존재하게 될 것입니다. 더구나 이 빛이 발생하여 아뜨만 중에 존재하는 경우에는 아뜨만이 자기를 목적으로 하는 일은 없습니다. 그 빛이 존재하기 위해서 아뜨만이 아닌 것은 타자를 위해 존재한다는 사실이 확정적이기 때문입니다. 그 때문에 아뜨만이 상존적 정신성을 빛으로 하고 있다는 것은 [그것을 입증하기 위해서] 다른 어떤

것도 필요로 하지 않으며 [이미] 확립되어 있는 것입니다.

na avagantur avagater avagantavyaviṣayatvāt | avagantṛ viṣayatve cānavasthā pū
rvavat syāt | avagatiś cātmani kū ṭasthanityātmajyotir anyato 'napekṣaiva siddhā
agnyādityādyuṣṇaprakāśavad iti pūrvam eva prasādhitam | avagateś caitanyā
tmajyotiṣaḥ svātmany anityatva ātmanaḥ svārthatānupapattiḥ kāryakaraṇa (saṃ
ghāta) vat saṃhatatvāt pārārthyaṃ doṣavattvaṃ cāvocāma | katham | caitanyā
tmajyotiṣaḥ svātmany anityatve smṛtyādivyavadhānāt saṃhatatvam | tataś ca
tasya caitanyajyotiṣaḥ prāg utpatteḥ pradhvaṃsāc cordhvam ātmany evābhāvāt cakṣ
urādīnām iva saṃhatatvāt pārārthyaṃ syāt | yadā ca tad utpannam ātmani
vidyate na tadātmanaḥ svārthatvam | tadbhāvābhāvāpekṣā hy ātmānātmanoḥ svā
rthatvaparārthatvasiddhiḥ | tasmād ātmano 'nyanirapekṣam eva nityacaitanyajyotiṣ ṭ
vaṃ siddham ∥ P101 ∥

102 [제자] : 만약 스승님 말대로, 지식 주체가 경험적 지식의 의지처
가 아니라면, 어떻게 지식 주체가 지식의 주체가 될 수 있는지요?

nanv evaṃ sati asati pramātṛtve kathaṃ pramātuḥ pramātṛtvam ∥ P102 ∥

103 [스승] : 경험적 지식은 상존하든지 무상하든지, 그 본성에는 어떤
차별도 존재하지 않기 때문입니다. 다시 말해서 경험적 지식은 이해와
다름없기 때문입니다. 기억·욕구 등이 선행하여, 무상하든 불변·상주
하든, 이 경험적 지식에는 그 본성에 어떤 차별도 존재하지 않습니다.
어근이 의미하는 바, 곧 어근 √sthā 등이 의미하는, '서다' 등의 본성에
는, 그 결과가 '간다' 등[의 뭇 동작]에 의해 선행되어 무상하든지 아니
면 [그러한 뭇 동작에 의해] 선행됨 없이 상존한다 하더라도 아무런 구
별도 없습니다. 따라서 '사람들이 서 있다', '산이 서 있다' 등 동일한 표
현이 나타납니다. 그와 마찬가지로 지식 주체는 상존적 이해를 본성으
로 삼고 있다 하더라도 [그것을] 지각 주체로서 언표하는 것은 모순되

지 않습니다. 결과가 같기 때문입니다.

ucyate — pramāyā nityatve 'nityatve ca rūpaviśeṣābhāvāt | avagatir hi pramā
| tasyāḥ smṛtīcchādipūrvikāyā anityāyaḥ kūṭasthanityāyā vā na (sva) rūpaviśeṣo
vidyate | yathā dhātvarthasya tiṣṭhatyādeḥ phalasya gatyādipūrvakasyānityasya
pūrvasya nityasya vā rūpaviśeṣo nāstīti tulyo vyapadeśo dṛṣṭaḥ — tiṣṭhanti
manuṣyāḥ tiṣṭhanti parvatā ityādi | tathā nityāvagatisvarūpe 'pi pramātari pram
ātṛtvavyapadeśo na virudhyate phalasāmānyād iti ‖ P103 ‖

104 [제자] : 상존적 이해를 본성으로 하는 아뜨만은 불변하기 때문에,
목수가 손도끼 등[의 도구]와 [결합하는] 식으로 몸 및 감각기관과 결
합하지 않는다면 [아뜨만이] 행위의 주체가 되는 것은 불가능합니다.
만약 본성상 [어떤 것과도] 결합해 있지 않은 것이 몸 및 감각기관을
쓰는 경우에는 결과적으로 무한소급이 될 것입니다. 그러나 목수 등은
항상 몸이나 감각기관과 결합해 있습니다. 따라서 손도끼 등을 사용해
도 무한소급은 되지 않을 것입니다.

atrāha śiṣyaḥ — nityāvagatisvarūasyātmano 'vikriyatvāt kāryakaraṇair asaṃ
hatya takṣādīnām iva vāsyādibhiḥ kartṛtvam nopapadyate asaṃhatasvabhāvasya
ca kāryakaraṇopādāne 'navasthā prasajyeta | takṣādīnāṃ tu kāryakaraṇair
nityam eva saṃhatatvam iti vāsyādyupādāne nānavasthā syād iti ‖ P104 ‖

105 [스승] : 그러나 그 경우에는 본성상 [어떤 것과도] 결합해 있지
않은 것은 도구를 사용하지 않는다면 행위의 주체가 되는 것은 불가능
하기 때문에, [행위의 주체가 되기 위해서는] 도구를 사용해야 할 것입
니다. [그러나] 도구를 사용하는 것도 또 변화와 다름없기 때문에, 그
행위의 주체가 되는 경우에는 또 다른 도구를 사용해야 할 것입니다. 이
도구를 사용하는 경우에도 또 다른 [도구를 사용해야 할 것이고], 이와
같이 지식 주체가 자율적인 경우에 무한소급은 피할 수 없을 것입니다.

또 행위가 아뜨만에 행위를 일어나게 하는 일은 없습니다. 아직 실행되지 않은 [행위]는 자기 자신의 형상을 지니고 있지 않기 때문입니다.

만약 [당신이] '타자가 아뜨만에 근접하여 [아뜨만에] 행위를 일어나게 한다'라고 말한다면, 그것은 올바르지 않습니다. 왜냐하면 [아뜨만] 이외의 것이 그 자체만으로 온전히 존재하며, 대상은 없다, 등등 말하는 것은 불합리하기 때문입니다. 아뜨만과는 별개의, 비정신적인 사물이 자기 자신을 인식 근거로 삼고 있다는 것은 경험상 있을 수 없기 때문입니다. 음성 등 모든 것은 결과적으로 이해로 귀착되는 관념으로 인해 인식되고 확립되는 것입니다. 만약 아뜨만 이외의 것이 이해를 지니고 있다면 그것도 역시 아뜨만으로, [어떤 것과도] 결합하지 않고 자기 자신을 목적으로 하고 있으며, 타자를 위해 존재하는 일은 없습니다. 더욱이, 우리들은 몸·감각기관 및 그 대상이 자기 자신을 목적으로 한다고는 이해할 수 없습니다. [그들 사물은] 결과적으로 이해로 귀착되는 관념으로 인해 확립된다는 것을 경험하기 때문입니다.

iha tv asaṃhatasvabhāvasya karaṇānupādāne kartṛtvaṃ nopapadyata iti karaṇam upādeyaṃ tadupādānam api vikriyaiveti tatkartṛtve karaṇāntaram upādeyaṃ tadupādāne 'py anyad iti pramātuḥ svātantrye 'navasthāparihāryā syāt | na ca kriyaivātmānaṃ kārayati anirvartitāyāḥ svarūpābhāvāt | athānyad ātmānam upetya kriyāṃ kārayatīti cet | na | anyasya svataḥsiddhatvāviṣayatvādyanupatteḥ | na hy ātmano 'nyad acetanaṃ vastu svapramāṇakaṃ dṛṣṭam | śabdādisarvam evāvagatiphalāvasānapratyayapramitaṃ siddhaṃ syāt | avagatiś ced ātmano 'nyasya syāt so 'py ātmaivāsaṃhataḥ svārthaḥ syān na parārthaḥ | na ca dehendriyaviṣayāṇāṃ svārthatām avagantuṃ śaknumo 'vagatyavasānapratyayāpekṣasiddhidarśanāt ‖ P105 ‖

106 [제자] : 제자를 이해할 때에는 그 누구나 지각 등[의 지식 근거]에 기반한 다른 관념을 필요로 하지 않는 것 아닙니까?

107 [스승] : 확실히, 각성 상태에서는 그럴 것입니다. 그러나 죽음 및 숙면 상태에서는 몸도 마찬가지로 직접 지각 등의 지식 근거를 통해서만 확립됩니다. 내 감각기관도 마찬가지입니다. 왜냐하면, 음성 등 여러 가지 외계의 [대상은] 몸이나 감각기관의 모습으로 변하며, 따라서 [몸이나 감각기관은] 지각 등의 지식 근거를 통해 확립되기 때문입니다. 그래서 '확립(siddhi)'이란, 우리들이 이미 앞에서 말했듯이, 지식 근거로부터 발생하는 결과 곧 이해입니다. 그래서 이 이해는 불변이고 그 자체만으로 확립해 있으며, 아뜨만의 빛을 본성으로 하고 있습니다.

bādhaṃ jāgraty evaṃ syāt | mṛtisuṣuptyos tu dehasyāpi pratyakṣādipramāṇā

pekṣayaiva siddhiḥ | tathaivendriyāṇām | bāhyā eva hi śabdādayo dehendriyākā

rapariṇatā iti pratyakṣādipramāṇāpekṣayaiva (hi) siddhiḥ | siddhir iti ca pramāṇ

aphalam avagatim avocāma sā cāvagatiḥ kūṭasthā svayaṃsiddhātmajyotiḥsvarū

peti ca ‖ P107 ‖

108 [제자] : 이해가 지식 근거의 결과이며 동시에 불변·상존해서 아뜨만의 빛을 본성으로 하고 있다는 말은 모순입니다.

[스승] : 모순이 아닙니다.

[제자] : 그렇다면 어떻게 해서 [모순이 아닙]니까?

[스승] : [이해는] 불변·상존하더라도 지각 등[의 지식 근거]에 기반한 관념 [형성 과정]의 끝에 나타납니다. [관념 형성 과정은] 그것을 목적으로 하고 있기 때문입니다. 지각 등[의 지식 근거]에 기반한 관념이 무상한 경우에는 [이해는 실제로는 상존한다고 해도] 말하자면 '무상하다'는 식으로 그렇게 생각됩니다. 그 때문에 [이해는] 지식 근거의 결과라고 비유적으로 표현합니다.

atrāha codakaḥ — avagatiḥ pramāṇānāṃ phalaṃ kūṭasthanityātmajyotisvarūpeti ca vipratiṣiddham | ity uktavantam āha — na vipratiṣiddham | kathaṃ tarhi | kūṭasthanity āpi satī pratyakṣādipratyayānte lakṣyate tādarthyāt | pratyakṣā dipratyayasyānityatve 'nityeva bhavti | tena pramāṇānāṃ phalam ity upacaryate ‖ P108 ‖

109 [제자] : 스승님! 그렇다면, 이해는 불변·상존이고 아뜨만의 빛을 본성으로 하며, 그 자체만으로 확립해 있습니다. 자기 자신에 대한 지식 근거를 필요로 하지 않기 때문입니다. 이 이외의 것은 비정신적이며 [타자와] 함께 활동하기 때문에 타자를 위해 존재하고 있습니다. 또 [아뜨만이 아닌 것은] 본성상 고통·즐거움·혼미를 일으키는 관념을 통해 이해되기 때문에, 타자를 위해 존재하고 있습니다. 아뜨만이 아닌 것은 실로 그 같은 본성을 지닌 것으로서만 존재하며, 여타의 본성을 지닌 것으로 존재하지는 않습니다. 따라서 아뜨만이 아닌 것은 궁극적 진리의 입장에서 본다면 실재하지 않습니다. 세상에서는 노끈에 [가탁된] 뱀과 신기루 물이, 그것에 대한 이해를 떠나서는 존재하지 않음을 경험할 수 있습니다. 그와 마찬가지로 각성 상태와 꿈꾸는 상태에서 [경험하는] 이원성도 역시 그것에 대한 이해를 떠나서는 존재하지 않는다고 보는 것이 이치에 맞습니다.

　스승님! 이와 같이 궁극적 진리의 입장에서 본다면, 이해 곧 아뜨만의 빛은 중단됨이 없이 존재하기 때문에 불변·상존합니다. 또 그 본성은 둘이 아닙니다. 그 어떠한 관념이 [생기더라도] 떨어져 나가는 일이 없기 때문입니다. 그러나 여러 가지 유형의 관념은 이해로부터 떨어져나가 버립니다. 마치 꿈꾸는 상태에서 파랑·노랑 등 여러 가지 형상을 가진 뭇 관념이 그것에 대한 이해로부터 떨어져 나가기 때문에 궁극적 진리의 입장에서 본다면 실재하지 않는 것으로 말하듯이, 각성 상태에서도 파랑·노랑 등 여러 가지 유형의 관념은 마찬가지로 그것에 대한 이해로부터 떨어져 나가기 때문에 본성상 실재하지 않는 것입니다. 그리고 이러한 이해를 이해하는 또 다른 [이해] 주체는 존재하지 않습니다. 그 때문에 [이해는] 자기의 본성상 스스로 취한다든지 버린다든지 하는 일이 불가능합니다. 다른 어떤 것도 존재하지 않기 때문입니다.

yady evaṃ bhagavan kūṭasthanityāvagatir ātmajyotiḥsvarūpaiva svayaṃsiddhā, ātmani pramāṇanirapekṣatvāt tato 'nyad acetanaṃ saṃhatyakāritvāt parārtham | yena ca sukhhaduḥkhamohapratyayāvagatirūpeṇa pārārthyaṃ tenaiva svarūpeṇ ānātmano 'stitvaṃ nānyena rūpāntareṇa ato nāstitvam eva paramārthataḥ | yathā hi loke rajjusarpamarīcyudakādīnām tadavagativyatirekeṇābhāvo dṛṣṭaḥ evaṃ jāgratsvapnadvaitabhāvasyāpi tadavagativyatirekeṇābhāvo yuktaḥ | evam eva bhagavan avagater ātmajyotiṣo nairantaryabhāvāt kūṭasthanityatā advaitabhāvaś ca sarvapratyayabhedeṣv avyabhicārāt | pratyayabhedās tv avagatiṃ vyabhicaranti | yathā svapne nīlapītādyākārabhedarūpāḥ pratyayās tadavagatiṃ vyabhicaranta ḥ paramārthato na santīty ucyante evaṃ jāgraty api nīlapītādipratyayabhedās tām evāvagatiṃ vyabhicaranto 'satyarūpā bhavitum arhanti | tasyāś cāvagater anyo 'vagantā nāstīti na svena svarūpeṇa svayam upādātuṃ hātuṃ vā śakyate anyasya cābhāvāt || P109 ||

110 [**스승**] : 진실로 그대로입니다. 각성 상태와 꿈꾸는 상태를 특징으로 하는 윤회의 원인, 바로 그것은 무지입니다. 그 무지를 제거하는 것이 지혜입니다. 이와 같이 해서 당신은 두려움 없는 상태(無畏)에 도달했습니다. 당신은 지금 이후로 각성 상태와 꿈꾸는 상태에서 고통을 지각하는 일이 없을 것입니다. 당신은 윤회의 괴로움으로부터 해탈했습니다.

tathaiveti | eṣāvidyā yannimittaḥ saṃsāro jāgratsvapnalakṣaṇaḥ | tasyā avidyāyā vidyā nivartikā | ityevaṃ tvam abhayaṃ prāpto 'si | nāntaḥparaṃ jāgratsvapnaduḥ kham anubhaviṣyasi saṃsāraduḥkhān mukto 'sīti || P110 ||

제3장 빠리상키야나(parisaṁkhyāna) 수행법

112 이 빠리상키야나 수련[1]은 해탈을 구하고, 이미 얻은 선악의 업(業)을 없애는 일에 전념하며, 새로운 [선악의 업]이 축적되지 않기를 바라는 사람들을 위해 설한 것이다.

[탐욕과 혐오라는] 결점의 원인은 무지이며 언어 행위, 심적 행위, 신체적 행위의 원인은 [탐욕과 혐오라는] 결점이다. 이러한 행위로 원하는 과보를 가져오는 업, 원하지 않는 과보를 가져오는 업, 또는 양자가 섞인 과보를 가져오는 업이 축적된다. 그 때문에 그 업들로부터 해탈을 [이루기] 위해서 [이 빠리상키야나 수련을 설한다].

mumukṣūṇām upāttapuṇyāpuṇyakṣapaṇaparāṇām apūrvānupacayārtināṃ parisaṃ

---

1) 샹까라는 '빠리상키야나(parisaṁkhyāna)'란 개념을 이곳에서만 사용한다. 빠리상키야나는, 성전(聖典)을 배우고 익혀 스승과 질의 응답을 거쳐 도달한 결론을, 그 요점만을 뽑아 궁리하는 일종의 명상이다.

khyānam idam ucyate | avidyāhetavo doṣā vāṅmanaḥkāyapravṛttihetavaḥ pravṛ

tteś ceṣṭāniṣṭamiśraphalāni karmāṇy upacīyanta iti tanmokṣārtham ‖ P112 ‖

113 그런데 음성, 감촉, 색깔·형태, 맛, 냄새는 감각기관의 대상으로 귀 등[감각기관]을 통해 지각된다. 그 때문에 [음성 등은] 자신이나 타자를 인식할 힘이 없다. 음성 등은 흙덩이와 같이 [아직 전개되지 않은 명칭·형태로부터] 전개된 것에 불과하기 때문이다. 그래서 [음성 등은] 귀 등 [감각기관]을 통해 지각된다.

그리고 [음성 등을] 지각하는 것은 지각 주체이기 때문에 [음성 등과는] 다른 종류의 것이다. 음성 등은 서로 결합되어 있기 때문에 발생, 생장, 상태의 변화, 쇠퇴, 소멸, 결합, 분리, 출현, 소실, 변화의 원인, 변화의 결과, 밭(=여성?), 종자(=남성?) 등 많은 속성을 지닌다. 또, 똑같이 고통·즐거움 등 많은 [다른] 속성을 가지고 있다. 그러한 음성 등의 지각 주체는 실로 그것들의 지각 주체이기 때문에, 음성 등 [감각기관의 대상]의 모든 속성과는 본성상 다르다.

tatra śabdasparśarūparasagandhānāṃ viṣayāṇāṃ śrotādigrāhyatvāt svātmani
pareṣu vā vijñānābhāvaḥ teṣām eva pariṇatānāṃ yathā loṣṭādīnām | śrotrā
didvāraiś ca jñāyante | yena ca jñāyante sa jñātṛtvād atajjātīyaḥ | te hi śabdādayo
'nyonyasaṃsargitvāj janmavṛddhi(vi) pariṇāmāpakṣayanāśasaṃyogaviyogāvirbhā
vatirobhāvavikāravikārikṣetrabījādyanek adharmāṇaḥ sāmānyena ca sukhaduḥ
khādyanekadharmāṇaḥ | tadvijñātṛtvād eva tadvijñātā sarvaśabdādidharmavilak
ṣaṇaḥ ‖ P113 ‖

114 거기서, [현재] 지각하고 있는 음성 등[감각기관의 대상]에 의해 괴로움을 당하고 있는 지자(智者)는 아래와 같이 빠리상키야나 수련을 해야 한다.

115 나(=아뜨만)는 보는 것(見)을 본성으로 하며, [어떤 것과도] 결합하

는 일이 없고 변화하는 일이 없으며, 움직이지 않고 소멸하지 않으며, 두려움을 갖지 않고 지극히 미세하다. 따라서 음성은 단순한 음(音) 일반이든 아니면 특수한 속성을 가진 [음], 곧 음계의 첫 번째 음 등 좋아하는 [음], 또는 칭찬 등 바라는 말, 또는 거짓·혐오·모욕·험담 등 바라지 않는 말이든지, 나를 그 대상으로 삼아서 나에게 닿는 것이 불가능하다. 왜냐하면 나는 [음성과] 결합하지 않기 때문이다.

실로 이 때문에 [나는] 음성으로 인해 손실을 당한다든지 이익을 얻는다든지 하는 일이 없다. 그 때문에 칭찬·비난 등, 쾌·불쾌를 특징으로 하는 음성이 도대체 나에게 무슨 영향을 끼칠 수 있겠는가? 확실히, 식별 능력이 없고 음성을 [자기 자신의] 아뜨만[과 결합해 있다]고 이해하는 사람에게, 좋아하는 음성은 이익을 가져오고 좋아하지 않는 음성은 손실을 가져온다. 왜냐하면 [그 사람은] 식별 능력이 없기 때문이다. 그러나 식별 능력을 갖추고 있는 나에게 [음성은] 털끝만큼[의 이익과 손실]도 가져올 수 없다.

꼭 마찬가지로 [감촉도] 감촉 일반이든 아니면 특수한 감촉, 곧 냉기·열기·무름·딱딱함이나 열병·복통 등과 같이 좋아하지 않는 [감촉], 몸에 속하거나 외적으로 우연적인 원인에 따른 무언가 좋은 [감촉]이든지, 그 어떤 것도 나에게 이익·손실을 특징으로 하는 아무런 변화도 가져오지 못한다. [나는] 감촉을 지니고 있지 않기 때문이다. 마치 주먹으로 쳐도 허공에는 [아무런 변화도 일어나지 않듯이].

마찬가지로 [색깔·형태도] 색깔·형태 일반이든 아니면 특수한 색깔·형태, 곧 여성의 신체적 특색 등을 특징으로 하는 좋아하는 [색깔·형태], 좋아하지 않는 [색깔·형태]이든지, 그 어떤 것도 나에게 아무런 손실도 이익도 가져오지 않는다. [나는] 색깔·형태를 가지고 있지 않기 때문이다.

마찬가지로 [맛도] 맛 일반이든지 아니면 특수한 맛, 곧 어리석은 자에 의해서 지각된 단맛, 신맛, 짠맛, 매운맛, 쓴맛, 담백한 맛이든지, 그

어떤 것도 본성상 맛을 지니고 있지 않은 나에게는 그 어떠한 손실도
이익도 가져오지 않는다.

마찬가지로 [냄새도] 냄새 일반이든지 아니면 특수한 냄새, 곧 꽃냄새,
진흙냄새 등을 특징으로 하는, 좋아하는 [냄새]와 좋아하지 않는 [냄새]
이든지, 그 어떤 것도 본성상 냄새를 지니고 있지 않은 나에게는 그 어떠
한 손실도 이익도 가져오지 않는다. 왜냐하면,

"언제나 음성, 감촉, 색깔·형태를 갖고 있지 않으며, 소멸하는 일이
없으며, 또 맛이나 냄새를 갖고 있지 않은 …… 것, [그것을 인식하여 사
람은 죽음의 입으로부터 벗어난다]"(『까타 우빠니샤드』 3-15)라는 성전의 한
구절이 있기 때문이다.

tatra śabdādibhir upalabhyamānaiḥ pīḍyamāno vidvān evaṃ parisaṃcakṣīta
‖ P114 ‖

śabdas tu dhvanisāmānyamātreṇa viśeṣadharmair vā ṣaḍjādibhiḥ priyaiḥ stutyā
dibhir iṣṭaiḥ aniṣṭaiś cāsatyabībhatsaparibhavākrośādibhir vacanaiḥ māṃ dṛ
kṣvabhāvam asaṃsargiṇam avikriyam acalam anidhanam abhayam atyantasūkṣ
mam aviṣayaṃ gocarīkṛtya spraṣṭum naivārhaty asaṃsargitvād eva mama |
ata eva na śabdanimittā hānir vṛddhir vā | ato māṃ kiṃ kariṣyati stutinindā
dipriyāpriyatvādilakṣaṇaḥ śabdaḥ | avivekinaṃ hi śabdamātmatvena gataṃ priyaḥ
śabdo vardhayed apriyaś ca kṣapayet avivekitvāt na tu mama vivekino vālāgram
ātram api kartum utsahata iti | evam eva sparśasāmānyena tadviśeṣaiś ca śitoṣṇ
amṛdukarkaśādijvarodaraśūlādilakṣaṇaiś cāpriyaiḥ priyaiś ca kaiścic charīrasamavā
yibhir bāhyāgantukanimittaiś ca na mama kācid vikriyā vṛddhihānilakṣaṇā
asparśatvāt kriyate vyomna iva muṣṭighātādibhiḥ | tathā rūpasāmānyena tadviś
eṣaiś ca priyāpriyaiḥ strīvyañjanādilakṣaṇaiḥ arūpatvān na mama kācid dhānir
vṛddhir vā kriyate | tathā rasasāmānyena tadviśeṣaiś ca (priyāpriyaiḥ) madhurā
mlalavaṇakaṭutiktakaṣāyair mūḍhabuddhibhiḥ parigṛhītaiḥ arasātmakasya na
mama kācid dhānir vṛddhir vā kriyate | tathā gandhasāmānyena tadviśeṣaiḥ
priyāpriyaiḥ puṣpādyanulepanādilakṣaṇaiḥ agandhātmakasya na mama kācid dh

ānir vṛddhir vā kriyate | "aśabdam asparśam arūpam avyayaṃ tathārasaṃ nityam agandhavac ca yat" iti śruteḥ ‖ P115 ‖

116 더욱이 음성 등 외계의 [대상]은 모두, 몸의 형태를 취하고, 또 그것들을 지각하는 귀 등의 [감각기관의] 형태를 취하며, 두 개의 내적 기관과 [고통·즐거움과 같은] 그 대상의 형태를 취한다. 왜냐하면 그것들은 어떤 행위에서든 서로 결합하고 중첩되어 있기 때문이다. 이와 같은 사정 때문에 지식이 있는 나에게는, 어떤 사람도 적도 아군도 중립도 아니다. 따라서 만약 [누군가가] 잘못된 지식에 기반하여 [아뜨만에 관한] 잘못된 이해 때문에 나에게, 행위의 결과의 특징인 좋아하는 것과 좋아하지 않는 것을 결부시키고자 한다면, [나에게] 그것을 결부시키고자 하여도 소용없다. 왜냐하면, 다음과 같은 전승서에 의하면, 나는 그 대상이 아니기 때문이다.

"이것은 아직 전개되지 않은 것이다. 이것은 불가사의이다. [이것은 불변이라고 말해진다]."

—『바가와드기따』 2-25

마찬가지로 [그 어떠한] 5[대(大)] 원소에 의해서도 변화하는 일이 없다. 왜냐하면, 다음과 같은 전승서에 의하면, 나는 [5대 원소의] 대상이 아니기 때문이다.

"이것은 끊어지지 않으며 이것은 타버리지 않으며 [젖지 않으며 마르지 않는다. ……]"

—『바가와드기따』 2-24

또, 나를 좋아하는 자도 그 반대인 자도, 몸이나 감각기관의 집합체에만 주의를 기울여 [나에게] 좋아하는 것, 좋아하지 않는 것 등을 결합시

키길 원하여 그 결과 선업 및 악업 등을 짓는다. 선·악의 업을 짓는 것
은 그 사람들일 뿐, 늙지 않고 죽지 않고 두려움 없는 나는 아니다. 왜
냐하면 다음과 같은 성전과 전승서가 있기 때문이다.

> "이미 이룬 일도 아직 이루지 못한 일도 [모두] 그것을 태울 수 없다."
>
> —『브르하드아라니야까 우빠니샤드』 4-4-22

> "[이것은 브라흐만을 알고 있는 자의 영원한 위대함이다]. 그는 행위에 따라
> 서 증대함도 없고 감소함도 없다."
>
> —『브르하드아라니야까 우빠니샤드』 4-4-23

> "[이것은] 안팎을 포함하며 불생(不生)이다."
>
> —『문다까 우빠니샤드』 2-1-2

> "[그 어떠한 아뜨만도] 세간의 고통에 물드는 일이 없다. 세간 바깥에 존재하
> 고 있기 때문이다."
>
> —『까타 우빠니샤드』 5-11

  [이상과 같은 성전과 전승서는 왜 참인가?] '아뜨만이 아닌 것은 실
재하지 않기 때문에'라는 것이 최고의 이유이다. 이원(二元)은 실재하지
않기 때문에, 아뜨만의 불이성(不二性)에 관한, 우빠니샤드의 문장을 남
김없이 모두 자세히 살펴보고 또 살펴보아야 한다.

kiṃ ca ya eva bāhyaḥ śabdādayas te śarīrākāreṇa saṃsthitāḥ tadgrāhakaiś ca
śrotrādyākārair antaḥkaraṇadvayatadviṣayākāreṇa ca, anyonyasaṃsargitvāt saṃ
hatatvāc ca sarvakriyāsu | tatraivaṃ sati viduṣo mama na kaścic chatrur mitram
udāsīno vāsti | tatra yadi (kaścin) mithyājñānābhimānena priyam apriyaṃ vā
prayuyuṅkṣeta kriyāphalalakṣaṇam tan mṛṣaiva prayuyuṅkṣati saḥ | tasyāviṣ
ayatvān mama — "avyakto 'yam acintyo 'yaṃ" iti smṛteḥ | tathā (sarveṣāṃ) pañ
cānām api bhūtānām avikāryaḥ aviṣayatvāt | "acchedyo 'yam adāhyo 'yaṃ" iti

smṛteḥ | yāpi śarīrendriyasaṃsthānamātram upalakṣya madbhaktānāṃ viparītā
nāṃ ca priyāpriyādiprayuyuñkṣā tajjā ca dharmādharmādiprāptiḥ sā teṣām eva
na tu mayy ajare 'mṛte 'bhaye "nainaṃ kṛtākṛte tapataḥ" "na karmaṇā vardhate
no kanīyān" "sabāhyābhyantaro hy ajaḥ" "na lipyate lokaduḥkhena bāhyaḥ" ityā
diśrutismṛtibhyaḥ | anātmavastunaś cāsattvād iti paramo hetuḥ | ātmanaś cā
dvayatvaviṣayāṇi dvayasyāsattvāt yāni sarvāṇy upaniṣadvākyāni vistaraśaḥ
samīkṣitavyāni samīkṣitavyānīti ‖ P116 ‖

우빠데샤 사하스리(천 가지 가르침)

  이 책은 샹까라(Śaṅkara, 700~750년경)의 『우빠데샤 사하스리(*Upadeśasāhasrī*)』
를 우리말로 옮긴 것이다. 샹까라는 인도 철학의 주류를 이루는 베단따
철학에서 가장 중요한 사상가로 손꼽히는 인물로, 때로는 인도 최고의
철학자로 불린다.

  『우빠데샤 사하스리』는 『브라흐마쑤뜨라 바시야』와 더불어 샹까라의
대표작 가운데 하나이다. 『브라흐마쑤뜨라 바시야』가 『브라흐마쑤뜨라』
에 대한 주석서인 데 비해서 『우빠데샤 사하스리』는 샹까라의 단독 저
술이기 때문에 샹까라의 사상을 단도직입적으로 파악하고자 하는 사람
에게는 『우빠데샤 사하스리』야말로 절호의 텍스트가 되는 셈이다.

1. 샹까라의 생애와 저작

인도인의 역사관이 지닌 특징 가운데 한 가지는 과거의 역사적 사실과 전설 간의 구분을 크게 문제삼지 않는다는 점이다. 중국인이 역사적 기술을 중시하여 과거의 한 인물들에 대해서 가능한 한 꼼꼼하게 행장을 남겨놓는 것과는 사뭇 대조적이다. 현 시점에서는 역사적 사실로 인정될지라도 시간대를 길게 늘려 몇천 년 혹은 몇만 년 지나고 나면 모두 전설로 변해버린다는 게 인도인의 전통적 역사관이다. 샹까라의 경우도 이 점에서 예외는 아니어서 샹까라의 일생에 관한 자료는 대부분 공상적 이야기와 뒤섞여 있어서 역사적 사실에 근거한 엄밀한 자료는 없다고 해도 과언이 아니다. 따라서 샹까라의 생존연대 및 행장에 관해서는 여기 저기 흩어져 있는 자료 가운데서 그나마 신빙성이 있다고 '추정'되는 기술들을 추려내어 복원한 것일 뿐이기에 '전승에 따르면'이라는 한정사를 덧붙일 수밖에 없다.

전승에 따르면, 샹까라의 생존연대는 700~750년경이다. 샹까라는 남인도 께랄라(Kerala) 주에 있는 깔라디(Kālaḍi)에서 바라문 계급의 자손으로 태어났다. 어려서 아버지를 여의고 출가했는데, 이때 그의 스승은 고윈다(Govinda, 670~720년 무렵)였다. 고윈다의 스승은 가우다빠다(Gauḍapāda / Gauḍa, 640~690년 무렵. ※ '-빠다(-pāda)'는 존칭)였다고 한다. 가우다빠다는 『만두끼야 송(頌)』의 저자로 유명하다. 『만두끼야 송』은 저술 전체에 걸쳐 대승불교의 영향이 강하며, 특히 제4장은 대승불교 사상을 거의 그대로 옮겨놓았다고 할 정도로 대승불교 사상과의 차별성이 전혀 드러나지 않기 때문에, 초기 베단따 철학과 대승불교 간의 상호연관성을 살펴보고자 하는 학자들에게는 변함 없이 훌륭한 연구 대상이 되어 왔다. 사제 관계에서 보면 샹까라는 가우다빠다의 손제자에 해당하니 샹까라 역시 대승불교에 대해서 상당한 견식을 갖고 있었으리라 능히 짐작할 수 있다. 실제로 『우빠데샤 사하스리』에는 대승불교어 대한 강한 비판이 곳곳에 나오고 있다. 가우다빠다에서 샹까라로 흐르는 사상 노선의 변화, 대승불교의 영향력에서 벗어나 베단따 철학의 독자성을 확립해가는 과정을 규명하는 일도 인도 철학의 흥미로운 주제 가운데 하나일 것이다.

샹까라의 생애는 극히 짧아 전승에 따르면 32살 또는 38살 때 히말라야 지방에 있는 께다르나따(Kedārnatha)에서 생을 마쳤다고 한다. 샹까라는 인도 각지를 순례하면서 외도와 논쟁을 벌이고 외도의 학설을 논파하면서, 불교의 정사(精舍)를 본 따 인도 전역에 힌두 사원을 세웠다고 한다. 동쪽으로는 뿌리에, 서쪽으로는 드와라까에, 북쪽으로는 바다리나타에, 남쪽으로는 쉬링게리에 세웠다는 사원이 전통적으로는 샹까라가 세운 사원으로 간주된다. 이밖에 남인도 깐찌(Kāñcī)에 있는 사원도 샹까라가 세운 것으로 인정받기도 한다. 오늘날 샹까라 학파의 총본산은 남인도 까르나따까(Karnataka) 주에 있는 쉬링게리(Śriṅgeri)에 있어 수행자나 순례자의 발길이 끊이질 않는다.

'인도 최고의 철학자'로 불리기는 하지만 샹까라의 철학 사상이 '독창적'이라고 말하기는 어렵다는 것이 학계의 공통된 지적이다. 하지만 인도의 사상계에서 독창성은 찬탄할 만한 미덕이 아니며, 전통에 대한 충실함이야말로 존중할 만한 미덕이다. 샹까라의 주요 관심사는 윤회 세계에서 헤어나지 못하는 사람들을 구제하는 것이었지 체계적인 철학을 구축하는 것이 아니었다. 진리에 대한 접근 방식은 철학적이라기보다는 차라리 심리적 또는 종교적이었으며, 철학적인 엄밀성보다는 사람들의 구제에 어느 것이 더 효과적인가 하는 실용적 측면이 주된 관심사항이었다. 이 점에서 샹까라는 전통에 대한 탁월한 해석학자였고 철학자라기보다는 극히 뛰어난 종교상의 지도자였다. 그렇지만 샹까라가 일궈낸 해석학적 전통이 새로운 사상조류를 형성하여 예전이나 지금이나 인도 지식인 계층을 매혹시키고 있고, "당신의 본질은 바로 브라흐만이"라는, '자기'의 정체성에 관한 근원적 지식을 강조하는 그의 사상이 현대 인도

의 중요한 사상조류를 솟구치게 하는 원천이 되고 있다는 점을 중시한
다면, 샹까라는 여전히 '인도의 위대한 철학자'임에 변함이 없다.

　샹까라는 300여 편의 저작을 남겼다고 전하지만 이 가운데 진작(眞作)
이라 할 수 있는 작품은, 학계의 연구 성과에 따르면, 10여 편에 지나지
않는다. 그 중에서도 베단따 철학의 근본 성전인 『브라흐마쑤뜨라』에
대한 주석서 『브라흐마쑤뜨라 바시야』, 『바가와드기따』에 대한 주석서
『바가와드기따 바시야』, 그 이외에 『브르하드 아라니야까』 등 우빠니샤
드 문헌에 대한 주석서 등 주로 옛 문헌에 대한 주석서가 태반을 이루
며, 주석서가 아닌 샹까라 자신의 독립 저술은 『우빠데샤 사하스리』 한
편밖에 없다.

2. 『우빠데샤 사하스리』 개관

　샹까라의 『우빠데샤 사하스리』는 직전 제자 가운데 한 사람인 쑤레쉬
와라(Sureśvara)의 『나이쉬까르미야싯디(Naiṣkarmyasiddhi)』에 사상적 토대를 제
공하였는데, 이 두 저술은 후에 사르와즈냐아뜨만(Sarvajñātman)의 『상크쉐
빠샤리라까(Saṃkṣepaśārīraka)』와 더불어 베단타 철학 중 불이일원론 학파의
'삼부작'으로 칭송될 정도로 불이일원론 학파에서는 중요한 철학 저술
로 자리 잡는다. 뿐만 아니라 『우빠데샤 사하스리』는 주석문헌이 아닌
독립 저술로는 유일한 작품이고 또 다른 문헌에 비해 비교적 간결하기
때문에 샹까라 사상을 빠르고 적확하게 파악하고자 하는 사람에게는 필
수불가결한 입문서로 손색이 없다.

　『우빠데샤 사하스리(Upadeśasāhasrī)』의 본뜻은 '시편 천 수로 이루어진(sā
hasrī, 사하스리) 가르침(upadeśa, 우빠데샤)'이다. 우리말 번역에서는 『우빠데샤

사하스리』를 간단하게 『천 가지 가르침』으로 옮겼다. 시편이 '천 수'라고 해서 『우빠데샤 사하스리』가 전체 시(詩) 천 수로 이루어졌다는 말은 아니다. 『우빠데샤 사하스리』는 전반부의 운문편(Padyabandha)과 후반부의 산문편(Gadyabandha)으로 구성된다. 운문편은 671수의 시편으로만 구성되어 있고 산문편은 제자와 스승의 문답으로 엮여져 있으니, 도저히 천 수의 시편으로 구성됐다고 할 수는 없는 노릇이다. 그렇다면 여기서 '천(千)'이라는 숫자는 일종의 '완전수'를 뜻하는 것으로 보아야 할 것이니 『우빠데샤 사하스리』는 『천 가지 가르침』보다는 『궁극적 가르침』으로 번역하는 게 타당할 수도 있겠다. 아무튼 여기서는 완전수 '천'을 뜻하는 말로 『천 가지 가르침』으로 번역하겠다.

『우빠데샤 사하스리』의 운문편은 전체 19장으로 구성되어 있다. 샹까라는 때로는 자술(自述)의 형식을 빌려 때로는 대화의 형식을 빌려, 불이일원론(Advaita, 不二一元論)의 사상적 입장을 개진한다. 특히 가장 긴 제18장은 "당신이 바로 그 브라흐만이다(tat tvam asi)"라는 우빠니샤드의 대명제(大命題, mahāvākya)를 해명하는 데 할당하고 있다.

『우빠데샤 사하스리』의 산문편은 전체 3장으로 구성되어 있는데 체제를 보면 스승과 제자의 문답 형식을 빌린 대화편의 형태를 취하고 있다. 운문편이 제자를 대상으로 한 교과서적 성격이 강하다면, 산문편은 교사를 대상으로 한 지도요령서적 성격이 짙다. 산문편 3장은 각각 베단따 철학의 수행 과정 곧 듣고, 생각하고, 익히는 3단계 수행 과정에 대응한다. 특히 산문편 제2장은 샹까라의 철학 사상을 평이하고 적확하게 표현하고 있다는 점에서 베단따 철학 전문학자들의 주목을 끌고 있으며, 제3장에서는 베단따 철학의 수행법인 '빠리쌍키야나'에 관해 서술하고 있는 점이 주목할 만하다.

『우빠데샤 사하스리』의 각 장은 원래 따로 따로 성립된 것인데 나중에 샹까라 자신이, 또는 샹까라의 제자들이 한데 묶어 편찬한 것으로 추정된다. 현재는 운문편, 산문편의 순서로 편집되어 있지만 샹까라의 주석자들 가운데는 산문편, 운문편의 순서로 편집한 경우도 있다. 텍스트의 성격상 어느 쪽을 먼저 읽어도 좋으나 산문편을 먼저 읽고 운문편을 나중에 읽는 것이 샹까라의 사상을 파악하는데 더 적합한 경로로 보인다.

인도학 분야에서 국내에 번역 소개된 고전으로는 인도 불교 관계 서적이 압도적으로 많으며, 그 다음으로 많은 것이 인도의 종교, 문학에 관련된 서적이다. 그렇지만 동양 철학계의 현실을 보면 아직까지 인도 철학 관련 전문서적의 번역은 거의 없다고 해도 과언이 아니다. 『우빠데샤 사하스리』는 인도의 대표적인 철학자인 샹까라의 저서로, 베단따 철학의 진수를 평이하게 전달하고 있다는 점에서 '샹까라 철학의 입문서', 더 나아가 '인도 철학의 백미'로 손꼽힌다. 이 저서의 번역을 통해서 우리는 인도 철학의 저변에 깔린 세계관 및 인간관을 손쉽게 파악할 수 있을 것이다. 더불어 샹까라를 통해 힌두 문화의 정수에 접근하는 묘미도 즐길 수 있을 것이다.

3. 선행 연구 개관과 본 역서의 저본

『우빠데샤 사하스리』의 완역으로 자가다난다(Swami Jagadānanda)의 영어 번역 『*A Thousand Teachings in Two Parts —Prose and Poetry of Śrī Śaṅkarāchārya*』(Madras : Sri Ramakrishna Math, 1949)가 있다. 하지만 이 번역은 라마띠르타(Rā-matīrtha)의 주석에 지나치게 의존하고 있다는 점에서 사뭇 편파적인 번역이라는 평을 받고 있다. 가장 정평 있는 완역으로는 마에다 센가쿠(前田專學, Sengaku Mayeda)의 영어 번역 『*A Thousand Teachings : The Upadeśasāhasrī of Śaṅkara, Translated with Introduction and Notes*』(Tokyo : The University of Tokyo Press, 1979)가 있으며, 동일한 마에다 센가쿠의 일본어 번역 『ウパデーシャ サー

ハスリー』(シャンカラ 著, 前田專學 譯, 東京 岩波文庫, 1988)이 있다.

산문편 만의 독일어 번역으로 학커(P. Hacker)의 『*Upadeśasāhasrī von Meister Shankara*』(Bonn : Ludwig Röhrscheid Verlag, 1949)가 있는데, 충실한 각주로 인해 신뢰할 만한 번역으로 평판이 높다. 이밖에 운문편 제18장만의 영역으로 앨스톤(A. J. Alston)의 『*"That Thou Art" by Śrī Śaṅkara*(Chapter Eighteen of the Upadeśa Sāhasrī)』, tr. by A. J. Alston(London : Shanti Sadan, 1967)이 참조할 만하다.

『우빠데샤 사하스리』의 저본으로는 일본의 마에다 센가쿠(前田專學)의 교정본이 가장 정확한 판본으로 손꼽힌다. 이 번역은 마에다 센가쿠(Sengaku Mayeda)의 교정본 『*Śaṅkara's Upadeśasāhasrī —critically edited with introduction and indices*』(Tokyo : The Hokuseido Press, 1973)를 저본으로 삼았다. 번역 작업에 임하면서 마에다 센가쿠의 영역·일역과 자가다난다(Jagadānanda)의 영역을 참조하였고, 운문편 제18장에 관해서는 앨스톤의 영역을 아울러 참조하였다.

운문편은 전부 시(詩)로 이루어진 터라 생략이 많고 논리적 공백이 많았다. 생략된 부분을 메우고 논리적 공백을 채워나가느라 무척이나 고심했다. 이 과정에서 기존의 평과는 달리 자가다난다의 영역이 의외로 큰 도움을 주었음을 인정하지 않을 수 없다. 산문편의 주석부분은 주로 마에다 센가쿠의 주석을 적당히 가감하여 원용하였다.